監修 藤田敬治
NHK文化センター講師
「主婦の友」元編集長

私と出会うための

三代紀年表

A chronological history of my family

出窓社

知らず生まれ死ぬる人
いづかたより来たりていづかたへか去る
（鴨長明『方丈記』序より）

『三代紀年表』で見えてくる本当の自分

藤田敬治

父・母のことからルーツまで

　ＮＨＫ文化センターや各地の高齢者センター、生涯学習センターで「自分史」の講師を務めるようになって10年余になります。
　最初のうち、「自分史」を書くということは、単に自分の生きた証、歩んできた半生の足跡を記録する作業と考えて指導に当たってきましたが、多くの受講生たちと一緒に勉強を進めるうち、この作業には、実はもう一つ大事な側面があることに気づくようになりました。それは、自分という人間は一体どういう存在であったのかを探り、確認する「自分自身の再発見」という側面です。受講生の中にも、このもう一つの目標のほうに大きな意義を感じて「自分史」と取り組む人も多くなり、私自身、なるほど、それでこそ今日の高齢化社会にあって、「自分史」執筆の意味合いも一層大きく、深いものになろうとしているのだ、と実感するに至りました。
　自分とは何か、どういう人間か、と考えることは、また自分の父親・母親についても考え、さらにはもう一代前の祖父母から自分の血脈・ルーツについてまで考えることに及びます。これまで自分史、特に「自伝」を書くには、まず自分自身の誕生・生い立ちから書き起こすのが普通でしたが、この頃では、父親や母親のことから書き始める方や、さらに遡って自分の家系について詳しく調査し、資料を渉猟して、祖先やルーツのことから筆を起こす方も増えてきました。

二人の受講生の場合

　例えば受講生の一人、加藤国男さんは自伝『商い道の五十年』の中で、しばしば父親のことに触れ、幼時に死別した母親への思いを訴えていますが、その最終章もこんな文章で結ばれています。

>　秋も深まる平成六年十一月二十二日、身内の者だけが集まって、実母加藤いさの七十回忌法要を西多摩霊園で行なった。
>　生後四年九カ月の私を残して世を去った母の心情が、あらためて胸に迫る。
>　母のたった一人の子供だった私が、七十年たった今日、五人の子供やその連れ合いや孫もまじえた十八名と顔を揃えて墓参に来ているのだ。一人の母から生まれた血縁は今もここに絶えることなく子から孫、ひ孫へと引き継がれて、母の生命力は生き続けている。私は心の中でそれを告げて、せめてもの慰めとした。
>　薄命の母にくらべて私は七十四歳の今日を迎えているが、私の残生もまた有限である。いつかは鬼籍に入り肉体的には消滅するが、その生きざまから生じた生命力が無限に生き続けることを母は教えてくれた。
>　自然の摂理の深淵さははかり知れないが、そのはざ間に生きる私の一生の重みを改めて心に問い、最後まで笑われない晩節でありたいと思う。

　また、もう一人の受講生、本田益夫さんはハワイ・マウイ島生まれの日系二世ですが、自分の両親のルーツや広島県生まれの父親がハワイへ渡ったいきさつ、当時のハワイの日系移民の実情やその歴史などを徹底的に調査・取材し、資料を集めて、四百字詰原稿用紙で一千枚に近い資料原稿を書き上げられました。現在はこれを整理・推敲して本原稿にする作業

を進行中ですが、本田さんが広島県の実家や親戚をかけまわって取材した資料の中から一、二拾ってご紹介すると、実家の箪笥の中に眠っていた100年前の父親の小学校の「卒業証書」(明治29年5月20日)や「徴兵検査証書」(明治34年8月10日)があります。

　卒業証書は父親の氏名「喜六」の頭に「平民半三郎次男」とあり、この時代にはまだ族称制度(皇族、華族、士族、平民の4階級の族称が明治5年に制定された)が厳然と存在していたことが分かります。また卒業証書の発行者は「廣島縣佐伯郡砂谷村立葛原尋常小学校准訓導　河野彦之進」とありますから、村立の小学校のせいか、教師は准訓導の代用教員だったのでしょう。しかし、卒業証書の「縁取りは内側を薄いセピア色の小さな桜花の枠で囲い、その外側を1.3センチ幅の枠内に四葉のクローバーをダイアで囲んでいる。四隅にはギリシャ風彫刻の飾り付けを配し、中央に大型の桐の紋を据え、外枠全体には無数の小さな樹木を配した、実に見事なデザインで、これは当時流行だったモダンなヨーロッパ風デザインのコピー作品であろう。貧寒とした田舎の風土の中にも、このようなヨーロッパ美術文化の影響がうかがえるのである」と、本田さんは書いています。

　徴兵検査証書のほうは、父・喜六氏が広島の聯隊に徴兵された時のもので、美濃紙の用紙に「甲種輜重輸卒第八拾壱番　右第一補充兵ニ編入ス」と「廣島聯隊区司令官　森祇敬」の名で書かれており、裏にはその「心得」が記されています。本田さんの調査の手は、これを手がかりにして日本の徴兵制度、国民皆兵主義にまで及びますが、父親が配属された輜重輸卒については、こんな記述も見られます。「父は頑丈な体つきであったような記憶がある。しかし、背が五尺二寸(約一五八センチ)と低かったので、輜重輸卒という格づけになったらしい。私が子供の頃、輜重輸卒は『馬の口取』と呼ばれ、小馬鹿にされていた。『輜重輸卒が兵隊ならば、蝶ちょトンボは鳥のうち』などと陰口を叩いてさわいだものである。しかし父は後にハワイに出稼ぎ移住するので、日露戦争に召集されることはなかった。」

まず両親・祖父母の誕生と死を記録しよう

　この『三代紀年表』は、私の監修書『脳を活性化する自分史年表』に加えて、そうした自分の両親や祖父母の人生まで一緒に記録して残そうという発想から生まれました。「自分史」を一歩進めて「家族史」にまで広げようという考え方ですが、自分自身の中には間違いなく父や母や祖父母のＤＮＡ（遺伝子）が含まれていますから、それはまた自分自身をもう一つ正確に、誤解や思い込みを排してとらえることにもつながります。『三代紀年表』を記してみて初めて見えてくる本当の自分というのが必ずあるはずです。むろん祖父母からさらに遡って自分の家系やルーツまでも探りたい、と思う方もあるでしょうが、天皇家や出雲の千家、また地方の名家などのように古くまで家系をたどれる家というのは限られたものになりますから、まずどなたでも遡ることが可能な三代に限って記録を始めましょう。

＊

　『三代紀年表』の使い方は『自分史年表』と同じで、難しいことは何もありませんが、自分自身のことはさておいて、父や母、祖父母のこととなると「調べながら記録する」ことになるので、一気呵成に書くというわけにはいきません。あわてず、ゆっくり長期戦で、楽しみながら、思いつき、思い出したときに記入していくのがいいと思います。最初は、まず自分自身の誕生を記したら、次に父親・母親と両方の祖父母の「誕生」と「死（逝去）」を記録します。といっても、これだけでもちょっとした手間ひまのかかる作業になるはずです。両親が亡くなった日と状況くらいはちゃんと覚えているとしても、さて、その生年は……となると考え込んだり、祖父母ともなると多分、記憶している人のほうが少ないでしょう。そんなときは、自分→父（母）→祖父（祖母）と本籍地の市・区役所、町・村役場をたぐって戸籍謄本を取り寄せ、確認します。こうして三代の誕生と死が記入されれば、これで『三代紀年

表』の土台はできたようなものです。少なくとも、これまでちょっと距離のある存在のように思っていた祖父や祖母が自分や自分の家族たちと一緒の土俵に上ってくれたのですから、後は思いつくまま、気のつくままにそれぞれの自分史の内容を書き込んで、充実させていきましょう。父や母、祖父や祖母についての記載内容は、まず自分の記憶にあることを書き出したら、次には本田さんのように調査や取材が必要になってきますが、そんなとき何よりも頼りになるのは、やはり第一に事情をよく知っている「人」です。特に古いことをよく知っているお年寄りは、本当にありがたい存在です。ぜひとも元気なうちにご存じのことを話しておいていただきましょう。

「人」の次に大事な取材源や資料になるのは「書かれたもの」です。これには先にあげた戸籍や不動産関係の書類などのように役場や登記所で入手できる公的なものと旧家の蔵の奥や箪笥の中に眠っていて、探し出さないと手に入らない私的なものがあります。さらに同じ「書かれたもの」でも、日記、手紙、家訓、遺言状のように意識して書かれたものと賞状、成績表、卒業証書、召集令状、公報、通知状のように、保存されて、たまたま残ったものがあります。お寺の過去帳や墓碑などが参考になることもあるでしょう。

そして三番目に考えられるのが、一般に「資料」と呼ばれる書籍、雑誌、新聞、写真集、年表などの刊行物です。この『三代紀年表』では見開きごとに、左ページにその年の歴史的事件や世相、風俗、物価などの情報が満載されていますから、右ページの記入欄記載のための有力な助っ人の役割を果たしてくれます。

「自分史」から「家族史」へ、その流れを作っていくために、あなたの『三代紀年表』が充実し、あなたの家や家族の貴重なモニュメントが完成することを願っています。それは、きっとあなたの歴史に対する目と認識を大きく変えて、やがて個人史からさらに大きな歴史や歴史観をもたらすものになるでしょう。

(NHK文化センター「自分史」講師・「主婦の友」元編集長)

三代紀年表の使い方

1. この三代紀年表は、黒船来航前夜の1850年から2010年までの160年間の日本の歴史を掲載しています。したがって太陽暦が採用される1873（明治6）年以前は、旧暦（太陰太陽暦）の月日となっています。旧暦時代の閏月は丸数字で表示しました。
2. この三代紀年表は、1867年以降を見開き2ページを一年として構成しています。
   左ページは通常の年表のように歴史的出来事が記され、右ページは罫線だけが入った記録用のページになっています。この記録ページに、ご家族の足跡を記入してください。
3. 年表ページは、世相を鮮明にするための資料ページです。上段に、社会的な出来事や世界の情勢、強い印象を残した自然災害などを記載し、下段に各項目ごとに印象的な事例を配しました。

政　治	内閣制度が始まる前は、時の政権を担った中心人物を記載し、内閣制度成立後は、内閣総理大臣と出身政党、連立政党などを記した。
ことば	その年を象徴する印象深い言葉をあげた。
事　件	その年に起きた事件の中で、特に社会の関心を集めた事件を取り上げた。
出　版	その年に出版され、よく読まれた書籍を掲載した。越年するものもある。
創　刊	その年に創刊された主な新聞・雑誌を掲載した（1867年から1899年まで）
映　画	その年に話題になった邦画・洋画を記載した。昭和25年（1950年）以降は、邦画はキネマ旬報のベスト5、洋画はその年の興行成績ベスト3を記載した。
芸　能	その年に初演され話題になった歌舞伎・演劇を掲載した（映画が始まるまで）
ラジオ	その年に放送され、人気の高かった番組を掲載した（テレビ放送が始まるまで）
テレビ	その年に放送され、人気の高かった番組を掲載した。
流行歌	その年に発表され、人気の高かった歌（太字はレコード大賞）を掲載した。
スポーツ	その年にあった大きなスポーツイベントやトピックスを掲載した。
流　行	その年に流行したファッションを中心に紹介した。
風　俗	その年に話題となった風俗を中心に紹介した。
流行語	その年に話題となった流行語（太字は流行語大賞）を掲載した。
開　校	その年に開校した主な学校を掲載した（1897年まで）
創　業	その年に創業した主な会社・銀行等を掲載した（1899年まで）
新商品	その年に発表・発売された商品から主なものを記載した。
物　価	物価の推移の指標となる公定価格や食品・物品の値段を中心に掲載した。

   ［注］上記の項目は、時代の変化の中で、適宜、入れ替えを行っています。
4. 記録ページは自由に記入するページですが、まずは、ご家族の誕生日を該当年のページに記入しましょう。出生地の住所も正確に記入しましょう。後は、入学・卒業や就職や結婚、転居・転勤、死亡など、人生の中で大きな節目となった出来事を正確に記しましょう。
5. 記録ページの使い方に特別な制約はありません。家族の足跡だけでなく、時代の記録、読書や映画の観賞記録や趣味の作品記録など、自由にお楽しみください。

A chronological history of my family

本書の年表は、嘉永3（1850）年から掲載しています。それ以前の記録は、上記のスペースをご利用ください。

嘉永3年（1850） 庚戌（かのえ・いぬ）

1・8		**朝廷、七社七寺に攘夷の祈祷を勅す**（11月には海防勅諭を幕府に下す）
2・―		伊豆韮山代官江川太郎左衛門、江戸近海警備の巡視を行う
3・26		幕府、清国貿易に支障があるため、各藩に煎海鼠・干鮑の密売を禁じる
4・16		イギリス捕鯨船エドムンド号、松前領厚岸に漂着
5・9		幕府、海防掛に機密の漏洩を禁じる
6・11		**オランダ船、長崎に来航し「和蘭別段風説書」を提出**（アメリカが貿易を開く意思があることを幕府に知らせる）
8 ―		石見国・安芸国・豊後国で米価急騰に対し打ち壊し等の騒動が起きる
8・28		イギリスの軍艦が琉球の那覇に入港
9・25		幕府、旗本・諸藩士の鉄砲稽古・武術修行を奨励する
10・―		長州藩主・毛利慶親、沿海地方を巡視する
10・―		佐賀藩、**反射炉建造**（オランダから学んだ大砲製造のための溶鉱炉の一種）
10・24		江戸湯島に大砲鋳造所が完成
10・29		**樽回船栄力丸、紀州沖で漂流**（2ヶ月後、南鳥島付近で米商船に保護された）
11・19		琉球使が登城、将軍家慶引見する（琉球人の最期の江戸上がり）
11・―		笠松山騒動（信濃飯田藩で、入会地諸木払い下げに反対する強訴）
12・29		相模観音崎砲台を改築する
12・―		清・広西省で、洪秀全が挙兵し、清国軍と衝突（**太平天国の乱が始まる**）

政　治	孝明天皇、将軍・徳川家慶⑫（老中首座・阿部正弘）
ことば	和蘭別段風説書（オランダ商館が幕府に提出していた海外情報報告の「和蘭風説書」をさらに詳細にしたもので、幕府の海防のもとになっていた）
事　件	高野長英自刃（渡辺崋山らと共に蕃社の獄で投獄され、1846年の火事で脱獄・逃亡中だった高野長英が、青山に潜伏中に幕吏に追いつめられて自刃、享年47）
出　版	三兵答古知（暁夢楼主人・高野長英の変名で、長英の江戸潜伏が露見）、武江年表（斎藤月岑・全12巻） ＊幕府、洋書の翻訳を制限する
芸　能	奢侈禁止令で江戸払いとなっていた七世市川団十郎が許され帰郷、舞台出演。中村勘三郎（13代）が、7日間の替わり寿狂言を興行
流　行	人を呼んで返事をすれば「塩梅よし」とか「よかったね」と答えるのが流行る
風　俗	蕎麦湯見世が取り締まりを受ける（華美な街行灯や湯汲女が風紀を乱すため）
その他	国定忠治処刑（上野国の侠客国定忠治が、殺傷・賭博・関所破りなどの罪で逮捕、大戸関所で磔刑に処される、享年41）

◆ 勝海舟、赤坂田町で私塾を開き、オランダ語などを教える。佐藤信淵没（農政家・経世家・享年82）

嘉永4年（1851）　　　　辛亥（かのと・い）

1・3	アメリカ船、ハワイから土佐漁民・**中浜（ジョン）万次郎**らを護送して琉球に来航
1・11	清・広西省で拝上帝会が国号を**太平天国**とし、清に公然と反旗を翻す
2・2	**島津斉彬**が11代薩摩藩主に就任（老中阿部正弘の勧告で島津斉興は隠居）
3・5	会津藩、砲術修行を奨励する
3・8	幕府、株仲間の再興を許可（全国の市場統制のため、また江戸・大坂への物資流入が増大したため、新興の商人を加えて再興）
3・27	幕府、下田港および付近の警備を韮山代官江川太郎左衛門に委託する
5・1	第1回万国博覧会開催（〜11.11、ロンドン。25カ国が参加、600万人が来訪）
5・―	松代藩士・**佐久間象山、江戸で砲術教授を始める**（入門者多数）
6・―	大坂町奉行、窮民救済のため施米を行う
7・20	ルーマニア船、琉球に来航
8・―	河内で水騒動（約700名が参加）
9・29	長崎奉行、中浜（ジョン）万次郎らを取り調べる
10・―	薩摩藩、常平倉（危機に備えた穀物の備蓄）を設置
12・17	イギリスの軍艦、琉球に来航
12・20	幕府、長崎港沖の神島・伊王島の砲台増築費用5万両を佐賀藩に貸す

政　治	孝明天皇、将軍・徳川家慶⑫（老中首座・阿部正弘）
ことば	なんとしょうざん（中津藩の依頼で大砲2門を製作した佐久間象山が、試射に失敗し、巷に流れた歌。大砲を打ち損じてべそをかき後の始末をなんとしょうざん）
事　件	ジョン万次郎帰国（土佐の漁師万次郎は、14歳の時、出漁中に遭難、鳥島に漂着し、米捕鯨船に仲間と共に救出された。船名にちなみジョン・マンの愛称をつけられ、米本土で学問を修めた後、仲間と共に鎖国下の日本へ帰国。中浜は出身の村）
出　版	気海観瀾広義（川本幸民）、翁草（神沢杜口）、楽我室遺稿（朝川善庵）、化物評判記（発禁処分）
芸　能	歌舞伎・4新作競演（明烏花濡衣、勢獅子劇場花籠、東山桜壮子、新板越白波）＊特に義侠佐倉惣五郎がモデルの東山桜壮子が大人気
風　俗	京都祇園などに遊郭を許可。吉原角町万字家茂吉が、遊女大安売りの引札（宣伝チラシ）を江戸中に配る
新商品	本木昌造、鉛活字の鋳造に成功
物　価	米（1石・銀139匁）＊前年から米価の高騰が続く
その他	狸小僧事件（浅草の醤油問屋から850両を盗んだ18才の狸小僧が逮捕。翌年死罪）

◆天保の改革を行った老中水野忠邦死去（2月・享年59）

嘉永5年（1852） *閏年：閏月・2月　　　壬子（みずのえ・ね）

1	・－	イギリス船、琉球に来航
2	・－	水戸藩、徳川慶篤「大日本史・紀伝」243巻を朝廷・幕府に献上
②	・7	外国船が頻繁に対馬・五島沖に出没
4	・19	相模鳶巣・烏ヶ埼・亀ヶ崎の3砲台が完成
4	・－	第2ビルマ戦争（イギリスが一方的に占領地を領有、12・20終結）
5	・2	幕府、西浦賀一帯の警護を彦根藩に命じ、浦賀奉行を港内警備・外人応対に
5	・2	武蔵大森海岸に大筒稽古場（大砲演習場）完成（旗本・諸藩士に使用許可する）
5	・22	江戸城西丸炎上（12・21再建・落成）
6	・24	ロシア軍艦メンチコフ号下田に来航（拒絶されたため漂流民を置いて去る）
7	・22	近畿地方風水害、諸国も被害甚大
8	・17	**オランダ商館長クルチウス、長崎奉行に東インド総督の書簡を渡し、翌年にアメリカ船が来航し開国を迫ることを予告**
9	・22	祐宮睦仁親王誕生（後の明治天皇、母は典侍・中山慶子）
9	・30	**銭屋疑獄**（加賀の豪商・銭屋五兵衛、息子たちと共に逮捕される）
10	・－	幕府、諸大名の隠居が江戸市中を微行・遊興することを禁止する
10	・－	朝鮮通信史の来聘を延期するよう宗対馬守に通達
11	・19	大坂大火
11	・24	ペリー率いる軍艦ミシシッピー号がアメリカ東海岸のノーフォーク港を出航
12	・－	フランス、ナポレオン3世が皇帝になる（第2帝政開始）

政　治	孝明天皇、将軍・徳川家慶⑫（老中首座・阿部正弘）
ことば	大日本野史（水戸光圀が編纂し南北朝統一で締めくくられた「大日本史」の続編として、国学者飯田忠彦が執筆した歴史書。後小松天皇から仁孝天皇までの21代を紀伝体で記す。全291巻で、この年完成。通称・野史）
事　件	銭屋疑獄（加賀の貿易商・銭屋五兵衛が、晩年手がけた河北潟干拓事業中に死魚中毒事故が発生、反対派の中傷により一族が投獄。11月21日獄死・享年80）
出　版	大日本野史（飯田忠彦）、鴨川朗詠集（中島棕隠）
芸　能	児雷也豪傑譚（河竹黙阿弥・八世團十郎）、女団七（夏祭浪花鑑の書き替え）
新商品	本木昌造、「和蘭通弁」を印刷
その他	銭屋事件の背景には、加賀藩の密貿易を隠蔽する目的があったといわれている。少し前に竹島密貿易が発覚し、浜田藩が処分を受けたことも影響している。

◆遠山の金さん（町奉行遠山左衛門尉景元）が病気のため免職となる（安政2年没）

嘉永6年（1853） 丑癸（みずのと・うし）

2・2	小田原地震（小田原城下町で880戸が全壊、死者は119人）
3・19	太平天国軍、南京を陥落（天京と改め首都とする）
4・19	ペリー率いる米東インド艦隊（軍艦4隻）が琉球に到着
4・―	石見津和野大火（津和野城焼失）
5・24	陸奥一揆（南部藩で農民1万6000人以上が仙台藩へ逃散を求め領界に集合）
6・3	**ペリー艦隊（軍艦4隻）浦賀に来航**（フィルモア大統領の国書を渡し開港を迫る。幕府は、回答を翌年に延ばし、12日、ペリー艦隊は浦賀から琉球へ退去）
6・22	**12代征夷大将軍徳川家慶急逝**（享年60）
7・1	老中阿部正弘、アメリカの要求について諸大名・幕臣らに意見を求める
7・3	幕府、徳川斉昭・慶篤を海防の議に参加させる
7・18	**プチャーチン、軍艦4隻を率いて長崎に来航**（日本との通商を要求しロシア皇帝の国書を手渡したが、クリミア戦争勃発のため、正式な回答を待たずに帰国）
8・15	幕府、大砲50門の鋳造を佐賀藩に要請
8・24	江川太郎左衛門の指揮下、11基の品川沖台場の造営に着工（54年5月に竣工）
8・30	ロシア軍艦が樺太の久春古丹に来航（船員が上陸し営舎を建造）
9・15	大船建造禁令を解除（黒船に対抗するため武家諸法度の禁を解除）
9・25	幕府、長崎奉行をしてオランダ商館長クルチウスに軍艦・鉄砲・兵書を注文
10・―	クリミア戦争（オスマン帝国が英仏の支援を得てロシアに宣戦布告〜1856年）
11・7	幕府、中浜（ジョン）万次郎を登用し、普請役格とする
11・―	土佐藩主山内容堂、吉田東洋を参政に登用
12・5	**プチャーチン、長崎に再来航**（上海でのペリーとの対日協力交渉に失敗のため）
12・5	石川島造船所建設（幕府、水戸藩に石川島で軍艦建造を命じる）
12・13	**13代征夷大将軍に徳川家定（家慶の子）就任**

政　治	孝明天皇、将軍・徳川家慶⑫／徳川家定⑬（老中首座・阿部正弘）
ことば	泰平の眠りを覚ます上喜撰（蒸気船）たった四はいで夜も眠れず／町中へうちい出てみれば道具屋の鎧兜の高値売れつつ（開国前後の落首）
事　件	黒船来航で蘭塾繁盛（江戸の町は巨大な軍艦におびえて大混乱、物価急騰。一方江戸の蘭学塾は大繁盛し諸大名藩邸からの大砲・鉄砲の製造注文が殺到）
出　版	通航一覧（林大学頭煒）、学運論（大国隆正）、源氏物語評釈（萩原広道）
芸　能	与話情浮名横櫛（三世瀬川加昌・中村座初演）
流　行	オロシャ節（長崎に来たロシア艦隊のことを歌ったもの）

◆ 佐久間象山、松代藩の命で米艦隊視察のため浦賀へ行き情報収集に奔走（6・4）

嘉永7年〜安政元年(1854) *閏年:閏月・7月　甲寅(きのえ・とら)

1・16		ペリー、軍艦7隻を率いて神奈川沖に再来航(羽田沖に停泊)
2・3		幕府、黒船見物を禁じる
3・3		**日米和親条約調印**(下田・箱館開港、アメリカに最恵国待遇等が与えられた)
4・6		御所炎上(京都御所から出火、京の中心部約100町を焼失)
4・21		江川太郎左衛門(英竜)、韮山反射炉建設に参画
5・10		幕府の浦賀造船所で、洋式帆船「鳳凰丸」が竣工
5・25		幕府、海防及び御所造営のために、町民に献金29万6千両を課す
6・11		土佐藩参政吉田東洋が、開国論を唱えて免職される
6・14		近畿地方で大地震(伊勢・伊賀などで死者700人以上)
6・17		ペリーが琉球王府と琉米修好約条を締結
6・30		幕府、箱館奉行を設置
7・11		白地に日の丸の旗(日章旗)を日本船印とすることを定める
7・28		造船技術と航海術を伝えるためのオランダ船スンビン号が長崎に入港
8・23		**日英和親条約調印**(長崎・箱館を開港、9・2オランダにも下田・函館を開港)
9・15		**ロシア使節プチャーチン、下田に来航**
11・4		**伊豆大地震・大津波**(M8.4、死者1万人以上。ロシア軍艦ディアナ号大破)
11・5		**嘉永大地震**(四国・近畿・東海地方で大地震。津波で8万余戸流出、死者3千余)
11・27		**安政に改元**
12・21		**日露和親条約調印**(択捉島と得撫島間に国境設定、樺太は雑居地と定める)
12・―		品川台場5・6番が完成(4番・7番は未完成、8〜11番は資金不足で着工せず)

政　治	孝明天皇、将軍・徳川家定⑬(老中首座・阿部正弘)
ことば	日の丸(薩摩藩が建造し幕府に献上する予定の西洋式大型帆船「昇平丸(後の昌平丸)」を回航する際、外国船と区別するため制定、島津斉彬の提案による)
事　件	吉田松陰密航未遂事件(吉田松陰、米軍艦に潜入、密出国を願うが拒否され自首、長州藩へ檻送され野山獄に幽囚される。連座で佐久間象山も逮捕)
出　版	遠西奇器述(川本幸民)、三語便覧(村上英俊・和英仏蘭対訳辞典)
芸　能	都鳥廓白浪(河竹黙阿弥・二世新七・河原崎座初演) *八世市川團十郎、自殺
風　俗	米国へ返礼の米200俵を江戸相撲の力士たちが軽々と運び、米軍人が驚嘆
新商品	洋式帆船「鳳凰丸」(幕府建造の初の洋式軍艦)、洋式大型帆船「昇平丸」(薩摩藩)、蒸気を利用したからくり芝居興業(京都で田中久重)
その他	上野、陸中、常陸、越後、美濃、紀伊、備前で農民による打ち壊しや強訴が多発

◆ 米国使節、幕府にエレキテル・テレガラフ・蒸気車などを献上(1・17)、横浜村で、ペリー持参した模型蒸気機関車の試運転(2・23)

安政 2 年（1855） 乙卯（きのと・う）

1・18	幕府、天文方から洋書研究・翻訳のための洋学所を独立させる
1・−	薩摩藩が日本初の西洋式大型帆船「昇平丸」の試運転を行う
2・22	幕府、**蝦夷地全土を直轄領とする**（松前氏居城付近を除く）
2・30	富山大火
3・27	幕府、松前・南部・津軽・秋田・仙台の各藩に蝦夷地警備を命じる
5・20	松前藩、幕府の命令により、樺太の久春古丹のロシア兵陣営を焼却
6・2	摂津・河内の1263か村の農民が、菜種油・油粕売買をめぐって訴訟
6・9	オランダ蒸気船ゲーデー号とスンビン号が長崎に入港（オランダ国王は幕府にスンビン号を贈る、後の観光丸）
6・29	幕府、諸大名・旗本に洋式銃の訓練を命じる
8・22	薩摩藩が自力で建造した国産初の外輪蒸気船（後の雲行丸）の試運転に成功
9・−	幕府、朝廷や諸大名に対し、日米和親条約の内容を公開する
10・2	**安政大地震**（江戸に直下型地震、同時に発生した火災で江戸の大半を焼失。倒壊家屋約1万5千戸、死者約1万5千人、藤田東湖、戸田蓬軒も圧死）
10・3	江戸で御救小屋が建てられる。月末にかけて大量の瓦版や鯰絵が発行される
10・9	佐倉藩主堀田正睦が老中に再任、首座に就任（幕政改革の布告）
10・24	幕府、長崎に**海軍伝習所**を開設（オランダ寄贈の軍艦で蘭人士官が訓練）
11・23	焼失した京都御所の紫宸殿、清涼殿が完成
12・23	幕府、**日蘭和親条約**を調印
12・−	三池大ノ浦炭鉱で、洋式斜坑開削が始まる

政　治	孝明天皇、将軍・徳川家定⑬（老中首座・堀田正睦）
ことば	鯰絵（地震は地底で鯰が大暴れすることから起こるとの信仰から、庶民の気持ちの代弁者として描かれ人気となった）
事　件	ヘダ号完成（昨年の津波で大破し伊豆・戸田回航中に沈没したディアナ号の代替船が戸田でロシア人指導下で完成、プチャーチンら交渉団を乗せて帰国）
出　版	万葉集文字弁証（木村正辞）、北蝦夷図説（間宮林蔵）＊「和蘭字彙」刊行開始
芸　能	若木仇名草（清水先勝軒正七・大阪筑後芝居初演）
流　行	鯰絵（絵草子屋鯰の味を今度知り／この頃の摺や鯰で飯を食い）
風　俗	地震の復興景気で大工ら潤う（職人がなまずでうまく酒を呑み）
その他	安政の大地震で、理論的指導者、藤田東湖と戸田蓬軒を失った水戸藩は、以降、内部抗争をくり返し、人材が枯渇した。

◆ この年、柴田方庵が、長崎でビスケットの製法を学ぶ

安政3年(1856) 丙辰(ひのえ・たつ)

2・11	幕府、洋学所を**蕃書調所**と改称し、九段坂に移す
3・―	パリ条約(クリミア戦争終結)
4・13	幕府、築地に**陸軍講武所を開設**(直参とその子弟に西洋砲術・洋式訓練)
4・―	幕府、深川越中島に砲術調練場を設ける
5・21	箱館奉行、アイヌの人々に日本語の習熟など内地人との同化を強要
7・10	オランダ商館長クルチウス、幕府に列強との通商条約締結を勧める
7・18	大坂の安治川・木津川河口に砲台を建設
7・23	陸奥南部で大地震
8・5	**米国初代総領事ハリス着任**(幕府は予期せぬ事態に大童。和親条約には、外交官派遣の条記があったが、誤訳していたことが判明。仮領事館は下田玉泉寺)
8・11	大坂で雷雨、50余カ所に落雷(落雷地点を番付に仕立てたかわら版出る)
8・25	**江戸で大風水害**(死者多数、被害は前年の大地震以上)
8・26	蝦夷駒ヶ岳噴火
9・10	**アロー号事件発生**(英船アロー号が広州沖で清国官憲に臨検されたことに抗議)
9・18	長崎奉行、浦上村山の隠れキリシタン15人を逮捕(**浦上三番崩れ**の弾圧開始)
9・25	第二次アヘン戦争勃発
9・―	長州藩、吉田松陰に私塾主宰(**松下村塾**)を許可(身分に関係なく約80人が塾生となり、木戸孝允、高杉晋作、久坂玄瑞、伊藤博文、山県有朋らを輩出)
10・11	ロシア使節ポシェット、下田に来航
11・5	将軍家定、講武所で剣・槍・砲術および練兵を閲する

政 治	孝明天皇、将軍・徳川家定⑬(老中首座・堀田正睦)
ことば	蕃書調所(蕃書とは、江戸時代オランダを中心とする欧米の書物・文書の総称。ここは、洋学の研究・教育機関で、外交文書の翻訳も行われた)
事 件	備前渋染め一揆(岡山藩領80余村の被差別部落民1500人が良賤の服装差別強行に反対し、吉井川原に集結し強訴)
出 版	甘雨亭叢書(板倉勝明)、理学提要(広瀬元恭)草木図説(飯沼慾斎)、虫譜図説(飯室楽圃)、報徳記(富田高慶)、＊前年の大地震をテーマにした「安政見聞録」がベストセラーに(無届け出版のため関係者処分)
芸 能	蔦紅葉宇都谷峠(河竹黙阿弥・市村座初演)
新商品	片山宗助、元込雷管銃を製作
その他	将軍の継嗣問題が表面化(一橋慶喜を推す一橋派が活動開始)

◆ 成田山新勝寺と深川永代寺で60日間開帳(江戸時代では最後の開帳)

安政4年（1857） ＊閏年：閏月・5月　　丁巳（ひのと・み）

1・―		下田奉行に通詞の英語習得を命じる
2・1		オランダ商館長が長崎奉行にアロー号事件を伝え、幕府の通商条約拒否に警告
2・29		遠江豊田郡の幕府領農民1400人が増税に反対し強訴
4・11		幕府、陸軍築地講武所内に軍艦教授所を設ける
5・10		インドで**セポイの反乱**（インド人傭兵セポイが起こした反英独立戦争）
6・11		土佐藩、財政窮乏のため藩士の俸禄を半減する
8・―		広島・松山・大洲などで大地震
9・16		島津斉彬、薩摩藩集成館で宇宿彦右衛門に自分の写真撮影を行わせる
10・16		福井藩主松平慶永と徳島藩主蜂須賀斉裕、連名で一橋慶喜を次期将軍に推薦
10・21		**ハリス、将軍家定に謁見し、米国大統領ピアースの親書を手渡す**
11・13		**英仏連合軍、アロー号事件の報復で広州を攻撃**（14日英仏連合軍、広州占領）
11・15		幕府、米国大統領親書とハリスの口上書について、諸大名に意見を求める
12・11		下田奉行と目付、蕃書調所でハリスと日米条約の改定交渉を開始
12・13		幕府、朝廷に対し日米通商条約に調印することを報告
12・20		南部藩、大橋鉄山（釜石）に洋式高炉を完成させ銑鉄生産に成功する
12・29		長崎奉行が翌春執行予定だった踏絵の中止を決定
12・―		水戸藩の反射炉竣工

政　治	孝明天皇、将軍・徳川家定⑬（老中首座・堀田正睦）
ことば	唐人お吉（病気で伏したハリスの看護人として下田奉行が少女きちを周旋。きちは数日でお役ご免となったが、周囲の差別にさらされ薄幸な生涯を送った）
事　件	40年目の仇討ち（新発田藩士・久米孝太郎が父の敵・滝沢休右衛門を討ち本懐を遂げた。孝太郎47歳、休右衛門は82歳だった）
出　版	名所江戸百景（安藤広重）、ひとりごち（大隈言道）、和魯対訳辞書（橘耕斎）、仏蘭西詞林（村上英俊）、五方通語（村上英俊）、魯敏孫漂行紀略（横山由清、ロビンソン・クルーソーの翻訳）
流　行	世直し風邪（地震や風水害の続発に対し、庶民が願いを込め命名）
新商品	長崎奉行所でオランダ製鉛活字で、横文字諸書を印刷、江戸・日本橋西河岸町に、和菓子「栄太楼」が開店
その他	幕府、東西蝦夷地のアイヌ人6000余人に種痘を行う。また、夷人・蝦夷人と呼ばれていたアイヌの呼称を土着住民の意の「土人」に統一（ペリー来航以後「夷人」と呼び始めた外国人と区別するため）

◆黒船来航の国難に対処した老中阿部正弘が死去（病死・享年39）

安政5年（1858） 戊午（つちのえ・うま）

1・5	幕府、朝廷の許可を得るために条約締結に60日間の猶予をハリスに求める
2・10	江戸で大火（焼失家屋約12万4千戸）
3・20	**朝廷、条約勅許を出さず**（諸大名の意見を聞いてから再願するよう再指示）
4・23	**井伊直弼、大老に任命される**（将軍継嗣に徳川慶福を推す南紀派の工作）
6・18	大老井伊直弼、日米修好通商条約調印を決断（アロー事件後、英仏連合艦隊の日本接近予測と条約締結後、調停役を引き受けるというハリスの進言を得て）
6・19	**幕府、日米修好通商条約と貿易章程に調印**（7月に蘭・露・英、9月に仏と調印）
6・24	徳川斉昭・慶篤、尾張徳川慶怒ら登城し大老井伊直弼を譴責（7・5 徳川慶勝、松平慶永、徳川斉昭を謹慎、徳川慶篤と一橋慶喜を登城停止処分）
6・25	幕府、諸大名に総登城令を出し、将軍継嗣は徳川慶福（のち家茂）と発表
7・3	幕府、官医に西洋医術の採用を許可する
7・6	**13代征夷大将軍徳川家定死去**（享年35）
7・14	京都大火（下京の諏訪町から出火、焼失屋敷約1万3250戸）
7・16	薩摩藩主・島津斉彬急逝（享年50、子忠義が家督を相続、後見人・弟久光）
8・8	孝明天皇、条約締結に不満の密勅を水戸藩に出す（**安政の大獄の契機**）
9・7	**安政の大獄始まる**（梅田雲浜逮捕、各地で尊皇攘夷・反幕の志士の逮捕）
10・23	越前藩士橋本左内逮捕（藩主松平慶永のもと一橋派として活躍したため）
10・25	**徳川家茂に将軍宣下**（14代征夷大将軍）
10・―	福沢諭吉、藩命により鉄砲州の中津藩中屋敷内で私塾開設（後の慶應義塾）
12・5	長州藩、吉田松陰を逮捕（勅許なく日米修好通商条約を結んだ幕府を激しく非難し、老中の間部詮勝の暗殺を企図したため）

政　治	孝明天皇、将軍・徳川家定⑬／将軍・徳川家茂⑭（大老・井伊直弼）
ことば	安政のコレラ（長崎来航のアメリカ船からコレラが流行。その後、山陽道、東海道を経て7月末には江戸に襲来。治療法不明で病死者は3〜4万人）
事　件	西郷隆盛入水（井伊大老への反逆で幕府捕吏に追われ、日向へ追放中の船から僧月照と入水自殺を図るが、救出され奄美大島に匿われる。月照は水死・享年46）
出　版	迅発撃銃図説（佐久間象山）、幕府内場末往還其外沿革図書（幕府普請方）、虎狼痢治準（緒方洪庵訳）、コレラ病論（新宮源民訳）
芸　能	黒手組曲輪達引（河竹黙阿弥）＊宝生九郎、将軍宣下能を舞う（最後の宣下能）
新商品	佃煮が一般に売り出される
その他	安政の大獄で、弾圧係として働いたのは、老中間部詮勝と彦根藩の長野主膳だった

◆伊東玄朴ら約80人の蘭医が、神田お玉ヶ池に種痘所を開設（5・7）、ダーウィン「進化論」発表

安政 6 年（1859）　　　己未（つちのと・ひつじ）

1・13	幕府、神奈川・長崎・箱館への出稼ぎ・移住・自由売買を許可
1・—	宮家・公卿の家臣30余人と水戸藩京都留守居役鵜飼親子らが逮捕される
2・—	長崎の幕府海軍伝習所閉鎖される
4・1	オランダ船、初めて品川沖に来航
4・22	鷹司政通、近衛忠熙、三条実万ら出家・謹慎処分となる
4・26	水戸藩家老・安藤帯刀ら逮捕される
5・17	漂流中に米国船に救助された浜田彦蔵がアメリカから長崎に帰着
5・24	幕府、外国貨幣の通用と安政金銀の鋳造を布告
5・26	**イギリス駐日総領事オールコックが着任**
5・28	神奈川・長崎・箱館3港を開港し、米・英・蘭・仏・露と貿易を許す
6・2	**横浜港開港**（東海道沿いの神奈川湊を避け、対岸の横浜村に、外国人居留地、波止場、運上所（税関）などを短期間設け、国際港の体裁を整えた）
6・7	琉球王府、オランダと琉蘭修好条約を結ぶ
6・20	幕府、諸侯・旗本以下の武士に、開港場での舶来武器の購入を許可する
7・27	横浜で日本人数名がロシア海軍士官ら3人を襲撃（2人が死亡、1人が負傷）
7・—	生糸貿易の開始で、生糸不足と糸価格急騰のため、桐生地方の35か村の代表が、幕府に生糸輸出の禁止を願い出る（9月に再度請願、11月に大老へ駕籠訴）
7・—	京・大坂・安芸・日向でコレラが流行
8・27	**安政の大獄・第1次断罪**（水戸藩家老安藤帯刀ら切腹、9・1橋本左内、梅田雲浜ら37人が死罪、10・7吉田松陰、頼三樹三郎ら23人が死罪・流罪）
12・8	幕府、下田港を閉鎖
12・22	幕府、水戸藩に勅書返納の朝令を伝える

政　治	孝明天皇、将軍・徳川家茂⑭（大老・井伊直弼／老中首座・間部詮勝／松平乗全）
ことば	身はたとひ武蔵の野辺に朽ちぬとも留め置かまし大和魂（吉田松陰の辞世、老中・間部詮勝暗殺未遂罪で江戸送致後、処刑・享年29）
事　件	生糸急騰（横浜・長崎・箱館の3港で貿易が始まると、生糸は最大輸出品となり品不足で急騰、また安価な綿織物の大量輸入は綿織物業や綿作を圧迫した）
出　版	広益国産考（大蔵永常）、草莽崛起論（吉田松陰の書簡）
芸　能	小袖曽我薊色縫（河竹黙阿弥・市村座初演）
新商品	水車動力の製糸機械（碓井藤塚の沼賀茂一郎が製作）
その他	主な輸出品：生糸・茶・蚕卵紙・海産物／主な輸入品：毛織物・綿織物・武器・軍艦

◆ 大雨で利根川が決壊（7・25）、イギリス人グラバーが長崎でグラバー商会を開く

安政7年～万延元年（1860）＊閏年：閏月・3月　庚申（かのえ・さる）

1・18	日米修好通商条約批准書交換の日本使節団（新見正興、小栗忠順ら）米艦で渡米、咸臨丸が追従（司令官木村喜毅、艦長勝麟太郎、従者福沢諭吉）
2・5	オランダ商船長デ・ボスとデッケルが横浜で暗殺される
3・3	**桜田門外の変**（大老井伊直弼暗殺される。享年46）
3・3	幕府、洋書出版手続き改正
3・18	万延と改元
③・19	**五品江戸回送令**
4・3	日米修好通商条約の批准書交換
6・17	日葡通商条約締結
6・20	幕府、陪臣の軍艦操練所入学を許可
7・19	プロシア使節来日（和親条約締結を求める、12月通商条約締結）
7・22	**丙辰丸盟約**（水戸藩と長州藩、品川沖の丙辰丸内で幕政改革の協力を約す）
8・17	長崎に西洋式の病院（養生所）設立（院長・松本良順、教授・ポンペ）
9・4	幕府、徳川慶喜・慶勝・松平慶永、山内豊信の謹慎を解除
10・―	北京条約（アロー戦争終結、清国は九竜などをイギリスへ割譲）
11・1	**幕府、和宮内親王降嫁を発表**（老中安藤信正ら、公武合体を画策）
11・9	火災で焼失した江戸城本丸を復元（前年10月に焼失）
12・5	**アメリカ通訳官ヒュースケン暗殺**（江戸での外国人暗殺事件第1号）

政　治	孝明天皇、将軍・徳川家茂⑭（大老・井伊直弼／老中首座・安藤信正）
ことば	五品江戸回送令（貿易統制の処置。雑穀・水油・蝋・呉服・生糸の五品は神奈川直送を禁止し、江戸の問屋を経由して輸出するように命じる）
事　件	桜田門外の変（安政の大獄に憤激した尊王攘夷派の水戸藩浪士17人と薩摩藩浪士の1人が、登城中の井伊直弼の駕篭を襲撃・暗殺。幕府の権威失墜）
出　版	国是三論（横井小楠）、菊模様皿山奇談（初代三遊亭円朝）＊藤屋菊次郎・九兵衛出版の「五国條約書」無届板行として発禁、藤屋に処分
芸　能	三人吉三廓初買・加賀見山再岩藤（河竹黙阿弥・市村座初演）
流　行	かっぽれ、すちゃらか節
風　俗	横浜大田新田に外国人向け遊郭（外国人の妾が「らしゃめん」とよばれる）
新商品	四文銭新鋳、箱館五稜郭完成、パン屋（横浜本牧で野田兵吾）
物　価	米価暴騰による農民一揆頻発
その他	森の石松死亡（遠州中郡で侠客・都田の吉兵衛の騙し討ちに遭い斬殺）

◆イギリス公使オールコックが外国人初の富士山登山

万延2年〜文久元年（1861） 辛酉（かのと・とり）

1・21		幕府が安全保障を約束したため、各国外交官が江戸に戻る
2・4		**ロシア軍艦の対馬占領**（軍艦ポサドニック号の兵員が無断で対馬に上陸）
2・19		**文久と改元**
2・−		幕府、物価高騰により貧民に施米
3・23		兵庫・新潟開港の延期交渉の使節、渡欧（江戸・大坂の開市と兵庫・新潟の開港の7ヶ年延期を求める親書をオランダ・ロシア・フランスに送る）
3・28		長州藩士長井雅楽、藩主に公武合体・海外進出の「**航海遠略策**」を建言
4・5		伊予新谷藩火薬製造場で爆発（9人死亡）
4・12		アメリカ南北戦争勃発（〜65年）（サムター要塞の戦い）
4・28		箱館奉行支配調役水野正太夫らニコラエフスクへ派遣（国勢調査のため）
4・−		江戸に疱瘡が流行
5・28		**東禅寺事件**（尊攘派志士が英公使館を襲撃、オリファントとモリソンが重傷）
6・19		幕府、庶民の大船建造と外国商船購入を解禁し国内輸送使用を認める
10・20		**和宮降嫁**（皇女和宮の一行千数百人の大行列が京都を出発、12・11着）
10・28		種痘所が幕府経営となり西洋医学所と改称
11・13		通訳使ヒュースケン暗殺事件和解（幕府、母親へ賠償金1万ドル支払う）
12・22		開市開港5年間延長交渉の**遣欧使節出発**（正使・外国奉行竹内保徳）
12・−		幕府、物価引上・暴利の禁止令を出す

政　治	孝明天皇、将軍・徳川家茂⑭（老中首座・久世広周）
ことば	航海遠略策（長州藩士長井雅楽が建白した開国・公武合体を推進する方策で藩論とされた。朝廷や幕府もこの説を歓迎し、長州藩に公武の周旋を依頼した）
事　件	ポサドニック号事件（対馬に無断上陸し、基地化を画策した露軍に対し、幕府は小栗忠順を派遣するが埒が明かず、イギリスに仲介を要請、異常事態は半年続いた）
出　版	義挙三策（真木和泉）、怪談牡丹灯篭（初代三遊亭円朝）、源氏物語評釈（萩原弘道）、都路往来（東海道のガイドブック）
創　刊	The Nagasaki Shipping List and Advertiser（ハンサード発行・日本初英字新聞）、ジャパン・ヘラルド（ハンサード・英文週刊誌）
芸　能	誠草芒野晒（3世桜田治助・河竹黙阿弥ら・守田座初演）
風　俗	幕府、講武所の伝習生、軍艦乗込み方の洋服着用許可（通称・だんぶくろ）
新商品	手術にクロロホルム麻酔を使用（伊東玄朴）、靴屋（横浜）
その他	幕府、諸藩士が蕃書調所へ入って外国語を学習することを許す

◆武市半平太ら江戸で土佐勤王党を結成（8月）

文久2年(1862) *閏年:閏月・8月　　壬戌(みずのえ・いぬ)

1・15	**坂下門外の変**（老中安藤信正が重傷を負う。襲撃者6名は全員死亡）
2・11	将軍徳川家茂と和宮内親王の婚儀（**公武合体の完成**）
4・16	島津久光、藩兵1000人を率いて上洛（幕政改革9ヶ条を提出）
4・23	**寺田屋事件**（伏見寺田屋で激発薩摩藩士と慰撫に来た藩士が衝突・死者10人）
5・9	遣欧使節、対イギリスの開港・開市の延期を定めた「**ロンドン覚書**」に調印
5・18	蕃書調所が神田一橋門外に移転し洋学調所と改称（翌年開成所に改称）
5・23	**勅使東下**（島津久光の建議を入れた朝廷は、勅使大原重徳を派遣）
7・4	幕府、諸藩に外国船購入の自由を認める
7・6	幕府、一橋慶喜を将軍後見職に任命
7・6	**長州藩、藩論大転換**（公武合体から尊皇攘夷へ変更、長井雅楽を弾劾）
7・19	薩摩から出頭命令を受けた琉球官吏牧志朝忠が、渡航途中に投身自殺
8・19	遣欧使節、ロシアと開港・開市の延期を定めた約定書に調印
8・21	**生麦事件**（生麦村で島津久光の行列を横断した英人を藩士が斬殺。英国は幕府に謝罪と賠償金を、薩摩藩には犯人の処刑と賠償金を要求）
⑧・1	幕府、**松平容保を京都守護職に任命**
⑧・2	参勤交代の緩和（3年に1回制とし、大名妻子の帰国を認める、2年後元に戻す）
9・11	幕府、オランダ留学生派遣（西周・津田真道・榎本武揚・伊東方成ら15名）
9・21	**朝儀、攘夷を決定**（攘夷督促勅使下向、11・27攘夷督促勅書を幕府に伝達）
10・22	一橋慶喜、将軍後見職を辞任（開港の持論が容れられないため）
12・12	**英国公使館焼き打ち事件**（高杉晋作ら攘夷派が、品川御殿山を襲撃）
12・―	幕府、陸軍奉行設置

政　治	孝明天皇、将軍・徳川家茂⑭（老中首座・久世広周）
ことば	天誅（天に代わって罰するという意、尊皇攘夷派による公武合体派へのテロ行為）
事　件	井土ヶ谷事件（横浜で仏人士官アンリ・カミュが浪人風の男三名に殺害される。幕府はフランスに謝罪の特使を派遣。山手に外人部隊の駐屯地ができた発端）
出　版	舎密局必携（上野孝馬）、七新藻（司馬凌海）、官板バタビヤ新聞（蕃書調所・日本初の日本語新聞）、英和対訳袖珍辞書（堀達之助編・日本初の英和辞典）
芸　能	青砥稿花紅彩画（河竹黙阿弥・市村座初演）、勧善懲悪覗機関（河竹黙阿弥）
新商品	下岡蓮杖、横浜に写真館を開設、上野彦馬、長崎に写真館を開設。牛鍋（横浜・伊勢熊）、洋服（山岸民次郎が縫製業を始める）
物　価	写真撮影料（名刺サイズ・2分～2両）

◆坂本龍馬、沢村惣之丞とともに脱藩（九州などを放浪した後、福井藩主松平春嶽の紹介を得て、江戸で千葉重太郎と勝海舟に会う）

◆**文久2年、暗殺事件相次ぐ**（以下、被害者と判明している暗殺者）
土佐藩参政吉田東洋（那須信吾ら4人）、土佐藩士井上佐一郎（土佐藩攘夷派）、長州清末藩士船越清蔵（尊攘派志士）、九条家家士島田左近（田中新兵衛ら）、九条家諸太夫宇郷重国（岡田以蔵ら）、越後出身勤王志士本間精一郎（岡田以蔵・田中新兵衛ら）、京都町奉行同心森孫六・大川原重蔵・渡辺金三郎・上田助之丞（土佐・長州・薩摩・久留米4藩の志士30名余）、目明し猿の文吉（岡田以蔵ら）、金閣寺寺侍多田帯刀（長州・土佐藩志士20名余）、万里小路家士小西直記（尊攘派志士）、赤穂藩家老森主税ら3人（赤穂藩急進派15人）、知恩院侍深尾式部（攘夷派志士）、肥後藩士横井小楠・吉田平之助（肥後勤王党・横井は難を逃れる）、和学者塙次郎・加藤甲次郎（伊藤俊輔ら）、壬生藩家老鳥居志摩・鳥居千葉之允は自刃（壬生藩急進派）
＊志士によって生き晒しにされたもの（商人平野屋寿三郎・煎餅屋半兵衛、長野主膳妾村山たか）
＊彦根藩政変により処刑（長野主膳、彦根藩士宇津木六之丞）

◆**文久3年の主な暗殺事件**（以下、被害者と判明している暗殺者）
儒者池内大学（岡田以蔵ら）、千種家家臣賀川肇（勤王派志士）、鳥取藩士岡田星之助（土佐藩士ら）、洛南唐橋村庄屋宗助（土佐藩志士ら）、清河八郎（浪士取締役並出役佐々木唯三郎ら）、勤王商人深野孫兵衛、姉小路公知（薩摩藩士田中新兵衛ら、新兵衛は自害）、杵築藩士小串邦太、徳島藩儒者安芸田面、土佐藩尊王攘夷派豊永伊佐馬、元華頂宮家役人森田道意、徳大寺家用人滋賀右馬大允夫妻、佐々木愛次郎、芹沢鴨（近藤派・新撰組の内紛）
＊長州藩士長井雅楽（自刃）
＊土佐藩による土佐勤王党逮捕処刑（武市半平太、岡田以蔵らを逮捕）

◆幕末の四大人切り（土佐藩岡田以蔵、薩摩藩中村半次郎・田中新兵衛、肥後藩河上彦斎）

文久3年(1863) 癸亥(みずのと・い)

2・23	足利三代木像梟首事件(将軍三代の木像の首が賀茂川の河原に晒された。討幕の暗示として京都守護職が捜査、犯人の尊攘派志士を逮捕)
2・23	清河八郎主宰の幕府浪士組234人が上洛(清河の意図が将軍警護ではなく尊皇攘夷であることが判明し、江戸へ帰還。芹沢鴨と近藤勇の各派は離脱・残留)
3・4	**将軍徳川家茂上洛**(二条城に入城、5日参内、将軍の入京は1634年以来)
3・11	天皇行幸(賀茂上社・下社へ行幸、破約攘夷祈願。天皇行幸は1626年以来)
3・13	**新選組結成**(芹沢鴨・近藤勇ら22人、尊王攘夷派・討幕派の弾圧開始)
4・11	天皇が石清水行幸(**攘夷論最高潮**)
4・20	徳川家茂、攘夷期限を5月10日とする旨奉答する
5・10	**下関事件**(朝命による攘夷決行日、下関海峡を通航する米船、仏・蘭艦を砲撃)
5・12	長州藩士井上聞多・野村彌吉・伊藤俊輔・山尾庸三・遠藤謹助の5人が留学のため横浜を密出国(翌年帰国し、外国艦隊との講和に奔走)
5・18	幕府、英仏両軍の横浜駐屯を許可
6・5	**仏東洋艦隊、長州藩砲台を攻撃**(陸戦隊を上陸させ前田・壇ノ浦両砲台を占領)
7・2	**薩英戦争**(生麦事件の報復で英国が薩摩藩と交戦、双方に被害甚大、講和成立)
8・18	**八月十八日の政変**(朝廷内の公武合体派が、尊王攘夷派の公家20余名を京都から追放。三条実美・沢宣嘉ら**七公卿都落ち**、長州に逃れる)
10・12	**生野の変**(平野国臣ら尊攘派が生野代官所を占拠、間もなく鎮圧)
12・29	横浜鎖港交渉の遣欧使節出発(正使・外国奉行池田長発)
12・30	一橋慶喜・松平容保・松平慶永・山内豊信・伊達宗城を朝議参与に

政　治	孝明天皇、将軍・徳川家茂⑭(老中首座・酒井忠績)
ことば	横浜鎖港交渉(全国に攘夷の嵐が吹き荒れ窮地に立った幕府は、横浜を鎖港しようと外国奉行池田長発を正使とする使節団を派遣。交渉は難航、展望なし)
事　件	天誅組の変(8月17日中山忠光を擁した尊攘派国学者伴林光平ら天誅組が討幕を掲げ大和で挙兵するも壊滅。地方での尊攘派による武力行使の先駆)
出　版	向陵集(野村望東尼)、玉鉾物語(矢野玄道)、粋興奇人伝(仮名垣魯文・山々亭有人)、斥邪漫筆(釈超然)
芸　能	慈江戸小腕達引(河竹黙阿弥・市村座初演)
流　行	女台場の歌(長州藩の砲台守備に女が登場)、内緒節、子供相撲、韮山笠、葡萄鼠色
新商品	軍艦千代田進水(日本初の蒸気船)、牛乳業(前田留吉・横浜)
物　価	もりそば(16文)、豆腐(4文)、入浴料(8文)

◆ 大坂北新地で壬生浪士組(後の新選組)が大阪相撲の力士と殺傷事件を起こす(中頭の熊川熊次郎らが死亡、16名負傷)

文久4年〜元治元年（1864） 甲子（きのえ・ね）

1・15	将軍徳川家茂、再上洛	
2・20	元治に改元	
2・20	浦上の隠れキリシタン、大浦天主堂で信仰を表明（浦上四番崩れ）	
3・5	長州藩処分を決定	
3・9	**参与会議瓦解**（薩摩主導の開港方針を嫌い、鎖港方針をとる幕府に対立した山内豊信・松平慶永・松平容保・伊達宗城・島津久光が辞任）	
3・27	天狗党が筑波山で挙兵（水戸藩士藤田小四郎・武田耕雲斎ら）	
4・25	英米仏蘭の公使、幕府に下関通航と横浜鎖港についての共同覚書を通告	
5・21	幕府、神戸に海軍操練所を設置（軍艦奉行・海軍操練所総管・勝海舟）	
6・5	**池田屋事件**（新選組が尊皇攘夷派が集まる三条小橋の池田屋を急襲）	
7・19	**禁門の変**（京奪回のため入京した長州藩急進派が、薩摩・会津・桑名の守備隊と蛤御門など各所で武力衝突し敗走。久坂玄瑞・来島又兵衛ら戦死）	
7・22	横浜鎖港交渉の遣欧使節団帰国（使節代表池田長発は鎖港の不可を建白）	
7・23	長州追討の勅命が出る（敗走中の真木和泉ら長州勢17人天王山で自決）	
8・2	幕府、長州藩征討令を35藩に命じる	
8・5	**四国艦隊下関砲撃**（英米仏蘭の連合艦隊が下関事件の報復攻撃、砲台全滅）	
9・1	参勤交代制度を旧に復す	
11・―	**第1次長州征伐**（幕府は長州藩追討の勅許を得て出兵、長州藩謝罪）	
11・21	外国奉行ら横浜居留地覚書21ヶ条に調印	
12・16	天狗党降伏（天狗党353人は京都へ上る途中、敦賀で捕らえられ全員処刑）	
12・27	第一次征長軍撤兵（征長総督徳川慶勝、長州藩の恭順を認める）	

政　治	孝明天皇、将軍・徳川家茂⑭（老中首座・酒井忠績／本多忠民）
ことば	ウハの進発（ウハは上の空。高杉晋作が武力的経済的背景がないまま、長州藩急進派が京都へ進発したことを批判したもの）
事　件	池田屋事件（尊王攘夷派の志士30人が集まる京都・三条小橋の旅館池田屋を新選組が急襲。吉田稔麿、宮部鼎蔵ら7人が死亡、23人が捕縛）
出　版	近古史談（大槻盤渓）
創　刊	四月新聞誌（浜田彦蔵・岸田銀次郎ら、日本初の民間新聞）
芸　能	処女翫浮名横櫛（河竹黙阿弥・守田座初演）、曽我綉俠客御所染（河竹黙阿弥・市村座初演）＊江戸大火で中村座・市村座・守田座焼失
風　俗	外国人サーカス団が横浜で公演、チョッキ（征長軍の士官が愛用）

◆備中倉敷の豪商下津井屋吉左衛門、米の買い占めで奇兵隊士に殺害される（12・18）

元治2年〜慶応元年（1865） *閏年:閏月・5月　乙丑（きのと・うし）

1・2	長州内戦始まる（高杉晋作らが挙兵し下関を占領、2月末までに藩論を転換）
1・15	幕府が第1次長州征伐の中止を布告
1・24	長崎・浦上天主堂完成（浦上の潜伏キリシタンが信仰を表明）
3・17	長州藩主、毛利敬親、討幕論を決定
3・18	神戸海軍操練所を正式に廃止（大砲製造のため）
3・22	薩摩藩士19人（新納刑部・五代友厚ら）がイギリス留学のため長崎を出発
3・27	幕府、物価引下令、買占め売惜しみ禁令を出す
4・7	**慶応に改元**
5・22	徳川家茂、三度目の上洛（参内して長州再征を奏上）
7・13	米価が高騰し、米穀および雑穀の自由販売が許可された
7・27	幕府ロシア留学生（市川文吉ら6名）、ロシア船で箱館出発
8・24	幕府の横浜製鉄所完成
9・21	**第2次長州征伐の勅許が降りる**
10・1	将軍徳川家茂、朝廷に条約勅許と兵庫開港を願い出る（英米仏蘭4国の軍艦が大坂湾に来航し、兵庫開港を迫ったため）
10・5	**安政の諸条約に勅許**（長崎・横浜・箱館3港の開港、幕府に条約改正の勅命）
10・23	福岡藩で尊王攘夷派への大弾圧が始まる
11・7	**征長令**（幕府、32藩に長州藩征討の出兵令を出す、征長総督・徳川茂承）

政　治	孝明天皇、将軍・徳川家茂⑭（大老・酒井忠績）
ことば	亀山社中（坂本龍馬が長崎に創った日本初のカンパニー。構成員は長岡謙吉、近藤長次郎、陸奥陽之助、沢村惣之丞ら20数人、通商で明治維新に貢献）
事　件	土佐勤王党の瓦解（尊皇思想のもと武市半平太を盟主に一時藩政の実権を握った勤王党が、藩主山内容堂の藩政改革で武市ら主要メンバーを処刑され瓦解）
出　版	民間格致問答（大庭雪斎訳・大衆的科学啓蒙書）、海外新聞（ジョセフ・ヒコこと浜田彦蔵・岸田銀次郎・本間潜蔵ら洋書調所訳）、叢裡鳴虫（岩倉具視）
芸　能	粋菩提悟道野晒（河竹黙阿弥・市村座初演）
流　行	急須（将軍上洛の京土産として江戸で流行）、芸者の進発ごっこ
風　俗	横浜港の貿易が急増（輸出入総額2989ドル）
新商品	幕府、直轄牧場の牛から牛乳を採取し一部を民間に販売
物　価	うな重（300文）、もりそば（16文） *米価高騰に不穏の動き
その他	リンカン大統領暗殺（4・14ワシントンの劇場で観劇中、俳優に銃で撃たれ死亡）

◆ 侠客吉良の仁吉、荒神山の争いで死亡（享年28）

慶応 2 年（1866） 丙寅（ひのえ・とら）

1・21	**薩長極秘同盟締結**（長幕戦争時に、薩摩が長州の側面援助を行う軍事同盟）
2・28	幕府、開港場への出稼ぎ、自由交易、商人の外国船購入を許可
4・7	幕府、学術修業や貿易のための海外渡航を一般に開放する
4・15	薩摩藩主島津忠義、**長州征伐の出兵を拒否**
5・2	亀山社中の帆船ワイル・ウェフ号、五島列島近海で沈没（12人が遭難）
5・13	幕府、英米仏蘭と改税約書12ヶ条に調印（日本に不利な条約）
5・28	**慶応の打ちこわし始まる**（米価高騰で、以後、江戸、大坂、兵庫で頻発）
6・7	**第2次長州征伐**（幕府軍艦が周防大島郡を砲撃し開戦）
6・15	陸奥信夫・伊達の両郡で17万人参加の大規模な一揆が起こる
6・―	秩父・多摩地方の農民1万人が一揆を起こす
7・20	**14代征夷大将軍徳川家茂死去**（大坂城内において病死・享年22）
8・1	長州軍小倉城占領（長州藩有利の戦局で8月に停戦）
8・18	樺太の国境確定交渉のため、箱館奉行小出秀実らをロシアに派遣
9・2	**厳島談判**（勝海舟、長州藩広沢真臣と井上聞多と会談、停戦協定締結）
10・13	幕府、諸国凶作と米価暴騰により、庶民の外国米輸入を許可する
10・26	幕府選抜英国留学生出発（中村正直・川路太郎・菊池大麓・箕作大六ら14人）
11・9	江戸大火（日本橋元乗物町より出火。京橋、石川島、佃島まで焼失）
11・11	幕府、窮民対策として施米と傭兵を布告する
11・20	講武所と陸軍所合併
12・5	**徳川慶喜が第15代征夷大将軍に就任**
12・25	**第121代孝明天皇崩御**（悪性の天然痘で急死・享年35）

政　治	孝明天皇、将軍・徳川家茂⑭／将軍・徳川慶喜⑮
ことば	ないない尽くし（さてもないないないものは油のねあげもほうづがない二百になってはとばされないそれでもつけずにゃねられない…）
事　件	薩長同盟（正月の交渉開始から薩長にらみ合いの膠着状態を坂本龍馬が打開）
出　版	西洋事情（福沢諭吉）、泰西国法論（津田真道訳述）
芸　能	船打込橋間白波（河竹黙阿弥・守田座初演）
スポーツ	洋式競馬場が作られる（横浜・根岸）
風　俗	世直し一揆、もっとも盛ん（日本各地で、農民一揆・打ちこわしが多発）
新商品	弁当屋が開店、西洋風が盛んになる
物　価	清酒（上等酒・355文）＊米価危機（天保銭100文銭の価値が半減）

◆坂本龍馬と妻の龍、傷療養をかねて霧島一帯を遊行（初の新婚旅行）

慶応3年(1867) 丁卯(ひのと・う)

1・9	**明治天皇即位**(睦仁親王践祚、摂政は関白二条斉敬)
2・25	遣露使節、ペテルスブルグで樺太仮規則5ヶ条に調印(樺太は日露両属)
3・26	オランダ留学生の榎本武揚・赤松大三郎ら新造軍艦「開陽丸」で帰国
4・1	パリ万国博覧会開催(～11.3、日本が初出品、浮世絵等が衝撃を与える)
4・23	大洲藩汽船いろは丸、瀬戸内海で紀州藩汽船明光丸と衝突沈没
5・24	**朝議、長州処分を寛大にすることと兵庫開港勅許を決定**
6・13	長崎のキリスト教徒68人逮捕
6・22	京で薩土盟約成立
10・3	土佐藩主山内豊信、大政奉還を徳川慶喜に建白
10・6	大久保利通・品川弥二郎・岩倉具視・中御門経之ら王政復古の方略を謀議
10・13	**討幕の密勅、薩摩・長州に下る**
10・14	**徳川慶喜大政奉還を上奏**、朝廷これを勅許する
11・28	幕府、ロシアと改税約書に調印
12・7	**兵庫開港、大坂開市**
12・9	**王政復古の大号令**(幕府廃絶、三職〈総裁・議定・参与〉の設置を決定。夜、小御所会議で、徳川慶喜の辞官納地を決定)
12・14	徳川慶喜、辞官納地を拒否
12・25	徳川氏、諸藩兵が三田薩摩藩邸を焼き討ち(90人が死亡)

政 治	明治天皇、将軍・徳川慶喜⑮
ことば	船中八策(坂本龍馬が、船中で後藤象二郎に示した8ヵ条の新国家構想。第1条で大政奉還、第2条で議会に相当する上下議政局の設置を説く)
事 件	龍馬暗殺(11月15日夜、坂本龍馬と中岡慎太郎が三条河原町の醤油屋・近江屋で見廻組に殺害される。龍馬・享年33、慎太郎30)
出 版	経済小学(神田孝平)、西洋雑誌(柳河春三)、洋学指針・英語部(柳川春三)、和英語林集成(ヘボン) ＊イギリスで資本論(マルクス・第1巻)
創 刊	ジャパン・タイムズ、萬国新聞紙、倫敦新聞紙
芸 能	契情曽我廓亀鏡(河竹黙阿弥)、善悪両面児手柏(河竹黙阿弥)
流 行	ええじゃないか(7月三河国吉田宿に空から伊勢神宮のお札が降ったことをきっかけに起こった民衆の集団乱舞が、東海道筋・名古屋一帯から京・大坂に波及)
新商品	国産初の実用蒸気船(プロペラ推進)千代田型、洋式機械紡績所(薩摩藩)
その他	高杉晋作が4月14日に病死(享年28、野村望東尼が看取る)

◆渡仏中の栗本鋤雲、アルプスに登山し植物を採集する。この年、幕府は横浜に語学所を開設

| | 歳 | | 歳 | | 歳 |

＊生まれた年を「0歳」として、順次ご記入ください。

◆ええじゃないか、ええじゃないか　くさいものには紙をはれ　やぶれたらまたはれ　ええじゃないか、ええじゃないか…

慶応4年〜明治元年（1868） *閏年：閏月・4月　戊辰（つちのえ・たつ）

1・3	**戊辰戦争**（慶喜への辞官納地処置に憤激した大坂の幕府軍が、鳥羽伏見街道を上る途上、新政府軍と激突。8日徳川慶喜、大坂から軍艦・開陽丸で江戸帰還）	
1・25	英・米・仏・蘭・伊・普6カ国、日本内戦に対し局外中立を宣言	
2・3	**新政府、徳川慶喜親征の詔を発布**（12日徳川慶喜、上野寛永寺へ移り謹慎）	
3・13	**西郷隆盛・勝海舟会談**（薩摩藩邸の会談で江戸無血開城を決定、周旋山岡鉄舟）	
3・14	**五箇条の誓文を宣言**（天皇が神に誓う形式で発布した新政府の基本方針）	
3・15	**五榜の掲示**（徒党・強訴・逃散の禁止など人民の心得を表す五種の高札）	
3・28	**神仏分離令**（神道を国教とし神仏習合を禁止。廃仏毀釈運動が起こる）	
4・11	**江戸城開城**（徳川慶喜は水戸へ退去、7月には駿府へ蟄居）	
4・25	ハワイ王国への日本人移民が始まる（契約移民120余名）	
④・27	**政体書公布**（太政官制、三権分立、官吏公選、神祇官設置等を定める）	
5・15	上野の彰義隊に新政府軍が総攻撃（彰義隊は敗走、付近の1200戸が焼失）	
5・15	**太政官札発行**（丁銀・豆板銀を廃し、初の全国通用紙幣・太政官札5種を発行）	
9・8	**明治と改元**（以降一世一元制となる）	
10・11	東北戦争終結（南部藩降伏）	
10・13	明治天皇、江戸城に入城（江戸を東京と改称）	
10・25	榎本武揚ら箱館五稜郭を占領（大鳥圭介、土方歳三らも同行）	
12・28	各国政府、日本の内戦終結と判断し、局外中立を終える	

政　治	明治天皇、総裁・有栖川宮熾仁
ことば	広ク会議ヲ興シ万機公論ニ決スヘシ（五箇条の誓文・第一条）
事　件	徳川海軍脱走（徳川家の駿府移住を見届けた後、榎本武揚は、新政府への引渡しを逃れ、開陽丸等8隻の軍艦で北海道に新天地を求めた）
出　版	立憲政体略（加藤弘之）、仮名読八犬伝（仮名垣魯文）、泰西国法論（津田真道）
創　刊	中外新聞（上野戦争の顛末を「別段中外新聞」で報道、初の号外）、江湖新聞（福地源一郎、日本人初の新聞、挿絵入りルビ付き）、もしほ草
流行歌	トコトンヤレ節（宮さま宮さま・俗謡的軍歌、品川弥二郎・作）
流行語	御一新、明治、邏卒（巡査の旧称・太政官布告「邏卒取締隊」に由来）、文明開化、東京、一六ドンタク、知事、裁判所、天長節、ポンチ、摺付木（マッチ）、暗殺
開　校	慶應義塾（改称）、医学所（復興）、昌平校（復興）、開成学校（復興）、皇学所
創　業	築地ホテル館（初の洋風建築・客室102室・料金1日3ドル）
物　価	白米10kg（55銭）、もりそば（5厘）、牛乳（12銭）、桐箪笥（4円50銭）

◆清水次郎長（山本長五郎）、街道警固役を任命され、清水湊に投ぜられた幕府軍の死体を収容・埋葬する（この縁で山岡鉄舟、榎本武揚との知遇を得る）

| | 歳 | | 歳 | | 歳 |

◆太政官札 5 種（従来の藩札同様縦長デザイン、偽造防止の透かし入り）

明治2年(1869) 己巳(つちのと・み)

1・1	観音崎灯台点灯(初の洋式灯台)	
1・20	**版籍奉還**(薩長土肥の4藩主、藩の土地と人民を天皇に返還)	
2・5	新政府、貨幣司を廃止し造幣局を設置(金座、銀座廃止)	
2・24	**東京に遷都**(政府は皇居・東京城を「皇城」と称すると発令)	
5・18	戊辰戦争終結(旧幕府主戦派の拠点・箱館五稜郭が陥落、榎本武揚降伏)	
6・17	朝廷、諸藩の版籍奉還を勅許(公家と大名は華族、武士は士族、農工商は平民)	
6・29	東京九段に**招魂社(靖国神社)**創建(戊辰戦争の戦死者を祀る)	
7・8	官制改革(2官6省となる)	
7・30	東京・築地に海軍操錬所(海軍兵学校の前身)設立	
8・3	高崎藩で重税に抵抗する農民が一揆を起こす(**高崎五万石一揆**)	
8・15	蝦夷を北海道に改称(開拓使設置、樺太も管轄)	
9・4	大村益次郎、京都木屋町で襲撃され重傷(11月5日大村益次郎没・享年46)	
9・19	新政府、東京築地に外人居留地を設置	
12・-	**浦上キリシタン三千余人を配流**(名古屋以西の21藩へ配流された)	
12・12	**江藤新平襲撃**(上京中の江藤新平が、芝で刺客6名の襲撃を受け重傷)	
12・25	**東京・横浜間に電信開設**(日本初の電信が開通、公衆電報の取り扱い開始)	

政　治	明治天皇、右大臣・三条実美
ことば	招魂社(伏見戦争後、国事に斃れし志士の節操を表彰し、…(中略)…明治二年六月二十九日、番町九段坂上に、仮に招魂社を建て、戦死の者を祭る)
事　件	土方歳三戦死(函館五稜郭の戦いに参戦、被弾して死亡・享年35)
出　版	交易問答(加藤弘之)、世界国尽(福沢諭吉)、暁窓追録(栗本鋤雲)
創　刊	六合新聞、The Japan Mail(ハウエル)、The Nagasaki Express(ブラガ)
スポーツ	鬼面山谷五郎、明治最初の横綱となる。
風　俗	横浜で立ち小便禁止の触れ(外国人に恥ずべき行為として厳罰)
流行語	版籍奉還、官員、士族、ギョンチョン、宗教、肯定、否定、招魂社、西洋将棋、北海道
新商品	洋式灯台(観音崎)、パン(風月堂)、巻たばこ(土田安五郎が製造開始)、アイスクリーム(横浜で発売)、西洋料理店(横浜)、乗合馬車の営業(東京・横浜間)
開　校	大学(大学校・昌平校)、大学南校(開成学校)、大学東校(医学校)、海軍繰練所(後の海軍兵学校)、京都市上京27番組小学校(初の小学校)
創　業	東京為替社、大阪為替・通商両会社、活版伝習所(本木昌造)、文英堂(初のパン屋・後の木村家総本店)、丸屋商店(早矢仕有的、後の丸善)

◆ 君が代(軍楽隊の天皇礼式曲として薩摩藩が英人フェントンに作曲を依頼)

| | 歳 | | 歳 | | 歳 |

◆ 島津久光、鹿児島県知事となり、薩摩・大隅・日向・琉球を管理することになる

明治3年（1870） *閏年：閏月・10月　　　庚午（かのえ・うま）

1・3	**大教宣布の詔**（国教である神道を広く全国に広めるための詔）
1・26	長州で脱退騒動（版籍奉還後、藩政府は軍隊を常備兵のみとする整理策を打ち出すが選に漏れた兵士2000人が反乱）
1・27	**国旗制定**（商船に掲げる日の丸の寸法が定められた。タテ・ヨコの比率7：3）
2・13	北海道開拓使から樺太開拓使を分離設置
3・20	宇和島農民一揆（79ヶ村7452人の農民が大豆銀納減免などを要求）
4・24	種痘令布告（全国で種痘が実施された）
5・15	陸軍旗制定
5・28	**集議院開設**（公議所の改組改称、議員は諸藩から選出）
6・8	東京府、小学校6校を設置
6・19	高島炭坑で坑夫ら400人が騒動を起こし逃亡
9・19	平民の苗字使用を許可
10・2	陸軍はフランス式、海軍はイギリス式と決定
11・12	1円本位貨の銀本位制を定める
11・17	大分県日田郡で雑税撤廃などを求めて農民1万人が騒動
11・―	京都府、窮民授産所を開設
12・22	海外留学生規則を制定

政　治	明治天皇、右大臣・三条実美
ことば	テレガラフ（東京・横浜間に開通した電信線の呼び名。別名「針金わたり」とも呼ばれ、電信線を用紙が伝わっていくと考えられた）
事　件	平民苗字許可令（平民の苗字が許されたが、苗字を付けると課税されるという疑念もあり、全ての国民が苗字を名乗るのは明治8年の平民苗字必称義務令以後）
出　版	西洋道中膝栗毛（仮名垣魯文）、西国立志編（中村正直訳）
創　刊	海外新聞、真政大意（加藤弘之）、横浜毎日新聞（国産活字を使用した初の日刊紙）
流　行	トンビ（袖なし外套）、メリヤスの下着（手編み）
風　俗	華族のかき眉・お歯黒の禁止
流行語	テレガラフ、人力車、自転車、哲学、命題、帰納法、南京豆
新商品	牛乳屋（東京）、人力車（和泉要助らが考案）、製靴工場（靴製造の初め）
開　校	女学校（但馬出石藩）、中学校（東京府下、初の中学校）、家塾育英舎（西周）
創　業	九十九商会（岩崎弥太郎）、横浜瓦斯会社（高畠嘉兵衛）、三井組
その他	神仏分離令と神道国教化により、排仏運動が最高潮に達した

◆ 有田焼の改良（肥前藩、ワグネルに依頼して磁器の改良を行う）

| | 歳 | | 歳 | | 歳 |

◆フランス共和政宣言（9・4）、イタリア統一を完了（9・10）

明治4年(1871)　辛未(かのと・ひつじ)

2・13	**親兵設置**	（薩長土3藩の兵2万人を親兵として兵部の管轄下に置く）
3・1	**郵便制度施行**	（東京－京都－大阪間の郵便業務開始、立案・前島密）
3・8	菊間藩で廃仏運動に対する護法一揆が起こる	
4・4	**戸籍法制定**	（居住地ごとに全国民を登録、戸主に権限を与える家長制）
5・10	**新貨条例の制定**	（金本位制、通貨単位は円・銭・厘の十進法、旧1両は1円）
7・14	**廃藩置県の詔書**	（藩を県と改称、府知事・県令を任命、3府302県）
7・29	**太政官三院制**	（太政官制を改正、正院・左院・右院を設置。中央集権化の強化）
7・29	**日清修好条規締結**	（清との対等条約）
7・－	**台湾事件**	（台湾東南海岸に漂着した宮古島民の54人が原住民に殺害される）
8・9	**断髪・廃刀令**	（「士農工商四民の断髪勝手たるべき事」という太政官布告）
8・－	階級間の結婚の自由化、賤称廃止令（えた・非人の称を廃止、平民と同等）	
9・7	**田畑勝手作の許可**	（栽培の自由化）
11・1	小学校教科書の頒布（日本初）	
11・12	**岩倉具視欧米使節団、横浜港を出発**	（条約改正の予備交渉と欧米の視察）
11・25	学校が文部省管轄となる（文部省設置）	
12・26	東京裁判所設置（最初の司法機関）	

政　治	明治天皇、右大臣・三条実美
ことば	岩倉使節団（岩倉具視全権大使と木戸孝允、大久保利通、伊藤博文、山口尚芳ら46名に随員18名、津田梅子ら5人の女子を含む留学生43名、総勢107名）
事　件	毒婦夜嵐お絹事件（高利貸小林金平の妾・原田絹が痴情のもつれで金平を毒殺）
出　版	牛店雑談安愚楽鍋（仮名垣魯文）、官板立合略則（渋沢栄一述）
創　刊	新聞雑誌（木戸孝允）、横浜毎日新聞（日本初の日刊紙）
スポーツ	日本初の競馬（会場・東京招魂社の馬場）
風　俗	ざんぎり頭（チョンマゲにかわる断髪姿で、文明開化の象徴とされた）
流行語	郵便、午砲、ざんぎり頭、因循姑息、総髪頭、牛鍋、書状集め箱、統計、語彙
新商品	洋風散髪所（東京・常磐橋外に開設）、公衆便所（横浜市に設置）、石鹸の製造
開　校	慶應義塾、東京・芝三田に移転、熊本洋学校
創　業	丸屋商店（後の丸善）東京支店開業、人力車営業開始（1里約12銭）
物　価	理髪料（25銭）、郵便切手（48文、100文、200文、500文の4種類、竜の図柄が描かれ竜文切手と呼ばれた）、大学授業料（慶大・18両）
その他	東京相撲の力士が「裸体禁止令」により罰金、鞭打ち刑に処せられた

◆ 新政府転覆未遂事件（3月、公卿愛宕通旭、外山光輔等が政府内部における薩長の横暴をにくみ、それを除こうとしたと言われ、逮捕、処刑される）

| | 歳 | | 歳 | | 歳 |

◆ 皇居の旧本丸で、正午に午砲（ドン）を打ち始めた（10・22）、東京で羅卒（巡査の前身）3千人を新採用（10・23）、半髪頭ヲタタイタメテミレバ、因循姑息ノ音ガスル

明治5年（1872） *太陰暦最終年　　　　　　壬申（みずのえ・さる）

1・29	**壬申戸籍**	（皇族・華族・士族・平民の四族の身分呼称定着、総人口は33,110,825人）
2・15	**田畑永代売買の解禁**	
2・26	銀座大火	（丸の内から銀座、築地にかけて約5000戸焼失。煉瓦建築の布告）
2・28	陸軍省、海軍省を設置	（兵部省廃止）
3・9	親兵を廃止して**近衛兵**を設置	
3・10	第1回京都博覧会開催	（日本で初の万国博覧会開催）
7・4	政府、すべての土地に地券を交付	（**壬申地券**）
8・3	**学制公布**	（国民皆学を目指し、6歳以上の男女を小学校に通わせた）
8・12	貢租米の金納が認められた	
9・13	**新橋－横浜間（29km）で鉄道営業を開始**	（1日6往復・中等片道料金1円）
9・14	**琉球藩を設置**	（国王尚泰は藩王、外務省管轄）*清は琉球の領有権を主張
10・4	**官営富岡製糸場開業**	（最大輸出品の生糸の品質改良と技術習得）
11・9	**太陽暦採用公布**	（太陰暦を廃止し太陽暦を採用。突然の布告だった）
11・15	国立銀行条例を定める	
11・28	**徴兵告諭**	（全国徴兵の詔書が発布された。国民皆兵）
12・3	**改暦実施**	（1872年が終了、12月3日が1873年1月1日）

政　治	明治天皇、太政大臣・三条実美、左大臣・島津久光、右大臣・岩倉具視
ことば	四民平等（職業選択・居住地移転が自由となり旧来の身分制度は廃されたが、差別を是正する措置がされず被差別民への差別は根絶されなかった）
事　件	太陽暦採用（同時に1日24時間、官庁の日曜日休日制が定められた。また紀元節・2月11日、天長節・11月3日の祝日化が決まった）
出　版	学問ノススメ（福沢諭吉）、童蒙教草（福沢諭吉）、自由之理（中村正直訳）
創　刊	東京日日新聞（東京初の日刊紙）、郵便報知新聞、名古屋新聞、大阪新聞
芸　能	流行玉兎合（村山座）
流　行	兎飼育、万年青栽培、ビールの飲用が流行。各地に新聞縦覧所が設置された。
風　俗	人身売買禁止・娼妓年季奉公廃止令（芸妓大量解放）
流行語	蒸気車、銀行、瓦斯灯、警察、代言人、新聞縦覧所、フラフ、広告、為替、地券、美術、針金だより
開　校	東京師範学校（初の師範学校・教員養成の開始）、開拓使仮学校、共立女学校
創　業	郵便蒸気船会社、精養軒（東京・築地に開店）
物　価	白米10kg（36銭）、入浴料（1銭5厘）、博物館観覧料（2銭）

◆ 横浜の外国人居留地で初めてガス灯を設置

	歳		歳		歳

◆ 高島炭坑で坑夫が暴動を起こす（1・16、高島炭坑は、佐賀藩が採掘していたが、官有となり、囚人を使って採掘を始めた。劣悪な労働条件のため、以降しばしば暴動が起こった）

明治6年（1873） *太陽暦開始年　　癸酉（みずのと・とり）

1・10	**徴兵令布告**（満20歳男子に3カ年の兵役服務。徴兵反対の**血税一揆**起こる）
2・5	年齢計算を満年齢○年○月と数えることを定める
2・24	**キリスト教公認**（キリシタン禁制の高札撤去を決定）
4・1	郵便料金の全国均一制を実施（書状2銭、市内1銭）
5・5	東京城火災（宮殿から奥御殿まで全焼。赤坂離宮（皇太后御所）を仮皇居とす）
6・11	第一国立銀行設立（国立とは国家設立認可のこと）
6・16	福岡県で米価値上がりに反対する10万人が参加する大暴動が起こる
7・28	**地租改正法公布**（地価の3％金納課税。各地で地租改正反対一揆起こる）
8・17	西郷隆盛の朝鮮派遣（朝鮮の鎖国排外政策を武力で打破）を決定
8・20	国立銀行紙幣5種を発行（初の横長デザイン国産洋式紙幣）
9・13	**岩倉使節団が帰国**（10・23 岩倉具視、天皇に征韓不可を上奏）
10・24	天皇、西郷隆盛の派遣中止を勅許（「征韓論」敗れ西郷隆盛帰郷）
10・25	西郷派参議（板垣退助・江藤新平・後藤象二郎・副島種臣）が辞表を提出
11・10	**内務省設置**（内務卿・大久保利通が政権を掌握）
11・―	朝鮮、閔氏一族が政権を掌握（高宗妃に連なる閔氏一族が政権を奪取）
12・9	東京・神田、日本橋で大火（焼失家屋5000戸）

政　治	明治天皇、太政大臣・三条実美、左大臣・島津久光、右大臣・岩倉具視
ことば	西人之ヲ称シテ血税トス。其生血ヲ以テ国ニ報ズルノ謂ナリ（徴兵令太政官布告。この文言から血を採られると誤解した農民が一揆に走り全国に広がった）
事　件	征韓論争（日本の高圧的な外交を拒否した朝鮮を武力で制圧しようする西郷隆盛らに対し、国内体制の整備が先決とする岩倉や大久保が政府内で対立）
出　版	横文字百人一首（黒川真頼）、帳合之法（福沢諭吉）、文明開化（加藤祐一）、小学読本（文部省編）
芸　能	髪結新三（河竹黙阿弥）
流　行	襟巻、兎・鼠・カナリア飼育
風　俗	仇討ち禁止令、東京府、失業剣士の撃剣興行を禁止、日本に野球が伝わる
流行語	血税、版権、書生、本能、訓導、公園
新商品	郵便はがき、公立図書館（京都に集書院設置）、横浜グランドホテル（外国人用）
開　校	東京外国語学校
創　業	三菱商会（九十九商会が母体）、開洋社（洋式捕鯨の初め）
物　価	郵便料金（書状2銭、市内1銭）、東京日日新聞（1枚140文）

◆織物伝習生の佐倉常七・井上伊兵衛の2人がフランスから織物機械を持って帰国

	歳		歳		歳

◆日本橋が国内諸街道規程の元標となった

明治7年(1874) 甲戌(きのえ・いぬ)

1・15	東京に警視庁設置(東京・八重洲町2丁目)
1・17	**民選議院設立建白書の提出**(板垣退助・後藤象二郎・江藤新平・副島種臣・由利公正・小室信夫・古沢滋ら)
2・1	**佐賀の乱**(下野した参議・江藤新平が、佐賀で士族にかつがれ武装蜂起)
3・1	佐賀の乱鎮圧(政府軍が反乱軍から佐賀県庁(佐賀城)を奪回、後日江藤新平、梟首刑判決を受け、即日処刑される、享年41)
4・10	**板垣退助、片岡健吉と高知に政治結社立志社を結成**(士族の支持を得る)
5・11	大阪－神戸間の鉄道が完成し開業
5・22	**征台の役(台湾出兵)**(宮古島民殺害の罪を問うため日本軍が台湾に上陸。西郷従道が中心。明治政府最初の海外出兵)
6・-	西郷隆盛が鹿児島に私学校を設立(生徒数約800人)
6・23	**屯田兵制度を北海道に設置**(開拓と北方防備のため)
7・25	小学校教員の検定試験、教員免許状の制度が定められる
7・-	東京銀座の煉瓦街が完成
8・16	わっぱ騒動(酒田県で重税に反対する一万人の農民暴動が起こる)
10・11	新橋駅でポイント故障による転覆事故が起こる
10・31	台湾問題解決(清が賠償金50万両支払いを決定。12・3日本軍撤兵を開始)
12・18	東京・京橋－銀座－芝金杉橋の街路の両側に85基のガス灯が点火

政　治	明治天皇、太政大臣・三条実美、左大臣・島津久光、右大臣・岩倉具視
ことば	明六社(森有礼の提唱で、福沢諭吉・西周・加藤弘之・津田真道らが参加し欧米の政治や文化を紹介する啓蒙活動を行った)
事　件	岩倉具視襲撃事件(帰宅中の岩倉具視を高知県士族が襲撃するも難を逃れる)
出　版	柳橋新誌(成島柳北)、東京繁盛記(服部誠一) ＊両書とも発禁処分
創　刊	朝野新聞、読売新聞、明六雑誌(洋字使用論で初のローマ字論争が起こる)
芸　能	雲上野三衣策前(2世河竹新七)、＊河原座創設、九世市川団十郎襲名
流　行	各家庭に石油ランプ普及、しゃも鍋、長襟巻、引回し(マント)
風　俗	東京府、道路や車内での頬かぶり・手拭かぶりを禁止、男女混浴の禁止
流行語	あんパン、権妻、ドンタク、煉瓦、演説会、巡査、有司専制、男女同権、統計学
開　校	官立女子師範学校、東京開成語学校・東京医学校(独立)
新商品	あんぱん(木村安兵衛が考案)
物　価	あんぱん(5厘)、清酒(上等酒・4銭)

◆ 三宅島が噴火(7・3)

◆築地の東京第一長老協会で最初のクリスマスが祝われた

明治8年(1875) 乙亥(きのと・い)

1・—	全郵便役所を郵便局に改称、また為替業務を開始
2・11	**大阪会議**(大久保利通・伊藤博文と木戸孝允・板垣退助が個別に会談、木戸・板垣の政界復帰を働きかける。両名とも3月に参議に復帰)
2・—	板垣退助、大坂で**愛国社**を設立(自由民権運動の始まり)
3・—	ガス灯が東京の京橋から北へ万世橋、浅草橋まで点火
3・25	東京-青森間の電信線が開通
4・14	**漸次立憲政体樹立の詔**(左院・右院を廃し、元老院・大審院・地方官会議設置)
4・30	神仏合同布教廃止
5・—	市ヶ谷刑務所完成(伝馬町牢屋は廃止)
5・7	**樺太・千島交換条約調印**(ロシアの圧力で樺太と千島列島を交換)
5・—	第1回屯田兵入植(札幌郡琴似兵村へ第一大隊第一中隊入植、198戸)
6・1	東京気象台設立(赤坂葵町、定時観測開始)
6・20	第1回地方官会議開催(府知事・県令による地方情勢の政治への反映)
6・28	**新聞紙条例・讒謗律公布**(言論活動の弾圧、自由民権運動への対抗策)
7・5	元老院開院
7・14	政府、琉球藩に清への使節派遣及び冊封を受けることを禁止
9・20	**江華島事件**(朝鮮の江華島沖で日本の軍艦が砲撃され応戦、砲台を破壊)
11・5	小笠原諸島が日本領となる(イギリス公使承認)
12・13	日本陸戦隊が朝鮮軍民と釜山で衝突

政 治	明治天皇、太政大臣・三条実美、右大臣・岩倉具視　＊左大臣島津久光は辞任
ことば	士族の商法(士族身分解体で不慣れな商売に手を出し失敗する者が続出)
事 件	江華島事件(朝鮮沿岸で海路測量中の軍艦雲揚が、淡水補給の名目で漢江河口の江華島に接近し守備隊を挑発、兵を上陸させ城内に火を放った)
出 版	文明論之概略(福沢諭吉)、国体新論(加藤弘之)
創 刊	評論新聞、平仮名絵入新聞、あけぼの(新聞雑誌を改題)
芸 能	扇音々大岡政談(二世河竹新七)、＊守田座を新富座と改称
流行語	士族の商法、往来芸者、ヒヤヒヤ、社会、郵便局、大審院、気象台、精鏥水
開 校	東京商法講習所(後の東京商科大学)、同志社英学校(新島襄・後の同志社大学)
創 業	三菱汽船会社(三菱商会を改称)、田中製造所(後の東京芝浦製作所)
新商品	マッチ(国産)、チョコレート、洋画展(国沢新九郎が新橋竹川町で開催)
物 価	牛乳(5銭)、理髪料(10銭)、写真撮影料(名刺サイズ・3円～7円)

◆ あんぱんを天皇に献上(向島の水戸徳川屋敷の花見で、木村家の酒種あんパンを献上。天皇・皇后は気に入り、木村家は宮中御用商に加わった)

| | 歳 | | 歳 | | 歳 |

◆中村正直ら楽善会を創立（5・22、盲唖学校の初め）

明治9年（1876） 丙子（ひのえ・ね）

2・26	**日朝修好条規調印**（江華条約、釜山開港、近い将来にその他2港の開港を決定）
3・28	**廃刀令公布**（武士の特権の廃止と国民の武装解除）
4・1	満20歳を丁年（成年）と定める
5・6	和歌山県で地租改正反対一揆発生
5・9	**上野公園開園**（掛茶屋が撤去され精養軒・八百善ができ、不忍池畔に桜の植栽）
6・2	明治天皇が東北訪問（函館を経て7月20日に横浜港に帰着）
7・5	国家安寧妨害の新聞雑誌の発行停止を布告
8・5	金禄公債証書発行条例公布（**秩禄処分**）
8・21	**3府35県に統合**（大規模な府県の統廃合が行われる）
8・24	日朝修好条規付録及び通商章程に調印
9・6	元老院に日本国憲法の起草を命じる詔勅が出される
10・24	**神風連の乱**（熊本敬神党が、熊本鎮台を襲撃、県令、鎮台司令長官らを殺害）
10・27	**秋月の乱**（福岡県秋月で、敬神党に呼応して士族230人が反乱）
10・27	**萩の乱**（山口県萩で、前原一誠が反旗を揚げるも、11月6日に鎮圧された）
10・29	**思案橋事件**（東京で千葉県庁襲撃を画策する会津士族と巡査が斬り合い）
11・30	**地租改正反対一揆**（茨城県で農民が蜂起、東海地方に広がる）
12・19	**伊勢騒動**（三重県下で地租改正反対の農民たちが蜂起。翌年にかけ、三重・愛知・岐阜・堺の4県にまで拡大し、日本の百姓一揆史上最大と言われた）

政　治	明治天皇、太政大臣・三条実美、右大臣・岩倉具視（左大臣は欠員）
ことば	秩禄処分（華族・士族への家禄や戊辰戦争の功労者への賞天禄を全廃し、金禄公債を与えることで財政負担を軽減しようとしたが、士族の反乱を招いた）
事　件	高橋お伝事件（浅草蔵前の旅籠で古着屋後藤吉蔵が殺害され、同宿の高橋伝が逮捕。お伝の一生が芝居や小説にされ「毒婦」「妖婦」の名が定着）
出　版	明治歌集（橘東世子）、日本蝦夷地質要略之図（ライマン・初の地質図）
創　刊	大阪日報（後の大阪毎日新聞）、東京新誌、同人社文学雑誌、内外物価新報（日本経済新聞の前身）、近事評論
芸　能	牡丹平家譚（二世河竹新七・中村座初演）
流行語	半ドン（官庁の日曜全休、土曜半休）、世紀、ラムネ、幼稚園、市民、人三化七
開　校	東京大学予備門（東京英語学校と東京開成学校普通科が合併）、札幌農学校（開拓使学校を移転改称・クラーク教頭）、幼稚園（東京女子師範学校附属）
創　業	三井銀行（私立銀行の始め）、三井物産会社、麦酒醸造所（札幌・開拓使）

◆アメリカでベルが電話を発明（3・11、助手との間で初の通話に成功）

| | 歳 | | 歳 | | 歳 |

◆ 大合併で廃止された後、復活したのは8県(徳島県、福井県、鳥取県、佐賀県、宮崎県、富山県、奈良県、香川県)

明治 10 年 (1877) 　　　　　　　　　　　丁丑 (ひのと・うし)

1 ・ 4	**地租改正詔書発布** (税率を地価の3％から2.5％へ引き下げ)
1 ・ —	鉄道寮にかわって鉄道局設置
1 ・ 24	天皇、関西巡幸に出発 (〜7・30)
1 ・ 30	**西南戦争勃発** (西郷隆盛が設立した私学校の生徒が政府施設を襲撃)
2 ・ 28	阿蘇地方で大規模な一揆が発生する
3 ・ 20	田原坂の戦い (政府軍、田原坂を制圧、西郷軍は熊本まで後退)
3 ・ 28	福岡県士族越智彦四郎ら福岡城を襲撃するも城兵に敗北する
3 ・ 31	増田宗太郎ら大分県で挙兵し、中津支庁などを襲撃
3 ・ 19	京都—大阪間に鉄道が開通
5 ・ 1	博愛社設立 (佐野常民と大給恒が創設し、西南戦争の負傷者を敵味方なく治療)
6 ・ 9	立志社の片岡健吉ら**国会開設建白書**を提出 (6・12却下)
6 ・ 30	初の交通規則を制定
8 ・ 21	**第1回内国勧業博覧会開幕** (〜11月30日、会場：上野公園、入場者45万人)
9 ・ 14	コレラ、東京で発生
9 ・ 24	**西南戦争終結** (西郷軍、鹿児島で政府軍の総攻撃を受け敗退、隆盛自刃・享年51)
11 ・ 22	田租の半額を米で代納する事が認められる
12 ・ 28	東京株式取引所設立の許可が出される

政　治	明治天皇、太政大臣・三条実美、右大臣・岩倉具視 (左大臣は欠員)
ことば	西郷星 (大接近した火星が西郷の軍服姿に見えると評判に。西郷への思慕高まる)
事　件	大森貝塚発見 (アメリカの科学者モースが日本初の近代的な考古学的調査)
出　版	日本開化小史 (田口卯吉)、廬騒氏民約論 (服部徳訳)、馬爾去斯氏人口論概略 (大島貞益抄訳)、西南太平記　＊欧化主義論議盛んになる
創　刊	花月新誌、団々珍聞、学芸志林 (東大編・初の紀要)、東京毎夕新聞
芸　能	西南夢物語 (大阪芝居)、真景累ヶ淵・怪談牡丹灯籠 (三遊亭円朝)
流行歌	オヤマカチャンリン (オヤマカは親馬鹿の訛ったもの)
流行語	西郷星、竹槍でどんと突き出す二分五厘、避病院、テレフォン、現象、花瓦斯
新商品	軍艦清輝 (国産初)、有人気球実験 (海軍練兵所)、[米] エジソンが蓄音機を発明
開　校	東京大学 (開成・医学2校合併)、東京一致神学校 (後の明治学院大学)
創　業	第十五国立銀行
物　価	白米10kg (51銭)、もりそば (8厘)、うな重 (20銭)、饅頭 (5厘)、清酒 (上等酒・4銭5厘)、国産ビール (大瓶16銭)

◆ 電話機が輸入され、使用が始まった (グラハム・ベル来日)。東京で楊弓が大繁昌 (売春と結びついた)

| | 歳 | | 歳 | | 歳 |

◆西南戦争の戦費を補うため、予備紙幣 2700 万円が発行された (12・27)

明治 11 年（1878） 戊寅（つちのえ・とら）

1・20	東京府勧工場設立（以降、民間でも多数設立された）	
2・20	海外旅券規則制定	
3・12	**東京商工会議所の設立認可**（出願者・渋沢栄一・益田孝ら）	
3・18	駐清公使森有礼、日清通商特約締結を申し入れる	
3・25	工部省電信中央局開業（全国主要都市および国際電報の受け付けを開始）	
3・25	**日本初の電灯**（虎ノ門の工部大学校で50個の仏製アーク灯が15分間点灯）	
4・2	清帝国、通商特約締結を拒否	
5・27	金銀複本位制の確立（貿易銀の一般通用を許可）	
7・22	**三新法**（郡区町村編成法、府県会規則、地方税規則）制定	
7・28	高島炭坑で賃上げ要求の暴動が起こる（逮捕者100余名）	
7・−	金禄公債発行開始	
8・23	**竹橋事件**（西南戦争の恩賞に不満の近衛砲兵隊二百余人が竹橋の営舎で蜂起）	
8・−	山県有朋、**軍人訓戒を発表**（上官への絶対服従を説く、竹橋事件への対応処置）	
9・−	愛国社再興（財政難と板垣の参議復帰で休眠中の愛国社が大坂で復活）	
11・2	東京府が、大区小区制を廃して15区6郡制定	
12・24	**参謀本部設置**（本部長・山県有朋）	

政　治	明治天皇、太政大臣・三条実美、右大臣・岩倉具視（左大臣は欠員）
ことば	参謀本部（軍令に関する事項は同本部の所管となり統帥権が政府から分離した）
事　件	紀尾井坂の変（5月14日大久保利通が参朝する途中、麹町の紀尾井坂で島田一郎ら石川県の旧武士6人によって斬殺された、享年49）
出　版	通俗民権論（福沢諭吉）、開化新題歌集（大久保忠保）、米欧回覧実記（久米邦武編集・全100巻）、徳川禁令考（司法省編）
芸　能	松栄千代田神徳（二世河竹新七）、西南雲晴朝東風（二世河竹新七）
スポーツ	初の野球チーム誕生、新橋アスレチッククラブ（鉄道技師平岡熙の指導）
流　行	女性のシャツ着用、日本髪にお高祖頭巾
風　俗	＊毒婦小説盛ん（仮名垣魯文、高畠藍泉）
流行語	アーク灯、ナマズ・ドジョウ、勧工場、盲唖院、官員ひげ
新商品	アーク灯（東京電信中央局）、札幌農学校で第一回運動会、テニス伝わる
開　校	駒場農学校、メソジスト派耕教学舎（後の青山学院）、盲唖院（京都）
創　業	碓氷製糸社、川崎正蔵造船所（後の川崎造船所）、東京株式取引所、大阪株式取引所、垣外製糸場（諏訪）＊国立銀行開業98行

◆伊豆七島が静岡県から東京府に移管（1・11）

| | 歳 | | 歳 | | 歳 |

◆東京・神田大火（3・17 神田黒門町より出火し、4500戸焼失）

明治 12 年（1879） 己卯（つちのと・う）

1・29	万国電信条約に加入
3・14	松山でコレラが発生し、全国へ拡大（年末まで死者10万余人）
4・4	**琉球処分**（琉球藩を廃し沖縄県を設置、尚泰は王を退位し東京へ移住）
5・20	清国公使、日本の琉球編入に抗議
6・4	東京招魂社、**靖国神社に改称**（内務・陸軍・海軍3省の管轄となる）
7・3	米前大統領グラント来日（天皇と琉球処分などについて会談）
7・3	コレラ予防のため、検疫停船仮規則を列国に通告（英・仏・独が異議申し立て）
8・12	明宮嘉仁親王誕生（後の大正天皇・生来病弱、母は典侍・柳原愛子）
8・15	東京府、コレラ患者のために本所病院を設置（以後、大久保、駒込病院を設置）
9・29	学制を廃止し、**教育令制定**
11・7	愛国社第3回大会、国会開設上奏署名運動を可決
12・8	頭山満、箱田六輔ら、筑前共愛会を結成
12・―	各参議に立憲政体について意見を求める（国会開設要求に対応）

政　治	明治天皇、太政大臣・三条実美、右大臣・岩倉具視（左大臣は欠員）
ことば	靖国神社（東京招魂社ノ儀、今般靖国神社ト改称、別格官幣社ニ被列候ニ付テハ、自今内務・陸軍・海軍三省ニ於テ管理可致・太政官通達）
事　件	藤田組贋札事件（贋札製造の疑惑によって藤田組創始者の藤田伝三郎・中野梧一ら7名が逮捕。のち医師兼画家工・熊坂長庵の犯行と判明し冤罪が晴れる）
出　版	民権自由論（植木枝盛）、高橋阿伝夜刃（仮名垣魯文）、新約聖書（聖書翻訳委員社中訳）、天路歴程（佐藤喜峰訳）、修辞及華文（菊池大麓）＊言論自由論起こる
創　刊	大阪朝日新聞（小説と通俗記事が中心の大衆向けの絵入り小新聞）、東京経済雑誌（田口卯吉主宰）、嚶鳴雑誌、歌舞伎新報、山陽新報、福島新聞
芸　能	人間万事金世中（二世河竹新七・リットン作「マネー」の翻訳劇）、綴伝仮名書（二世河竹新七・新聞記事脚色の初め）
流　行	兎飼育が再ブーム、撃剣会が再流行、官員の髭
風　俗	共同競馬会設立、さらし首の廃止
流行語	手勢、癲狂院、賄征伐、共進会、保険会社
新商品	保険会社（東京海上保険設立）、［米］エジソンが白熱電灯を発明
開　校	西本願寺大教校（後の龍谷大学）、アクレー、横浜に神学校（後の青山学院）
創　業	横浜洋銀取引所、千住製絨所、三田農具製作所、大阪手形交換所
物　価	牛乳（4銭）、朝日新聞（月ぎめ購読料18銭）

◆大火相つぐ（3・3富山県高岡で大火・焼失2000戸、12・6函館で大火・焼失2200戸、12・26東京・日本橋・京橋で大火・焼失1万1000戸）

| | 歳 | | 歳 | | 歳 |

◆ 愛国石油会社が日本初の石油輸送管を新潟県萩平に設置（11月）

明治 13 年（1880） 庚辰（かのえ・たつ）

- 2・5 **第3回地方官会議開催**（〜28日）
- 2・28 有栖川宮熾仁親王を左大臣に任命
- 3・15 **愛国社第4回大会始まる**（国会期成同盟が成立）
- 4・5 **集会条例制定**（政治結社の結成、演説会の実施を警察署の許可制に）
- 4・12 洋銀相場高騰（株式取引所、横浜取引所の金銀貨取引を緊急停止。5・4、再開）
- 4・ー 朝鮮の漢城（現・ソウル）に日本公使館設置
- 6・28 逢坂山トンネル完成（日本人による最初のトンネル工事）
- 7・17 刑法公布（治罪法ともども、自由民権運動への弾圧）
- 9・16 釜石鉱山製鉄所に火入れ
- 10・4 東海から関東にかけて台風が上陸横断（死傷者120余人）
- 10・15 **群馬県榛名山麓80余ヶ村の入会地大野をめぐり騒擾が起こる**
- 10・21 清国と琉球分割による最恵国待遇に関する条約案を議定（調印は不成立）
- 11・5 **官営工場払い下げ概則制定**（14年の政変の火種）
- 11・10 **国会期成同盟第2回大会が開催**（大日本国会期成有志公会と改称）
- 11・28 幌内鉄道・手宮－札幌間が開通（北海道鉄道の始まり）
- 12・28 元老院、日本国憲案を天皇に提出（採択されず）

政　治	明治天皇、太政大臣・三条実美、左大臣・有栖川宮熾仁、右大臣・岩倉具視
ことば	君が代（天長節で初演奏、宮内省雅楽課・林広守作曲、エッケルト編曲）
事　件	最後の敵討ち（福岡県人の臼井六郎、14年前の父母の仇一ノ瀬直久判事を殺害し自首。従来の敵討ちとしては最後と言われる）
出　版	春風情話（坪内逍遙訳）、小学修身訓（西村茂樹編）、民権弁惑（外山正一）、情海波瀾（戸田欽堂、初の政治小説）　＊第1回観古美術会開催
創　刊	交詢雑誌（交詢会の機関誌）、愛国志林、六合雑誌
芸　能	寄席でステテコ踊り（三遊亭円遊）、ヘラヘラ踊り（三遊亭万橘）が大人気
流行歌	チョイトチョイト節
流行語	ステテコ踊り、ヘラヘラ踊り、空気枕、葦原将軍
新商品	村田銃（村田経芳・陸軍軍用指定）、粉ミルク・バター・クリーム（長養軒）
開　校	専修学校、東京法学社（後の法政大学）、明治法律学校（後の明治大学）
創　業	横浜正金銀行、安田銀行、同伸会社（横浜・生糸貿易）、三菱為替店（後の三菱銀行）、みかはや銘酒店（後の浅草・神谷バー）
物　価	牛肉（100g・3銭）、鶏卵（100匁・10銭）

◆大火相つぐ（1・28 高崎で大火・焼失2500戸、2・3 東京・日本橋町、浜町で大火・焼失21500戸、5・10 弘前で大火・焼失1500戸、8・7 新潟大川前通りで大火・焼失6200戸、8・8 柏崎大火・焼失2700戸、12・24 大阪笠屋で大火、12・30 神田鍛冶町で大火）

| | 歳 | | 歳 | | 歳 |

◆海軍将官礼式用「海ゆかば」が東儀季芳によって作曲された

明治 14 年（1881）　　　　　　　　　　　　　　　　　　辛巳（かのと・み）

1・15	宍戸公使、清国政府に、琉球案件については、今後自由措置を採ると通告
1・26	**東京大火**（明治最大・神田枝松町から出火、1万5000戸焼失、2月にも神田小柳町・7700戸焼失と四谷箪笥町で1500戸焼失）
2・―	頭山満、平岡浩太郎、**玄洋社を設立**（向陽社を改称）
3・1	第2回内国勧業博覧会開幕（〜6月30日、会場：東京・上野公園）
3・23	元老院提出の日本国憲案は採択されず、元老院国憲取調局閉鎖
3・―	**大隈重信、国会開設と政党内閣設置論を左大臣有栖川宮に提出**（伊藤博文が大反発、10月14日の政変へと発展）
4・1	岩崎弥太郎、後藤象二郎から高島炭坑を譲渡される（借財負担が条件）
5・4	**小学校教則綱領**制定（7・29 中学校、8・19 師範学校教則大綱制定）
5・9	朝鮮政府、堀本礼造少尉を教官とした別技軍を創設（特殊部隊の養成）
6・30	地租改正事務局廃止（地租改正事業が一段落）
7・26	開拓使官有物払い下げ申請が東京横浜毎日新聞に暴露され大問題となる
10・11	**明治14年政変**（開拓使官有物払い下げ中止、大隈重信らの参議罷免決定）
10・21	松方正義が参議大蔵卿（参議・省卿兼任制度が復活）に就任（**松方財政開始**）
10・23	**国会開設の勅諭**（明治23年に国会開設を行う詔勅が発せられる）
10・29	板垣退助、**自由党結成**（総理・板垣退助）

政　治	明治天皇、太政大臣・三条実美、左大臣・有栖川宮熾仁、右大臣・岩倉具視
ことば	開拓使官有物（黒田清隆が薩摩の政商五代友厚に払い下げようとした値段は、設置以来1400万円を投じた事業を39万円・無利息の30年年賦であった）
事　件	大隈重信追放事件（有栖川宮への建議と開拓史官有物払い下げの機密漏洩に激怒した伊藤は、クーデターを起こし大隈と大隈閥の高官らを政界から追放）
出　版	東京粋書（野崎城雄）、小学歌謡集第1集（文部省編）
創　刊	東洋自由新聞（主筆・中江兆民）、東洋学芸雑誌（杉浦重剛ら）、公共万報
芸　能	天衣紛上野初花（二世河竹新七）＊二世河竹新七引退・黙阿弥と改名
流　行	ステッキ、懐中時計、書生節
流行語	へなちょこ、円太郎馬車、進化論、自然淘汰、範疇、唯心論、唯物論
新商品	生命保険（明治生命保険会社）、私鉄（日本鉄道会社）、蝙蝠傘（国産）
開　校	東京物理学講習所（後の東京理科大学）、成医会講習所（後の慈恵医大）
創　業	セメント製造会社（後の小野田セメント）、明治生命保険会社（初の生命保険会社）、日本鉄道会社、官営愛知紡績所、三省堂、服部時計店

◆ 群馬県榛名山麓の入会地騒擾再発（前年に続き3万人参加の騒擾に警官隊170人を投入して鎮圧。入会地は御料林へ移される）

| | 歳 | | 歳 | | 歳 |

◆福井県を設置。堺県を大阪府に合併する。斬首廃止（首切り浅右衛門、廃役となり、刀剣鑑定に仕事替え）

明治 15 年（1882） 壬午（みずのえ・うま）

- 1・4 **軍人勅諭制定**（天皇への絶対的な忠誠を説く）
- 1・25 **条約改正協議の第1回各国連合予議会が開催**（井上馨外務卿が議長）
- 2・1 日本立憲政党結成（総理・中島信行）
- 2・8 開拓使廃止（函館、札幌、根室の3県を設置）
- 3・18 立憲帝政党結成（福地源一郎らが組織、政府寄り）
- 3・20 上野動物園が開園（日本最初の近代動物園）
- 4・6 **板垣襲撃事件**（岐阜県で、自由党総理板垣退助が士族に襲われて負傷）
- 4・16 立憲改進党結成（総理・大隈重信、東洋議政会が合併する）
- 6・10 集会条例改正（学生・生徒の学術演説禁止布告を各県に通達）
- 7・23 **壬午軍乱**（朝鮮の漢城で、親日策の閔妃に対し守旧派兵士が大院君を担い蜂起、日本公使館も襲撃。清国の派兵で鎮圧、大院君を拘留）
- 8・30 済物浦条約調印（壬午軍乱の賠償金と公使館守備兵駐留権、開市・開港など）
- 10・10 日本銀行営業開始（国立銀行の発券機能を吸収し唯一の紙幣発券銀行とした）
- 11・24 軍備拡張・租税増徴について勅語が下される
- 11・28 **福島事件**（県会を無視して三方道路建設を強行する県令三島通庸に反対する自由党員と農民ら数万人が、弾圧抗議と工事中止を求め警察署に押し掛け衝突）
- 12・1 福島事件の首謀者として、県会議長河野広中ら逮捕（自由党員など一斉検挙）

政　治	明治天皇、太政大臣・三条実美、左大臣・有栖川宮熾仁、右大臣・岩倉具視
ことば	自由万歳（岐阜で遭難した板垣退助を迎えた旗に大書された言葉、万歳の始め）
事　件	板垣退助渡欧（板垣人気を恐れた政府の懐柔策にのったと批判の的に）
出　版	民約訳解（中江兆民）、新体詩抄（外山正一等）、小学唱歌集（文部省）
創　刊	時事新報（経営・福沢諭吉）、日本帝国統計年鑑（統計局）、回天雑誌、小学雑誌
芸　能	常磐津小文字太夫と岸沢式佐が和解（安政年間からの不和、仲介守田勘弥）
スポーツ	柔道場開設（嘉納治五郎が下谷永昌寺書院に開く、後の講道館）
流行語	鉄道馬車、車会党・車界党、戒厳令、優勝劣敗、天賦人権、個人、社会主義、唱歌
新商品	鉄道馬車（6月25日、新橋・日本橋間を運行、12月21日浅草橋際まで延伸）、電気ブランデー（当時、洋風の洒落たものには「電気」の名がつけられた）
開　校	神宮皇学館（伊勢神宮）、東京専門学校（後の早稲田大学）、東京職工学校、曹洞宗大学林専門学本校（後の駒沢大学）、真宗大学寮（改称・後の大谷大学）
創　業	大日本水産会、大日本山林会、大阪紡績会社、東京馬車鉄道（初の馬車鉄道）
物　価	白米10kg（82銭）、牛乳（3銭5厘）、理髪料（8銭）、入浴料（1銭2厘）

◆ 板垣死すとも自由は死せず（実際には「諸君嘆ずる勿れ、板垣退助死すとも自由は滅せざるなり」と発したとされる）

| | 歳 | | 歳 | | 歳 |

◆この年のコレラ流行で、3万3784人が死亡

明治16年(1883) 癸未(みずのと・ひつじ)

1・23	府県に兵事課設置
2・2	鳩山和夫ら全国府県会議員が、日本同志者懇親会を開催(3日政府が禁止)
2・―	朝鮮で首都漢城の外港・仁川に日本租界が設定(9月に開港)
3・1	農商務省、第1回水産博覧会開催
3・1	東京気象台が、毎日の天気図を作成配布を開始
4・23	自由党大会(前年の板垣外遊批判から改進党との対立激化)
5・1	**共同運輸、横浜－神戸航路を開設**(三菱との競争時代に突入)
7・2	官報第1号発行
7・20	岩倉具視死去(享年59、25日国葬)
7・25	朝鮮政府との間に、日本人民貿易規則、海関税目規則、間行里程取極約書、日本人漁民取扱規則を調印(最恵国待遇を得る)
7・28	日本鉄道の上野－熊谷間が仮開業(私設鉄道の始まり、10月上野駅開業)
7・31	小・中・師範学校の教科書採択が認可制となる
8・16	和歌山県名草郡で日照りによる分水騒動が起こる(**水騒動**)
9・21	三池炭坑で、就労中の囚人395人が暴動(坑内火災に発展し46人が死亡)
9・24	高島炭坑で、坑夫らが減給に反対して暴動(7人が死亡)
9・26	立憲帝政党解散

政　治	明治天皇、太政大臣・三条実美、左大臣・有栖川宮熾仁(右大臣は欠員)
ことば	鹿鳴館(東京麹町・薩摩藩跡地に建てられた煉瓦造り二階建て洋館・総工費16万円。11月28日に盛大な披露パーティーが行われた。1945年の空襲で焼失)
事　件	高田事件(新潟県の自由党員20数人が大臣暗殺・内乱の陰謀容疑で逮捕)
出　版	支那開化小史(田口卯吉)、天賦人権論(馬場辰猪)、経国美談(矢野竜渓・政治小説隆盛)＊かなのくわい創立(かな文字運動4団体が合併)
芸　能	茨木(河竹黙阿弥・能形式の舞台劇)、新皿屋敷月雨暈(河竹黙阿弥)
流行歌	ダイナマイト節(楽は苦の種、苦は楽の種、やがて自由の花が咲く…)
流　行	ショール、麦わら帽子、茶の湯
風　俗	集会条例違反で川上音次郎1年間演説禁止。岸田俊子、女権拡大演説で逮捕
流行語	官報、鹿鳴館、舞踏会、壮士、適者生存、象徴、運動会、角燈、バリカン
新商品	寒暖計(柏木幸助)
開　校	陸軍大学校、海軍兵学校
創　業	日本硝子製造会社

◆この年、英国人動物学者ブラキストン、動物棲息の範囲を定める津軽海峡ブラキストン線を発表

| | 歳 | | 歳 | | 歳 |

◆富山県、宮崎県、佐賀県を設置。フランスが、ベトナムを保護国とする

明治17年（1884） 甲申（きのえ・さる）

2・15　学齢未満の幼児の小学校入学を禁じ、幼稚園設立を奨励
3・―　弥生式土器発見（東大予備門の有坂鉊蔵が本郷弥生町の向ヶ丘貝塚から発見）
4・16　長浜―敦賀間の鉄道開通（琵琶湖の連絡船を経由して神戸とつながる）
5・3　英国東洋銀行横浜支店、支払い停止
5・16　**群馬事件**（湯浅理兵ら自由党員と負債農民数千人が、高利貸などを襲撃）
7・7　**華族令制定**（公爵11人、侯爵24人、伯爵76人、子爵327人、男爵74人）
8・26　清仏戦争勃発（清国がフランスに宣戦布告）
9・23　**加波山事件**（茨城・福島の自由党員16人が茨城県加波山で挙兵、栃木県令・三島通庸暗殺を企図。26日、解散して逃亡するが、後全員逮捕される）
10・30　名古屋事件（自由党員が蜂起、資金調達のための強盗殺人容疑で逮捕）
10・―　自由党解党（自由党員による激化事件で内部対立、財政難に加え板垣の軟化）
11・1　**秩父事件**（埼玉県で秩父困民党と数千人の農民が、自由政府の樹立をめざし武装蜂起。軍隊が出動し、11・11に鎮圧。有罪4千人余、激化事件では最大）
12・4　**甲申政変**（朝鮮の漢城で、独立党の金玉均らが日本軍の支援を得てクーデター。閔妃の要請で出動した清国軍が鎮圧。日本軍は撤収、クーデターは失敗）
12・6　**飯田事件**（愛知県と長野県の自由党員らの名古屋鎮台襲撃計画が発覚捕）
12・―　立憲改進党活動停止（大隈重信が脱党）

政　治　明治天皇、太政大臣・三条実美、左大臣・有栖川宮熾仁（右大臣は欠員）
ことば　初の天気予報（全国一般風ノ向キハ定マリナシ天気ハ変リ易シ但シ雨天勝チ）
事　件　遊郭乱闘事件（松島遊郭で大阪鎮台兵数百人と巡査が大乱闘、9人が死傷）
出　版　日本人種改良論（高橋義雄）、文明東漸史（藤田茂吉）、怪談牡丹灯籠（三遊亭円朝・速記本）＊講談・人情咄の速記本刊行が盛んになる
創　刊　今日＜こんにち＞新聞（東京新聞の起源の夕刊紙）、自由燈（星亨）、女学新誌
芸　能　北条九代名家功（河竹黙阿弥・東京猿若座移転興業）
スポーツ　天覧相撲が実現（大相撲が社会的に公認）、初代梅ヶ谷藤太郎に横綱免許
風　俗　婦人の洋装、権妻制度廃止（正妻と権妻の二妻をもつことが禁じられた）
流行語　改良、非職・免職、速記、マーガレット、活暦、商標、恩給
新商品　万年筆販売（丸善）、往復ハガキ、風琴（西川虎吉）
開　校　東京商業学校（後の一橋大学）＊華族会館経営の私立学習院が官立学校に
創　業　大阪商船会社　＊官営工場の民間への払い下げ相次ぐ
物　価　写真撮影料（名刺サイズ・75銭～3円）

◆フェノロサ、岡倉天心と関西を巡り、法隆寺夢殿の救世観音像を公開する（6・26）

| | 歳 | | 歳 | | 歳 |

◆小学校の教科に初めて英語が登場。グリニッジ子午線の設定

明治 18 年（1885） 乙酉（きのと・とり）

1・9	**漢城条約調印**（甲申事変に関する賠償金13万円を朝鮮王国から得る）
1・27	**ハワイへ第1回約官移民団**（927人）が横浜から出発
2・2	静岡県下85か村の借金党農民1500人が、伊豆銀行や金貸業者を襲撃
4・18	**専売特許条例**が制定公布（特許法の前身）
4・18	**天津条約調印**（清国との甲申政変処理に関する条約、日清両軍の完全撤退等）
4・25	井上馨外務卿、条約改正会議予備交渉開始
5・9	**日本銀行券**（兌換銀行券）の発行開始（壱円券の肖像は大黒天と鼠）
7・16	上野停車場が新築開場
9・−	東京師範学校、女子部生徒の制服を洋服にする
11・23	**大阪事件**（自由党の大井憲太郎ら、自由民権運動の再興をめざし朝鮮で日清対立計画を画策し、大阪で逮捕。最終的な逮捕者は合計で139人に上る）
12・22	**内閣制度発足**（初代総理大臣・伊藤博文、太政官制廃止、各省庁の官僚制整備、宮内・外務・内務・大蔵・陸軍・海軍・司法・文部・農商務・通信）

政　治	太政大臣・三条実美／内閣総理大臣・伊藤博文①（長州）
ことば	汽車弁当（日本鉄道・東北線が宇都宮まで開通、駅前に進出した旧脇本陣白木屋が、旅客のために竹皮包みの握り飯を駅頭で呼び売りした。駅弁の始まり）
事　件	女医第一号（荻野吟子が湯島に産婦人科医院を開業、評判となる）
出　版	脱亜論（福沢諭吉）、当世書生気質（坪内逍遙）、小説神髄（坪内逍遙・写実主義の提唱）、東京流行細見記（清水市次郎）、佳人之奇遇（東海散士）、塩原多助一代記（三遊亭円朝）＊硯友社創設　＊「大日本人名辞書」刊行開始
創　刊	女学雑誌（女学新誌を改題）、我楽多文庫（硯友社）、アングロ・ジャパニーズ・エヴィユ（日本人が編集した最初の英字新聞）
芸　能	水天宮利生深川（河竹黙阿弥）
流　行	各分野の十傑選び（政治家・伊藤博文、軍師・榎本武揚、学術・中村正直、法律家・鳩山和夫、医師・佐藤進、商法家・渋沢栄一、教法家・北畠道竜、画家・守住貫魚）
風　俗	婦人束髪会結成（東京）、初の海水浴場（神奈川県大磯）
流行語	一銭蒸気、内閣、内閣総理大臣、束髪、広目屋、汽車弁当、福神漬け、馬鹿車
新商品	汽車弁当、消火栓（日本初・横浜市）、講義録（通信教育の初め）
開　校	英吉利法学校（後の中央大学）、華族女学校
創　業	日本郵船（郵便汽船三菱と共同運輸が合併）、東京瓦斯社（後の東京ガス）
物　価	理髪料（4銭）、ガス料金（東京の都市ガス1立方メートル・10銭6厘）

◆ 東京・浅草公園内に花屋敷、水族館が開業。仲見世が新築となった

| | 歳 | | 歳 | | 歳 |

◆パスツール、狂犬病ワクチンを完成。ベンツ、ガソリン自動車を発明

明治 19 年（1886） 丙戌（ひのえ・いぬ）

- 1・26　北海道庁設置（札幌・函館・根室の3県廃止）
- 3・2　**帝国大学令公布**（東京大学が帝国大学に改組）
- 3・18　参謀本部条例改正（陸海軍の総合的軍令機関となる）
- 4・10　**学校令制定**（小学校令、中学校令、師範学校令が公布）
- 5・5　裁判所官制公布（治安裁判所、始審裁判所、重罪裁判所、控訴院、高等法院、大審院）
- 5・10　教科用図書検定条例公布（教科書検定が始まる）
- 6・12　山梨県甲府の雨宮製糸工場で女子工員がストライキ（過酷な労働に反発）
- 6・12　**静岡事件**（自由党員の箱根離宮落成式襲撃計画が発覚し、逮捕される）
- 8・13　清国水兵事件（長崎に上陸した清国水兵が飲酒暴行で逮捕され大暴動）
- 8・—　干魃のため、全国で水騒擾が発生
- 10・24　**ノルマントン号沈没事件**（英国船員、日本人乗客23人を救助せずに脱出）
- 10・24　**大同団結運動**（星亨、中江兆民らが、国会開設に備え全国有志大懇親会を開催）
- 11・8　ノルマントン号事件海難審判（神戸英国領事の船長無罪の判決に国民猛反発。12・8横浜英国領事裁判所は禁固3ヶ月の判決。**条約改正の世論が高まる**）
- 12・9　矢島楫子ら、婦人矯風会を設立

政　治	内閣総理大臣・伊藤博文①（長州）
ことば	日本標準時（東経135度の子午線時を日本標準時と決定）
事　件	ピストル強盗清水定吉逮捕（日本初のピストル強盗、映画や演劇の題材となった）
出　版	日本文章論（末松謙澄）、雪中梅（末広鉄腸）、二十三年未来記（末広鉄腸）、英国船ノルマントン号沈没事件審判始末（山川一声）＊言文一致運動起こる
創　刊	やまと新聞、信濃教育界雑誌、毎日新聞（東京横浜毎日新聞を改称）
芸　能	月白刃梵字彫物（河竹黙阿弥）、鳴響茶利音曲馬（河竹黙阿弥・千歳座）＊イタリア人チャリネの曲馬サーカス団が秋葉原で興業・大人気
流　行	こっくりさん、フロックコート、吾妻下駄（街路への撒水が決まったため）
風　俗	街路・乗合馬車・営業人力車・宿屋各取締規則標準を定める
流行語	吾妻コート、こっくりさん、チャリネ曲馬団、ワルツ、教授
新商品	アイスクリーム発売の新聞広告（東京・風月堂）、喫茶店（日本橋・洗愁亭）
開　校	共立女子職業学校（後の共立女子大学）、関西法律学校（後の関西大学）
創　業	東京電灯会社（後の東京電力）、伊勢屋丹治呉服店（後の伊勢丹）
物　価	コーヒー（3銭）、小学校教員初任給（5円）

◆ 各地で大火相つぐ（松本大火・1100戸焼失、秋田大火・焼失3500戸、長崎県喜々津村大火・1000戸焼失、水戸大火・1800戸焼失）

| | 歳 | | 歳 | | 歳 |

◆この年、コレラ、腸チフス、天然痘が猛威を振るう。コレラの死者10万8405人、天然痘の死者1万8678人、腸チフスの死者1万3807人

明治20年(1887)　　丁亥(ひのと・い)

1・22	初の白熱灯（東京電灯会社が移動式石油発電機で、鹿鳴館に白熱電灯を点灯）	
2・8	逓信省徽章「T」字形発表（当初案「テ」が、外国で料金未払いの意味と判り改訂）	
4・20	伊藤首相官邸で、過去最大の大仮装舞踏会が開催（批判が相次ぐ）	
4・22	**条約改正会議**（欧化政策をもとに外国人の大審院判事採用、内地雑居を認める内容に政府部内を中心に反発の声が挙がる）	
5・6	叙位条例公布（正1位から従8位までの16階を定める）	
5・18	私設鉄道条例公布	
6・7	長崎造船所、郵便汽船三菱に払い下げ（52万7000円）	
9・17	井上馨外相、条約改正交渉の破綻により辞職（伊藤博文が臨時で兼任）	
10・4	丁亥倶楽部による大同団結について、各党の関係者が協議	
10・—	**三大事件建白書を元老院に提出**（地租軽減・言論集会の自由・外交失政の挽回）	
12・1	東京手形取引所が開設	
12・15	日本鉄道郡山—塩釜間開通（上野—塩釜が全通）	
12・25	**保安条例公布**（即日施行、大同団結の運動家ら570人が東京追放処分）	

政　治	内閣総理大臣・伊藤博文①（長州）
ことば	大同団結運動（壊滅状態だった自由民権運動が、条約改正の不手際を機に再燃。特に後藤象二郎の画策した丁亥倶楽部を中心に最高潮に達した）
事　件	花井お梅事件（待合・酔月楼の女将花井お梅が、使用人八杉峰吉を刺殺。美人女将の殺人事件として、すぐに小説・歌謡・演劇化された。「明治一代女」のモデル）
出　版	三酔人経綸問答（中江兆民）、浮雲（二葉亭四迷）、孝女白菊の歌（落合直文）、新日本之青年（徳富蘆花）、花間鶯（末広鉄腸）、幼稚園唱歌集（文部省）
創　刊	国民之友（徳富蘇峰・民友社）、反省会雑誌（本願寺普通教校生徒ら）、法令全書
芸　能	天覧歌舞伎上演（井上馨邸・役者の地位向上）
流行歌	ノンマルトン号沈没の歌（全60節）
流　行	兎飼育、自転車、娘義太夫、花合わせ、トランプ
流行語	活人画、競漕、伝書鳩、水道、音楽学校、美術学校、四月馬鹿
新商品	上下水道（横浜）、電灯（東京市内）、改造日本銀行券（壱円券の肖像は武内宿禰）
開　校	陸軍幼年学校、哲学館（井上円了・後の東洋大学）、東京美術学校（図画取調掛を改称）、東京音楽学校（音楽取調掛を改称）
創　業	天満紡績社、富士製紙会社、大阪撚糸会社、東京綿商社（後の鐘淵紡績）
物　価	白米10kg（46銭）、もりそば（1銭）、牛乳（3銭）、入浴料（1銭3厘）

◆この年、先住民はアイヌかコロボックルかの先住民論争が起こる。奈良県を設置（大阪府の大和地方を分離）

| | 歳 | | 歳 | | 歳 |

◆日本鉄道品川線「内藤新宿」駅が「新宿」駅に改称。関東から東北にかけて皆既日食（8・19）

明治21年（1888） 戊子（つちのえ・ね）

- 2・3 文部省、「紀元節歌」を学校唱歌と定める
- 4・25 市制・町村制公布
- 4・30 **枢密院設置**（憲法審議の天皇諮問機関。**伊藤博文が枢密院議長へ就任**）
- 5・8 枢密院開院式に臨席した天皇、皇室典範と憲法草案諮詢の勅語を下す
- 5・14 師団司令部条例・旅団司令部条例公布（**軍隊の編成が鎮台制から師団制へ**）
- 6・1 麻布飯倉に東京天文台を設置
- 6・18 雑誌「日本人」、高島炭鉱の労働実態を暴露する記事を掲載（世論沸騰）
- 7・15 **磐梯山噴火**（大噴火口ができ、長瀬川を埋没し檜原湖などを形成。死者461人）
- 8・20 三池鉱山が三井組へ払い下げられる
- 10・14 **大同団結の有志懇談会開催**（大阪・約400人が出席）
- 10・27 新皇居完成（以後「宮城」と呼ぶようになる）
- 10・28 清国、日清条約改正交渉の一時中止と将来の再開を了承
- 11・30 初の対等条約となるメキシコとの通商条約を締結
- 12・20 特許条例、商標条例、意匠条例が公布

政　治	内閣総理大臣・伊藤博文①（長州）／黒田清隆（薩摩）
ことば	枢密院（天皇の相談機関として設置されたが、内閣を超える隠然たる力を有した）
事　件	日本初の博士誕生（箕作麟祥・加藤弘之・外山正一・菊地大麓ら25名）
出　版	夏木立（山田美妙）、あひびき（二葉亭四迷訳）、日本植物志図編（牧野富太郎）、支那通史（那珂通世）、明治唱歌第一集（大和田建樹ら）
創　刊	正論（後藤象二郎）、東雲新聞、東京朝日新聞（めざまし新聞を買収して発刊）、大阪毎日新聞、少年園（初の少年雑誌）、日本人（三宅雪嶺）
芸　能	籠釣瓶花街酔醒（二世河竹新七）＊日本演芸矯風会発会
流行歌	紀元節歌（文部省）、オッペケペー節（川上音二郎・政権を揶揄）
流　行	帝国の二文字を付けた会社が増加、小紋の着物
流行語	言文一致、帝国、倶楽部、宮城、推量推量、共鳴、悲劇、壮士芝居、通信社、博士
新商品	喫茶店（東京・可否茶館）、麒麟ビール（日本麦酒醸造会社）、アイスクリーム・アイスキャンディー（米津風月堂）＊日本橋の呉服店越後屋が洋服店を開業
開　校	第二高等学校（仙台）、第四高等学校（金沢）、跡見女学校、東京女学館
創　業	時事通信社、帝国生命保険、日本石油会社、鐘淵紡績所、山陽鉄道、九州鉄道、日本麦酒醸造会社、帝国自転車製造所（国産初）
物　価	かつおぶし（10銭）、コーヒー（1銭5厘）、ガス料金（9銭5厘）

◆ 読売新聞が、磐梯山噴火の写真を掲載し、話題となる（日本初）

| | 歳 | | 歳 | | 歳 |

◆香川県設置（愛媛県から分離）

明治22年（1889） 己丑（つちのと・うし）

2・11	**大日本帝国憲法発布**（同日、皇室典範、議員法、貴族院令、衆議院議員選挙法、大赦令、会計法を公布。ただし皇室典範は公開されず）
2・11	**森有礼文相暗殺**（憲法発布式直前、官邸門前で国粋主義者に刺され死亡）
3・22	後藤象二郎、入閣（大同団結運動に亀裂）
3・23	東京・京都・大阪の特別市制公布（東京府下の15区により東京市が成立）
4・1	2府32県で市制・町村制施行
5・31	雑誌「日本」にロンドン・タイムズ報道の大隈条約改正案が翻訳掲載、批判大
7・1	呉・佐世保鎮守府が開庁
7・1	東海道線の新橋－神戸間が全線開通（片道約20時間・運賃中等7円52銭）
9・27	改進党、条約改正断行全国同志大懇親会を開催
10・15	条約改正に関する御前会議（賛否対立して結論出ず）
10・18	**大隈重信襲撃事件**（玄洋社の来島恒喜に爆弾で襲われ重傷。来島は自殺）
10・24	朝鮮政府、**防穀令発布**（不作のため咸鏡道に大豆・米の対日輸出禁止。日本商人が反発し、日本が賠償を求めて紛糾、経済混乱が続いた）
11・3	**嘉仁親王立太子式典挙行**

政　治	内閣総理大臣・黒田清隆（薩摩）／三条実美（暫定）／山県有朋①（長州）
ことば	愚にして狂（憲法の意味も分からず狂喜乱舞する大衆に対する中江兆民の慨嘆）
事　件	宮武外骨逮捕（頓智協会雑誌で、憲法発布を揶揄した記事が問題となり、発禁処分。編集発行人の外骨が逮捕される）
出　版	言海・第一冊（大槻文彦）、二人比丘尼色懺悔（尾崎紅葉）、風流仏（幸田露伴）、帝国憲法・皇室典範義解（伊藤博文）、生命保険論（藤沢利喜太郎）
創　刊	大阪朝日新聞（朝日新聞を改称）、秋田魁新聞、日本、しらがみ草紙（森鴎外）
芸　能	歌舞伎座開場（東京木挽町に歌舞伎座が開場、創設者・福地源一郎・千葉勝）
流　行	うすねずみ色（中村福助人気）、憲法の注釈書多数出版
風　俗	全国で憲法発布の祝賀会が開催（大多数の国民は理解していなかった）
流行語	憲法発布、万歳三唱、的、衆議院、千古不磨の大典
開　校	水産伝習所（後の東京水産大学）、和仏法律学校（東京仏学校と東京法学校が合併改称・後の法政大学）、関西学院、明治女学校
創　業	池貝製作所、東京乗合馬車会社、東京湾汽船（後の東海汽船）、日本生命保険会社、讃岐鉄道（四国の鉄道）、北海道炭砿鉄道
物　価	清酒（上等酒・14銭9厘）、ガス料金（7銭1厘）、自転車（アメリカ製・200円）

◆ 暴風雨が本州中部を縦断（死者890人）

| | 歳 | | 歳 | | 歳 |

◆ 夏目漱石、子規の『七艸集』を批評し、初めて漱石と署名した

明治23年（1890） 庚寅（かのえ・とら）

1・18	富山市で、米価高騰に反発し市民300人が市役所に（**米騒動の始まり**）
1・21	**自由党結成**（中江兆民、大井憲太郎ら、旧自由党系は、愛国公党等の三派に分裂）
3・6	東京・丸の内一帯（いわゆる三菱ヶ原）を政府が三菱会社に払い下げ
3・27	天皇統監による初の**陸海軍特別大演習**が愛知県で行われる（動員数3万人）
4・1	第3回内国勧業博覧会（〜7・31、会場・上野公園、初の電車運転）
4・2	皇紀2550年、橿原神宮創建
5・17	府県制・郡制が公布
6・15	大日本綿糸紡績連合会は1次操業短縮を始める（昨年末からの経済不況深刻）
7・1	**第1回衆議院議員選挙**（自由党と立憲改進党2党の圧勝。有権者の資格は、直接国税15円以上を納める25歳以上の男子。総人口の1.1％）
7・10	第1回貴族院伯子男爵議員互選選挙（貴族院初代議長に伊藤博文が就任）
9・15	立憲自由党結成（愛国公党、自由党などが統合）
10・30	**教育勅語発布**（国家と家族主義の複合により忠君を愛国に直結させるもの）
11・25	**第一回帝国議会開会**（天皇主権下の最高立法機関として1947年まで存続）
12・16	**電話創業**（東京と横浜に初の電話が開通し電話交換業務開始。加入者192）

政　治	内閣総理大臣・山県有朋①（長州）
ことば	教育勅語（朕惟フニ我カ皇祖皇宗国ヲ肇ムルコト宏遠ニ徳ヲ樹ツルト深厚ナリ我臣民克ク忠ニ克ク孝ニ億兆心ヲ一ニシテ…）
事　件	浅草に凌雲閣完成（木造十二階・日本初のエレベータが運用開始）
出　版	舞姫（森鷗外）、法典論（穂積陳重）＊博文館「日本文学全書」24冊の刊行開始
創　刊	国民新聞（徳富蘇峰）、あづま新聞、電話加入者人名表（初の電話帳）
芸　能	神明売和会取組（竹柴其水）、戻橋恋角文字（河竹黙阿弥）＊文士劇上演
流行歌	法界節、やっつけろ節、演歌改良節
スポーツ	相撲の番付に初めて横綱が登場（横綱・西ノ海嘉治郎）
流行語	インフルエンザ、パノラマ、エレベーター、十二階、点字、教育勅語、吏党
新商品	木製人力車（豊田左吉）、恵比寿ビール、国産第1号機関車、エレベータ、奏楽堂、50音点字表（東京盲唖学校の石川倉次ら）、筑後川丸（日本初の鋼製商船）
開　校	日本法律学校（後の日本大学）、皇典講義所國學院、女子高等師範学校（高等師範学校から独立・後のお茶の水女子大）、慶応義塾が大学部を開設
創　業	琵琶湖疎水（水力発電の初め）、帝国ホテル（ルネッサンス式煉瓦造3階建）
物　価	理髪料（5銭）、総合雑誌（3銭5厘）

◆ 北里柴三郎、ドイツのコッホ研究所において、ベーリングと共同で破傷風とジフテリアの血清療法を開発

| | 歳 | | 歳 | | 歳 |

◆第一回総選挙:自由党130、立憲改進党41、大成会79、国民自由党5、無所属45

明治24年（1891） 辛卯（かのと・う）

- 1・1 総人口4025万人となり、4000万人を突破
- 1・20 仮議事堂全焼（東京・内幸町の帝国議会仮議事堂が全焼。失火原因は漏電）
- 2・20 予算削減権問題（予算削減の政府案に民党の一派が妥協決議、中江兆民、議会民党の弱腰を批判して、衆議院議員を辞職）
- 2・25 三条実美の国葬が行われる（2・18死去・享年55）
- 3・19 **立憲自由党大会**（党名を自由党と改称し板垣退助を総理に選出、星亨の画策）
- 3・24 度量衡法公布（尺貫法、＊メートル法には国粋主義者が反対）
- 4・27 ロシア皇太子来日（ウラジオストクのシベリア鉄道起工式に赴く途中）
- 5・11 **大津事件**（ロシア皇太子が、大津で巡査・津田三蔵に斬られて負傷。16日、上京を中止して帰国を決定。大審院は津田三蔵に謀殺未遂罪で無期徒刑の判決）
- 9・1 日本鉄道の上野－青森間が開通（730kmを片道26時間半、1日1往復）
- 9・10 小笠原諸島南方の無人島を硫黄島と命名し日本領を宣言
- 10・20 第二次仮議事堂が落成
- 10・28 **濃尾大地震**（M8.4、死者7272人、建物の全壊14万戸、半壊8万戸）
- 11・17 小学校規則大綱制定（各学校に御真影と教育勅語を納めておくことを命じる）
- 12・7 朝鮮咸鏡道の防穀令に対し、在朝鮮日本公使が損害賠償を要求
- 12・18 **足尾鉱毒問題が初登場**（田中正造代議士、質問書を衆議院に提出）
- 12・22 **蛮勇演説**（樺山海相が、海軍省経費削減反対演説で薩長政府の功績を力説）
- 12・25 民党の提出した予算案削減案が衆議院で可決（松方内閣は、衆議院を解散）

政　治	内閣総理大臣・山県有朋①（長州）／松方正義①（薩摩）
ことば	権利幸福きらいな人に、自由湯を飲ましたい。オッペケペ…（川上音二郎）
事　件	不敬事件（第1高等中学校嘱託の内村鑑三が、始業式で教育勅語への拝礼を拒否、校長の要請で軽い礼をしたが大問題となり退職）
出　版	こがね丸（巌谷小波）、真善美日本人（三宅雪嶺）、五重塔（幸田露伴）、蓬莱曲（北村透谷）、かくれんぼ（斎藤緑雨）＊博文館「少年文学叢書」の刊行開始
創　刊	早稲田文学（坪内逍遙編集）、史海（田口卯吉）
芸　能	東京・神田錦町の電気パノラマ館が開業（川上音二郎の「オッペケペー節」が大流行）、演劇新派の伊井蓉峰ら済美館を旗揚げ
流　行	紺の足袋（女学生と令嬢）、かすりの書生羽織
流行語	法界節、ドースル連、やっつけろ
創　業	明治火災保険会社（東京海上火災保険の前身）、小岩井農場（井上勝ら）

◆東京に吊り橋「お茶の水橋」が開通

| | 歳 | | 歳 | | 歳 |

◆井上円了、妖怪研究会を結成

明治25年（1892） 壬辰（みずのえ・たつ）

2・3	大本教開教（出口なお、京都綾部で大本教を興す）
2・15	第2回臨時総選挙（**各地で選挙干渉**、騒動で25人が死亡、388人が負傷）
3・11	第2回臨時衆議院議員選挙で干渉を指示した内務大臣品川弥二郎が辞職
4・10	東京・神田で大火（1万5000戸が焼失）
5・27	民法・商法施行延期をめぐって大論争（11月延期決定）
6・4	琵琶湖疎水を利用した日本初の水力発電所京都蹴上発電所が開業
6・17	東京・下渋谷（広尾）に日本赤十字病院が新築開院
8・8	第2次伊藤博文内閣成立（政局の安定を目指した元勲内閣）
9・25	第1回全国商業会議所連合会が開催
10・1	小包郵便業務開始
11・25	**水雷砲艦「千島」が愛媛沖で英船ラベンナ号と衝突沈没**（乗組員74人が死亡）
11・30	大日本私立衛生会伝染病研究所（主任・北里柴三郎、後援・福沢諭吉）設立
11・−	東洋自由党に日本労働協会が設立される。
12・20	大阪紡績工場で火災（夜間就業中の女工ら95人が死亡）
12・−	聖公会の宣教師J・バチェラーがアイヌ病院を設立

政　治	内閣総理大臣・松方正義①（薩摩）／伊藤博文②（長州）
ことば	民法出テゝ忠孝亡フ（穂積八束が民法を伝統的な道徳を滅ぼすと反対したのに対し、梅謙次郎は家長権を封建時代の遺物と批判した民法典論争）
事　件	黒髪の伯爵夫人（オーストリア駐日公使クーデンホーフ伯爵と青山光子が結婚、のち伯爵と共にウィーンに帰国、社交界へデビュー）
出　版	四民の目ざまし（中江兆民）、即興詩人（森鷗外訳）＊浪漫主義文学起こる
創　刊	万朝報（黒岩涙香）
芸　能	怪談牡丹灯籠（三遊亭円朝・歌舞伎座初演）、塩原多助一代記（三遊亭円朝・歌舞伎座初演）＊東京下谷に市村座が開場
流行歌	適は幾万、元寇、法界節、チャクライ節
流　行	メジロ・チャボの飼育、雪駄、パナマ帽子、色を白くする石けん・化粧水
風　俗	天然痘が流行し、全国で1万人近くが死亡、オッペケ飴売り
流行語	がんす（歌舞伎座で塩原多助に扮した菊五郎が使った野洲方言）、同盟罷工、民法出でて忠孝亡ぶ、蓄音機、元勲内閣、庭球
創　業	大日本蚕糸会、岸和田紡績会社、日本綿花、帝国通信社
物　価	白米10kg（67銭）、かつおぶし（15銭）、饅頭（1銭）、朝日新聞（月ぎめ28銭）

◆この年、陸軍省陸地測量部が5万分の1地図の作成を開始

	歳		歳		歳

◆ 東京・牛込東五軒町に、東京慈愛病院が設立

明治26年（1893）

癸巳（みずのと・み）

2・10	帝国議会の攻防（軍備削減議決に対し、伊藤内閣が詔勅で乗り切る）
3・20	**千島探検隊出発**（郡司成忠海軍大尉ら63人）
4・1	直江津線の横川－軽井沢間がアプト式で開業（上野から直江津までが全通）
4・15	出版法、版権法公布
5・1	シカゴコロンブス記念万国博覧会開催（日本からも絵画、彫刻などが多数出展）
5・19	**朝鮮防穀令問題妥結**（朝鮮政府が11万円の賠償金支払う）
5・－	ラベンナ号訴訟（ラベンナ号船会社に85万円の損害賠償を請求）
6・29	シベリア単騎横断に成功した福島安正中佐が帰京（宮中に参内）
7・10	東京美術学校第1回卒業式（横山大観ら11人が卒業）
9・10	官営富岡製糸場が三井高保に払い下げられる
10・31	文官任用令、文官試験規則公布（試験任用制度が確立）
10・－	日本基督教婦人矯風会（貧困から売春婦となる女性救済に職業婦人宿舎設立）
11・7	日本郵船、ボンベイ航路開始（広島丸が就航・初の遠洋航路）
12・19	**条約励行運動**（条約改正を遂行する伊藤内閣に反対の諸政党・諸派が連合し大日本協会を組織、現行条約励行建議案を上程。政府、衆議院を解散）

政　治	内閣総理大臣・伊藤博文②（長州）
ことば	河内10人切り（大阪の赤坂村で10人を斬殺した事件。147人を動員して山狩りを行ったが、犯人は自殺。後、河内音頭の題材とされた）
事　件	相馬事件（旧・相馬藩の藩主の病死〈精神病〉を巡るお家騒動。遺族や家令の志賀直道〈志賀直哉の祖父〉、後藤新平を巻き込んだスキャンダラス事件に発展）
出　版	日本農民ノ疲弊及其救済策（マイエット）、東京百事流行案内（大川新吉）、祝祭日唱歌集（君が代等8編・文部省）＊落合直文、浅香社創設
創　刊	文学界（北村透谷・島崎藤村）
芸　能	春興鏡獅子（福地桜痴・歌舞伎座初演）、＊東京・日本橋に明治座が開場
流　行	碑の建立、写真入り名刺、花合わせ、紙風船
風　俗	天然痘流行で11,852人が死亡、また赤痢で41,284人が死亡
流行語	アプト式、ドロップ、君が代、バケツ、弁護士
新商品	中将湯（婦人薬）、真珠養殖（御木本幸吉）、無煙火薬（陸軍板橋火薬製造所）
創　業	三井銀行・物産・鉱山（合名会社に改組）、王子製紙、大倉組、三菱合資会社
物　価	牛肉（100g・3銭6厘）、天丼（3銭）
その他	東京の新橋・日本橋間が大にぎわい（唐物屋96、勧工場6、時計店36）

◆山形県酒田の相馬屋で、町長が芸妓に宮中女官の装束をさせて問題となる（1月）

| | 歳 | | 歳 | | 歳 |

◆南方熊楠の論文「極東の星座」が「ネイチャー」の懸賞論文第1席となる

明治27年（1894） 甲午（きのえ・うま）

3・29	**甲午農民戦争（東学党の乱）**起こる（朝鮮全羅道で東学党が農民を率いて武装蜂起。不正役人の追放、封建制の改革、外国人商人の行商禁止を要求）
6・10	東学党軍と朝鮮政府が全州和約を結び和睦（日清両国軍の撤退を求める）
7・10	日本、朝鮮の内政改革案を通達（20日最後通牒となる）
7・16	**日英通商航海条約締結**（安政以来の不平等を打破し法権を回復）
7・19	海軍連合艦隊を編成（初代司令官・伊東祐亨）
7・23	日本軍、朝鮮王宮を占領（朝鮮軍を武装解除）
7・25	**豊島沖海戦**（朝鮮半島の豊島沖で日本艦隊が清国軍艦2隻を撃破）
7・29	成歓・牙山で日本陸軍と清国軍が衝突（地上での戦闘が全面化）
8・1	**日清戦争開戦**（清国に宣戦布告）
8・―	大日本大朝鮮両国盟約（攻守同盟）調印
9・1	大本営、第1軍編成・司令官山県有朋、10・3第2軍編成・司令官大山巌
9・15	大本営、広島へ移転（明治天皇、広島に到着）
9・15	清国の拠点・平壌陥落（中国新聞の従軍記者山下静観が戦死）
9・17	**黄海海戦**（日本海軍、黄海大孤山港沖で清国艦隊と遭遇交戦し勝利）
10・22	**庄内大地震**（山形県庄内で地震、M 7.3。死者739人、家屋倒壊4488戸）
11・21	**旅順占領**（日本軍、旅順要塞を陥落し、旅順口を占領）

政　治	内閣総理大臣・伊藤博文②（長州）
ことば	大本営（戦時に設置される天皇直属の最高統帥機関。1893年に法制化）
事　件	木口小平の戦死（日清戦争前夜の成歓の戦いで、突撃ラッパを吹きながら絶命した喇叭手木口小平が讃えられ、軍人の範とされた）
出　版	滝口入道（高山樗牛）、桐一葉（坪内逍遥）、日本風景論（志賀重昂）、愛弟通信（国木田独歩従軍記）、日清戦争実記（写真収録の記録）＊北村透谷自殺（享年27）
芸　能	壮絶快絶日清戦争（川上一座・浅草座）、日本大勝利（春木座）、日本誉朝鮮新話（明治座）、海陸連勝日章旗（歌舞伎座）＊戦争劇大盛況
流行歌	道は六百八十里、婦人従軍歌、豊島の沖、剣舞節
流　行	戦争錦絵、戦争劇ブーム、島田髷
流行語	金鵄勲章うけあい、野球（第一高等学校の中馬庚が訳）、黒死病
新商品	記念切手（明治天皇結婚25年記念）、謄写版（堀井新治郎）、紙巻煙草ヒーロー
開　校	共立富山薬学校、第一高等学校（高等中学校改称）、青山学院（東京英和学校改称）
物　価	もりそば（1銭2厘）、理髪料（4銭）

◆ 北里柴三郎とイェルサンがペスト菌を発見。高峰譲吉が、タカジアスターゼを発見

	歳		歳		歳

◆ 有楽町に東京府庁舎が落成（7・29 妻木頼黄設計）、東京・丸の内に三菱第1号館が完成（12・31 丸の内ビル街の先駆）

明治28年(1895)　　　乙未（きのと・ひつじ）

1・15	有栖川宮熾仁親王死去（享年61、25日国葬）
1・20	日本軍、山東半島に上陸（2・2、軍港・威海衛を占領）
2・1	京都電気鉄道開業（油掛－東洞院塩小路間約6.4km・初の路面電車・1区2銭）
2・12	**清国北洋艦隊壊滅**（司令官・丁汝昌は自殺）
3・15	平安遷都1100年祭記念の平安神宮創建鎮座式が行われる
3・30	**日清休戦条約調印**（24日、清国全権大使李鴻章、自由党員に狙撃され重傷）
4・1	第4回内国勧業博覧会開催（黒田清輝の裸体画「朝妝」が問題となる）
4・17	**下関条約**（日清講和条約）締結（朝鮮の独立、遼東半島・台湾の日本割譲が決定）
4・23	**三国干渉**（露・仏・独が日本の遼東半島の放棄を要求）
5・4	御前会議で遼東半島放棄を決定（国内に不満が噴出、臥薪嘗胆の言葉流行）
6・17	**台湾都督府で始政式**（初代総督に樺山資紀海軍大将）
7・6	朝鮮、親日派追放クーデター（皇帝高宗妃・閔妃が中心人物）
7・―	ラベンナ号訴訟和解（イギリス上院判決、賠償金1万ポンドで和解成立）
9・22	日本救世軍が創立（東京神田で救世軍が宣戦式）
10・8	**閔妃暗殺**（三浦公使が、大院君を擁してクーデター）
10・26	孫文らの興中会が広州で反清の武装蜂起をするが失敗に終わる
10・31	清国政府、第1次賠償金5000万両を日本へ支払う
12・―	朝鮮親日派政権、断髪令を断行

政　治	内閣総理大臣・伊藤博文②（長州）
ことば	臥薪嘗胆（三国干渉に憤激する世論の前に出た雑誌「太陽」の見出しの言葉）
事　件	閔妃暗殺事件（朝鮮漢城で日本人壮士らが親露派の閔妃を殺害。在朝鮮公使三浦梧楼、大院君を擁して政権を奪取し反露政権樹立を企てる）
出　版	にごりえ・たけくらべ・十三夜（樋口一葉）、唯物論（津田真道）、哲学史（井上円了）
創　刊	太陽（高山樗牛等・日本主義）、帝国文学、少年世界、文芸倶楽部、明治評論
芸　能	威海衛陥落（藤澤浅二郎・歌舞伎座初演）、滝の白糸（泉鏡花・川上一座・浅草座）
流行歌	勇敢なる水兵、雪の進軍、京の四季、天籟節
流　行	義太夫、ブリキ製のおもちゃのラッパ、写真屋が大繁昌
流行語	臥薪嘗胆、裸体画、救世軍、路面電車
新商品	路面電車、黒ビール（日本麦酒醸造）、カツレツ（銀座・煉瓦亭）
創　業	日本精糖、三菱合資会社銀行部、住友銀行、博報堂（瀬木博尚）
物　価	天丼（4銭）、清酒（上等酒・21銭）、総合雑誌（4銭5厘）

◆台湾民主国独立式典（総統・唐景松）開催、日本割譲反対の住民が蜂起（5・25）

| | 歳 | | 歳 | | 歳 |

◆野中至・千代子夫妻、気象予報の研究のため、富士山頂で観測開始。三宅米吉、小杉榲邨、下村三四吉らが考古学会を設立

明治29年（1896） 丙申（ひのえ・さる）

2・11	朝鮮王高宗ら、親露政権を樹立（金宏集首相ら親日派閣僚を殺害）
3・1	大隈重信の**進歩党成立**（立憲改進党、立憲革新党、中国進歩党などが合同）
3・7	沖縄県に県区制、郡区制が公布（県下を首里区、那覇区と5郡で区分）
3・15	日本郵船、欧州定期航路を開設（土佐丸が就航）
3・16	陸軍、6個師団増設を決定
4・26	桑田熊蔵、山崎覚次郎、高野岩三郎ら、社会政策研究団体を設立
6・9	**山県・ロバノフ協定**（ロシアとの朝鮮に関する議定書に調印）
6・15	**三陸大津波**（死者2万7000人、流出破壊家屋1万3900戸と空前の津波災害）
7・21	日清通商航海条約調印
8・31	陸羽地震（死者209人）
8・—	日本郵船、北米航路を開設（10月、豪州航路を開設）
8・—	8月から9月にかけ全国で大洪水相次ぐ（足尾銅山の鉱毒を含む土砂が渡瀬川流域数万町歩の農地を汚染）
9・1	東海道線の新橋－神戸間に急行列車が登場（所要時間17時間22分）
11・1	全国に504の税務署が開署（税務管理局官制公布）

政　治	内閣総理大臣・伊藤博文②（長州）／松方正義②（薩摩）
ことば	伊板と松隈（内閣をめぐる藩閥元勲と民党の提携に新しい対立関係が発生）
事　件	樋口一葉の死（11月23日、肺結核で薄幸の生涯を終えた、享年24）
出　版	多情多恨（尾崎紅葉）、東西南北（与謝野鉄幹）、二千五百年史（竹越与三郎）、今戸心中（広津柳浪）、新編教育唱歌集（教育音楽講習会）＊「古事類苑」刊行開始
創　刊	早稲田文学（第2次）、新声（投稿雑誌、後の新潮）
芸　能	川上座（川上音二郎）神田三崎町に開場　＊エジソン発明のキネトスコープが上陸
流行歌	河東節、一中節
スポーツ	第1回オリンピックアテネ大会開催（4月6日〜15日　参加14カ国のうち欧州以外は米、オーストリア、チリだけ。8競技で43種目、日本は参加せず）
流　行	アサガオの栽培、二重回し
流行語	活動写真（キネトスコープの訳語）、催眠術、インバネス
新商品	ライオン歯磨（小林富次郎が発売）、自動織機（豊田佐吉）
開　校	大阪工業学校
創　業	汽車製造会社、日本海上保険、東洋汽船、川崎造船所、東武鉄道
物　価	総合雑誌（5銭5厘）、入浴料（2銭）

◆東京・日本橋に日本銀行本店の本館が完成

| | 歳 | | 歳 | | 歳 |

◆この年、伝染病が大流行し赤痢の死者22356人。また腸チフスで9174人が死亡

明治30年（1897） 丁酉（ひのと・とり）

- 2・27 **ハワイ移民問題が深刻化**（ハワイ移民463人が上陸拒否、4月にも移民549人が上陸拒否にあう。5・11島村駐ハワイ公使、移民受け入れ拒否問題で抗議）
- 3・1 片山潜、東京でキングスレイ館を開設（**初のセツルメント**）
- 3・29 貨幣法公布、**金本位制成立**（清からの賠償金で金本位制の見通したつ）
- 3・― **足尾鉱毒で押し出し**（足尾鉱毒の被害民700余名が東京に大挙請願行動）
- 4・1 伝染病予防法公布
- 4・1 台湾銀行法公布（紙幣発行銀行、日本企業の台湾進出の基盤づくり）
- 6・1 **官営八幡製鉄所開庁**（鉄鋼の国産化を目指し設立・資金は賠償金の一部）
- 6・10 古社寺保存法公布（国宝指定開始、12月法隆寺金堂と中尊寺金色堂が国宝に）
- 6・16 **米・ハワイ併合条約調印**（政府、日本の権益を危うくするとして米国に抗議）
- 10・1 **金本位制開始**（日清戦争の賠償金をもとに採用、欧米との貿易を公平化）
- 10・16 **大韓帝国樹立**（朝鮮から大韓帝国へ改め、中国との宗属関係断絶を決定）
- 11・14 ドイツ軍、膠州湾を占領（11・15ロシア軍、遼東半島を占領）
- 12・1 加入電話からの電報開始

政　治	内閣総理大臣・松方正義②（薩摩）
ことば	名にしおう毛野国の名もうせて涙を袖に渡らせの川（足尾鉱毒の被害地を視察した谷干城が詠んだ歌）
事　件	両国橋崩落事故（隅田川の花火大会の最中、見物客の重みで、木造の両国橋の欄干が崩落。死傷者は十数名。改めて鉄橋へと架け替えが行われた）
出　版	若菜集（島崎藤村）、福翁百話（福沢諭吉）、金色夜叉（尾崎紅葉）
創　刊	ホトトギス（正岡子規）、河北新報、The Japan Times、実業之日本
芸　能	稲畑勝太郎、大阪南地演舞場シネマトグラフを上映（自動写真と名付ける）、荒木和一、大阪新町演舞場でバイタスコープを上映（活動写真と名付けられる）
流行語	アイス、赤帽、軍艦、労働組合、愛国コート（吾妻コートを改良）
新商品	入場券（国有鉄道）、回数券（甲武鉄道）、アルミ製弁当箱
開　校	水産講習所（後の東京水産大学）、鉄道学校、京都帝国大学（後の京都大学）
創　業	日本勧業銀行、静岡農工銀行（以後、各府県ごとに設立）
物　価	白米10kg（1円20銭）、牛肉（100g・5銭）、かつおぶし（20銭）、うな重（30銭）、コーヒー（2銭）、映画館入場料（20銭）、小学校教員初任給（8円）、総合雑誌（10銭）、理髪料（8銭）、清酒（上等酒・25銭3厘）、小学校の授業料（月額30銭以内）

◆ 東京・八王子で大火（3300戸焼失）、東京朝日新聞、八王子大火の内容原稿を伝書鳩を使って輸送

| | 歳 | | 歳 | | 歳 |

◆志賀潔が赤痢菌を発見。緒方正規、ペスト菌がネズミのノミによって媒介されることを発見（12・25）

明治31年（1898） 戊戌（つちのえ・いぬ）

2・10	群馬の三井富岡製糸所で女子工員743人が労働条件改定に反対しストライキ
2・24	日本鉄道の機関士らが同盟会指導者解雇反対のストライキ（鉄道では初めて）
3・27	ロシア、清国から旅順と大連の25年間租借権を獲得
4・1	警視庁、上野公園での労働組合期成会大運動会開催に集会禁止命令を発する
4・19	日本銀行、初の市場介入操作
4・25	政府、ロシアと朝鮮問題に関する**西・ローゼン協定**に調印
5・7	清国の賠償完済（日本へ1192万ポンドを支払う）
6・22	自由党と進歩党が合同し、憲政党結成。**隈板内閣成立**（4ヶ月で分裂）
6・30	**第1次大隈重信内閣成立**（憲政党を主体とする初の政党内閣）
7・28	前年のハワイ移民受け入れ拒否問題を賠償金7万5000ドルで解決する
8・10	第6回臨時衆議院議員選挙（憲政党が260議席を確保）
8・21	**尾崎行雄文相、共和演説事件**（仮定の話が問題化し、尾崎文相辞任）
9・21	**清、戊戌の政変**（西太后が実権掌握、光緒帝を幽閉、近代化政策は失敗）
10・1	東京市が市制による独立公法人として発足（東京市長を選出）
10・18	安部磯雄・片山潜・幸徳秋水ら、**社会主義研究会**を結成
12・30	**地租条例改正**（税率が地価の2.5％から3.3％に引き上げ）

政　治	内閣総理大臣・松方正義②（薩摩）／伊藤博文③（長州）／大隈重信①（憲政党）／山県有朋②（長州）
ことば	おまえ、おいおい（警視庁が警察官の用語標準を通達。車夫や馬丁などには「おまえ」「おいおい」、それ以上の人には「あなた」「もしもし」など）
事　件	美術学校騒動（東京美術学校で校長岡倉天心が罷免され、橋本雅邦、下村観山、横山大観ら17人も辞職。岡倉天心ら、日本美術院を創立）
出　版	不如帰（徳富蘆花）、歌よみに与ふる書（正岡子規）、武蔵野（国木田独歩）、福翁自伝（福沢諭吉）、農業本論（新渡戸稲造）
創　刊	神戸新聞、外交時報、こゝろの華（短歌雑誌・佐佐木信綱ら）
芸　能	累ヶ淵後日怪談（三遊亭円朝・真砂座初演）＊大阪歌舞伎座開場
風　俗	婦人裸体画の取り締まり強化（黒田清輝の裸体画掲載の雑誌が発売禁止）
流行語	婦人記者（報知新聞の羽仁もと子）、しののめストライキ
新商品	貨客船常陸丸（日本初の大型汽船・三菱造船所）
創　業	神戸製紙所（後の三菱製紙）、貝島鉱業、山口銀行
物　価	もりそば（1銭8厘）、ガス料金（8銭5厘）

◆ 東京遷都30年祭が行われ、大名・奥女中の仮装行列が出た（4・10）

| | 歳 | | 歳 | | 歳 |

◆上野公園で西郷隆盛像の除幕式（12-18 銅像の原型は高村光雲作）

明治32年（1899） 己亥（つちのと・い）

1・9		渋沢栄一、大倉喜八郎ら、**衆議院議員選挙法改正期成同盟会を結成**
2・27		南米移民第一陣810人が「佐倉丸」でペルーに出発
2・7		**改正中学校令、実業学校令を公布**（1県に1校以上の中学校を設置）
3・2		北海道旧土人保護法公布（アイヌの同化主義政策が目的）
3・29		中国山東省で**義和団が蜂起**（農民の自衛組、織反キリスト教運動）
6・15		福岡県の豊国炭鉱でガス爆発事故（死者・約200人）
7・17		日英通商航海条約改正条約施行（**外国人雑居が認められる**）
7・21		布引丸沈没事件（フィリピン独立運動支援に向かう途中、香港沖で沈没）
8・28		西日本台風禍（別子銅山で山崩れ施設崩壊・死者584人、死者合計1410人）
9・27		足尾鉱毒被害者ら約7000人が、政府に対策を求めて上京
10・2		幸徳秋水が普通選挙期成同盟を組織
10・―		広島でペストが発生（山陽道を拡大する）
11・20		選挙法改正全国各市連合会が結成される
12・17		東京市の水道工事が完成（淀橋浄水場内で落成式）
12・20		ヘイ米国国務長官、青木周蔵外相に清国に関する**門戸開放政策提議**を行う

政　治	内閣総理大臣・山県有朋②（長州）
ことば	コレデオシマイ（入浴中に脳溢血で倒れた勝海舟の臨終の言葉。享年79）
事　件	ミルラー殺人事件（横浜で日・米人計3人を殺害した米船員ミルラーに死刑判決。内外雑居後の外国人犯罪第一号、条約改正後の外国人に関する初の裁判）
出　版	天地有情（土井晩翠）、湯島詣（泉鏡花）、日本之下層社会（横山源之助）＊与謝野鉄幹が、東京新詩社を創立。＊正岡子規、根岸短歌会をはじめる。
創　刊	中央公論（反省雑誌を改題）
芸　能	初の国産映画「芸者の手踊り」歌舞伎座で公開、稲妻強盗（初の劇映画）
流行歌	さのさ節（条約も目出たく改正になりまして内地雑居もゆるされて…）
流　行	平野水（プレーンソーダ）、三つ折り抱え鞄、ショール
風　俗	東京・新橋に恵比寿ビールのビヤホールが開店大盛況（日本初のビヤホール）
流行語	内地雑居、著作権、銀時計、ビヤホール、封切、海老茶式部
新商品	食堂車（山陽鉄道に登場）、年賀郵便特別取扱業務（1月1日の日附印を押捺）開始
創　業	京仁鉄道、台湾銀行
物　価	鶏卵（15銭）、総合雑誌（12銭）、自転車（200～250円）
その他	川上音二郎一座、欧米での巡業を開始。軍事機密に関する要塞地帯法が公布

◆明治天皇が東京帝大卒業式に出席し、優等卒業生に銀時計を贈った（7・10）

◆ 各地で大火が頻発（5・14 宮城県白石町・焼失 4300 戸、8・12 富山市・焼失 4700 戸、8・12 横浜市中区・焼失 3200 戸、9・15 函館・焼失 2500 戸）

明治33年（1900） 庚子（かのえ・ね）

1・1	紙幣が日本銀行券に統一された
1・15	東京市がペスト予防のためにネズミの買い上げ（1匹5銭）
2・17	田中正造、足尾鉱毒被害者救済建議案を衆議院に提出
3・10	**治安警察法**公布（労働運動の取り締り強化）
3・29	選挙法改正（有権者の基準を直接国税15円以上から10円に引き下げ）
4・14	パリ万国博覧会開催
5・10	皇太子嘉仁親王（後の大正天皇）と九条節子（後の貞明皇后）挙式
5・19	**軍部大臣現役武官制成立**（陸海軍大臣の選任を軍部が掌握）
7・17	福島県の安達太良山が噴火（硫黄鉱山などの労働者ら70余人死亡）
8・2	北米で日本人移民排斥運動が激化（政府、当面の移民禁止を通達）
8・14	**清の義和団事件（北清事変）**で日本と欧米列国8カ国連合軍が北京を総攻撃
8・20	**小学校令改正**（授業料を無料に、また義務教育4年制を確立）
9・15	立憲政友会発会（総裁・伊藤博文、資本家・地主が支持基盤）
11・17	東京商船学校の練習船月島丸が駿河湾で暴風雨のため沈没（死者122人）

政　治	内閣総理大臣・山県有朋②（陸軍）／伊藤博文④（立憲政友会）
ことば	義和団（義和拳という中国武術で身体を鍛錬する宗教的秘密結社で、「興清滅洋」を唱え、民衆の支持を得て巨大化、ついには西太后の支持を得た）
事　件	川俣事件（足尾鉱毒被害民約1万人が、東京へ請願行動に向かう途中、群馬県川俣の利根川渡しで、警察・憲兵隊と衝突、多数の活動家が逮捕された）
出　版	高野聖（泉鏡花）、自然と人生（徳富蘆花）、鉄道唱歌第一集　＊「明星」創刊
映　画	北清事変活動大写真、相撲映画・回向院夏場所大相撲、鳩の浮巣（紙屑屋幸次郎）、万国活動大写真、大阪大芝居名優演芸
流行歌	鉄道唱歌（歌詞は117番まで）、軍艦マーチ、楠公の歌、東雲節
スポーツ	第2回オリンピック・パリ大会（日本選手は不参加）、大相撲横綱小錦引退
流　行	吾妻コート（和服の上から羽織る女性用外套）、錦紗織りの夏帯
風　俗	一条成美の女性裸体図の挿絵を掲載した「明星」11月号が発禁、内務省12歳以上の男女混浴を禁止、未成年者の喫煙を禁止（景品目当ての喫煙が横行）
流行語	自由廃業（芸娼妓の自由廃業運動が激化）、ハイカラ、自働電話
新商品	自働公衆電話、ジャムパン（木村屋）、戦艦「三笠」進水（英国へ発注の戦艦）
物　価	白米10kg（1円12銭）、もりそば（1銭8厘）、小学校教員初任給（11円）
その他	警視庁、新道路取締規則を制定（左側通行となる）

◆この年、大火災が頻発した（4・2福井大火、6・27高岡大火、8・21能代大火）

| | 歳 | | 歳 | | 歳 |

◆娼妓の自由廃業運動が活発となり、熊本二本木の東雲楼のストライキを歌った「東雲節」が大流行

明治 34 年 (1901)　　　　　　　　辛丑 (かのと・うし)

1・1	20世紀開始(慶応義塾大学で、福沢諭吉発案の20世紀を迎える祝賀会開催)
1・11	愛国銀行が支払いを停止(1月23日桑名百二十二銀行が支払いを停止)
1・22	英国・ビクトリア女王死去、エドワード7世即位
2・5	**官営八幡製鉄所操業開始**(東田第一高炉で火入れが行われた)
2・24	奥村五百子ら**愛国婦人会**を結成(軍人遺族・傷病軍人の救済)
3・28	北海道法公布(府県と同等の地方公共団体として認められた)
4・16	大阪七十九銀行、難波銀行が支払いを停止(中部地区以西に金融恐慌が波及)
4・20	東京・目白に日本女子大学校(現・日本女子大学)創立。(日本初の女子大)
4・29	迪宮裕仁親王誕生(後の昭和天皇、大正天皇と貞明皇后の第一子)
5・18	**社会民主党結成**(片山潜・幸徳秋水らによる日本初の社会主義政党)
5・27	山陽鉄道、神戸－馬関間開通(青森から下関まで日本縦貫鉄道が完成)
6・16	中国の革命家・孫文、日本に亡命
8・―	米価暴騰、全国の米穀取引所で取引停止
9・7	義和団事件講和議定書(**北京議定書**)調印(北清事変終結、軍隊の北京在駐)
12・10	足尾鉱毒事件で**田中正造が天皇直訴**(直訴は失敗するが、鉱毒問題への支援運動が高まり、政府も翌年鉱毒調査委員会を発足)

政　治	内閣総理大臣・伊藤博文④(立憲政友会)／桂太郎①(陸軍)
ことば	鉄は工業の母、護国の基礎(官営八幡製鉄所のスローガン)
事　件	星亨暗殺(東京市庁で元通信大臣・東京市参事会議長・星亨が刺殺された)
出　版	武蔵野(国木田独歩)、みだれ髪(与謝野晶子)、西洋哲学史要(波多野精一)、二十世紀之怪物帝国主義(幸徳秋水)、中学唱歌(東京音楽学校)
映　画	軍事教育活動写真、新曲吾妻の月　[洋] 偉大な大食漢、泥棒！
流行歌	美しき天然、箱根八里、荒城の月、はなさかじじい、うさぎとかめ、鳩ぽっぽ
スポーツ	大相撲・大砲横綱昇進(20世紀初の横綱)、日本初のゴルフ場(六甲山)
流　行	マスク(芸妓間で防寒のために始まったネッカチーフ活用法)、パナマ帽子
風　俗	ミルクホール(牛乳やパンとドーナッツを提供した店)が流行る
流行語	直訴、二十世紀、社会主義、恐露病(ロシアの満州占領に対して)、美的生活(高山樗牛の論文から)、告別式、どんちょう内閣
新商品	国鉄東海道線の急行に1・2等客用の食堂車が登場(料理は精養軒の洋食)
物　価	牛乳(1本4銭)、清酒(上等酒・31銭7厘)、ビール(19銭)、理髪料(15銭)
その他	相馬愛蔵が東京本郷に「中村屋」を開業(パンを製造販売)

◆第1回ノーベル賞授賞式 (物理学賞・レントゲン) (ノーベル賞創設)

| | 歳 | | 歳 | | 歳 |

◆福沢諭吉死去（2・3 享年 67）、中江兆民死去（12・13 享年 54）、宗教上の儀式を排した「告別式」が話題に

明治35年(1902)　　　壬寅(みずのえ・とら)

1・25　八甲田山雪中行軍遭難(青森第5連隊215名中、209名が死亡)
1・30　日英同盟締結(極東でのロシアの脅威に対抗する軍事同盟)
2・12　河野広中ら、初の普通選挙法案を衆議院に提出(否決)
3・30　福井市で大火(焼失3200戸)
4・2 　第1回日本連合医学会(現・日本医学界総会、初代会長・田口和美)
5・8 　台湾県民を日本国籍に編入
6・― 　東京株式市場で大暴落、立会停止
8・10　第7回衆議院議員選挙(国会開設以来初の任期満了選挙。政友会が過半数)
10・19　早稲田大学(旧東京専門学校)の開校式(初の私立大学)
10・― 　ペスト流行(10月横浜で、12月東京でペスト患者発生)
12・2 　国勢調査に関する法律公布(国勢調査が10年に一度実施されることになる)
12・13　哲学館事件(付与されていた卒業生への教員免許無試験交付特権を剥奪)
12・22　年齢計算ニ関スル法律施行(それまでの数え年から満年齢使用へ)

政　治　内閣総理大臣・桂太郎①(陸軍)
ことば　ミカド(日英同盟をきっかけに国威発揚の意識からミカド論が盛んになる)
事　件　教科書疑獄(小学教科書採用の収賄事件。知事・代議士・県会議員・文部官僚ら200人以上を検挙。これを契機に教科書国定化がすすむ)
出　版　即興詩人(アンデルセン・森鷗外訳)、ピーターラビット(ベアトリクス・ポッター)、大英百科全書(丸善が英タイムズ社とタイアップ販売)
　　　　＊魯迅が日本に留学(弘文学院に入学)
映　画　大角力活動写真　[洋]ロビンソー・クルーソー(世界中で大ヒット)
流行歌　陸奥の吹雪、嗚呼玉杯に花受けて、よかたん節、ワシントン
スポーツ　東京帝国大学の運動会で、藤井実が100m走で10秒24の世界新記録を樹立
流　行　ピンポン(坪井玄道がヨーロッパから持ち帰り紹介)、腕時計
風　俗　インバネス(男子用ケープ付の袖無し外套、別称二重回し・とんび)、ひさし髪(束髪の一種、女優川上貞奴が始め、女学生のシンボルに)
流行語　非戦、ピンポン、提供(大英百科全書の宣伝で「offer」の訳として使用)
新商品　絵はがき(官製絵はがきの第1号)、金鳥の渦巻(渦巻き型で約7時間持続可能)、征露丸、ガラスペン(風鈴職人佐々木定次郎が考案)
物　価　白米10kg(1円19銭)、天丼(8銭)、コーヒー(2銭)
その他　1月25日北海道旭川市で気温-41.0度を記録(日本の最低気温記録)

◆桂内閣が日英同盟をすすめる中、伊藤博文は日露協定を画策したが、その行動が結果的に日英同盟を促進させた

| | 歳 | | 歳 | | 歳 |

◆20世紀に入って2年目、マスコミ各社で「20世紀の予言」という読物が企画される

明治 36 年（1903） 癸卯（みずのと・う）

2・1	笹子トンネル開通（中央本線・長さは4655mで当時日本最長）
3・1	**第5回内国勧業博覧会開幕**（会場・大阪天王寺公園、初の大阪開催、5ヵ月間の会期中入場者は550万人を超えた）
4・13	小学校令改正（国定教科書制度確立）
4・26	秋田県横手町で大火（焼失1200戸）
4・−	広島市で乗合自動車営業開始
6・10	東京帝国大学の**7博士が日露即時開戦を求める建白書を提出**（主戦論高揚）
6・−	内村鑑三が「聖書之研究」「万朝報」で、**日露戦争反対**、平和主義を主張
9・12	大阪市電運転開始（日本初の市電）
9・20	日本初の営業バスが京都市内を走る
10・6	**日露交渉開始**（小村寿太郎外相とローゼン駐日公使、満韓の国境線で対立）
11・15	幸徳秋水らが**平民社**を設立（「平民新聞」を創刊し、反戦論を展開）
12・17	ライト兄弟が人類初の動力飛行に成功
12・28	**連合艦隊を編成**（旗艦・戦艦三笠、司令官・東郷平八郎）

政　治	内閣総理大臣・桂太郎①（陸軍）
ことば	人生不可解（日光・華厳の滝で投身自殺した一高生藤村操が、断崖の大樹を削って遺した絶筆「華厳頭之感」中のことば）
事　件	モルガンお雪（京都祇園の芸妓加藤ゆきがアメリカの大富豪ジョージ・モルガンに見初められ金10万円で落籍された）
出　版	都市社会主義（堺利彦）、社会主義神髄（幸徳秋水）＊「馬酔木」創刊
映　画	車夫の水かけ喧嘩、陸軍の大演習、大阪勧業博覧会［洋］大列車強盗、アルプス登山映画　＊浅草電気館が日本初の映画常設館に
流行歌	春風、注意節、虫の楽隊　＊言文一致歌が普及
スポーツ	第1回早慶対抗野球試合、ツール・ド・フランス第1回大会開催
流　行	催眠術ブーム（『学理応用催眠術自在』などの催眠術本がベストセラー）
風　俗	立ちん坊（仕事がなく、坂で車の後押しなどをして金銭をもらう者）
流行語	催眠術（いかがわしい、インチキなこと）、魔風恋風（女学生が主人公の自由恋愛小説・著者小杉天外）、イルミネーション（第5回内国勧業博覧会で使用）
新商品	命の母、ビアガーデン（札幌麦酒・東京墨田河畔）、ビアホール（恵比須ビール）
物　価	煎茶（100g・8銭3厘）
その他	チンチン電車開業（品川八つ山−新橋間、定員40人、木造4輪車の1両）

◆ 日比谷公園開園（東京・日比谷の練兵所跡に開園した西洋式公園）、若い男女のデート場となる

| | 歳 | | 歳 | | 歳 |

◆ 夏目漱石、英国留学から帰国。江戸歌舞伎の名優、団十郎、菊五郎逝去

明治 37 年（1904） 甲辰（きのえ・たつ）

- 2・4 **御前会議**で対露交渉の断絶と軍事行動の開始を決定
- 2・6 小村外相、ローゼン公使を外務省へ招き国交断絶を通告
- 2・10 **日露戦争開戦**（日本とロシアが相互に宣戦布告）
- 2・23 日韓議定書調印（朝鮮半島内で軍事行動をするための制約を廃す）
- 2・24 高橋是清日銀総裁、戦費調達のため渡米（ニューヨーク・ロンドンで外債募集）
- 2・24 第1次旅順口閉塞作戦（旅順港口にボロ船を沈めロシア艦隊を封じ込める作戦）
- 4・1 非常特別税法（増税）と煙草専売法公布（日露戦争の戦費調達のため）
- 5・8 小樽で大火（焼失2400戸）
- 6・20 **満州軍総司令部設置**（総司令官・大山巌、総参謀長・児玉源太郎）
- 7・18 記者倶楽部結成（軍当局の圧迫に抵抗するため15社の記者が結成）
- 8・10 **黄海海戦**（連合艦隊が、ロシア旅順艦隊に大打撃を与える）
- 8・22 **第1次日韓協約調印**（財政・外交顧問をおき韓国の実権掌握）
- 9・2 遼陽会戦（橘中佐の奮戦、占領を祝し東鉄が装飾電車・花電車の第1号）
- 10・16 ロシア・バルチック艦隊がバルト海のリバウ軍港を出港
- 12・5 **日本軍、旅順口203高地を占領**（動員兵力約6万4千人、死傷者1万7千人）
- 12・8 ロシア旅順艦隊全滅（203高地から旅順港のロシア艦隊を砲撃）

政　治	内閣総理大臣・桂太郎①（陸軍）
ことば	君死にたまふこと勿れ（与謝野晶子、日露戦争に出征した弟への歌）
事　件	広瀬武夫中佐戦死（第2次旅順口閉塞作戦で、閉塞船福井丸を指揮した広瀬少佐が、撤退時に行方不明となった部下を探索して戦死。戦後「軍神」とされた）
出　版	西蔵旅行記・上（河口慧海）、進化論講話（丘浅次郎）　＊雑誌「新潮」創刊
映　画	日露戦争活動大写真、日露戦争活動写真（博文館日露戦争実記編集部）
流行歌	日本陸軍（出征兵の歓送に用いられた）
スポーツ	第3回オリンピック・セントルイス大会（7・1～11・23、日本選手は不参加）
流　行	カーキー色（日露戦争で日本陸軍が採用した兵士の軍服の色）、進化論
風　俗	千人結（千人の女性が1針ずつ糸を結んだ布、出征兵士への安全祈願）
流行語	陥落（酒に酔いつぶれること、遊廓に泊まるの意味）、君死にたまふことなかれ（与謝野晶子）、露探（ロシアに内通した日本人スパイ）、軍神、慰問袋
新商品	キャラメル、たばこ朝日（6銭）、日本初のデパート三越呉服店開業
物　価	もりそば（2銭）、天丼（10銭）、いなり寿司（1個5厘）、たばこ敷島（8銭）
その他	甲武鉄道の飯田町－中野間で電車の運転を開始（国電の始まり）

◆ 与謝野晶子の歌が掲載された雑誌「明星」9月号発売禁止。『共産党宣言』発禁

◆民営タバコ全盛時代の終焉（タバコ専売法によって、岩谷松平経営の「世界煙草大王岩谷商店」は営業、営業権一切を政府に譲渡。譲渡価は実情価格の約5分の1）

明治 38 年（1905） 乙巳（きのと・み）

1・1	旅順開城（旅順のロシア軍降伏）
1・1	京城（漢城）と釜山を結ぶ鉄道京釜線が正式に運転を開始
1・22	血の日曜日事件（露・サンクトペテルブルクで労働者のデモに軍隊が発砲）
3・1	**奉天会戦**（日露戦争最後の会戦。日本軍、奉天を占領するも余力なし）
5・27	**日本海海戦**（連合艦隊、ロシア・バルチック艦隊を撃滅）
6・9	米国大統領セオドア・ルーズベルトが日露講和を勧告
7・29	**桂・タフト協定締結**（日本の韓国支配と米国のフィリピン支配を相互承認）
8・12	第2次日英同盟調印（攻守同盟・適用地域にインドを含める）
8・20	孫文が東京で中国同盟会を結成
9・5	**ポーツマス条約締結**（日露戦争終結、ロシアから樺太の南半分を割譲）
9・5	**日比谷焼打事件**（日露講和条約に反対する民衆が新聞社、官邸などを襲撃）
9・11	山陽汽船会社、下関－釜山間連絡船の航路開始
9・－	アインシュタイン「**特殊相対性理論**」を発表（物理学の奇蹟の年）
11・17	**第2次日韓協約（乙巳条約）締結**（日本が韓国の外交権を掌握）
12・21	**韓国統監府**を京城に設置（初代総監・伊藤博文）

政　治	内閣総理大臣・桂太郎①（陸軍）
ことば	興国の興廃この一戦にあり、各員一層奮励努力せよ（日本海海戦緒戦で旗艦三笠に掲げられたＺ旗の信号伝、5月27日は海軍記念日）
事　件	水師営の会見（ロシア軍降服後の1月5日、乃木希典司令官がステッセル司令官と旅順近郊の水師営で会談、敗者への乃木の態度が賞讃された）
出　版	吾輩は猫である・上・中・下（夏目漱石）、海潮音（上田敏）、あこがれ（石川啄木）
映　画	日露戦争活動写真（大本営認可写真）、旅順大海戦［洋］月世界旅行、血の日曜日
流行歌	戦友（厭戦的、反戦的と軍から禁止）、ラッパ節、白虎隊、一寸法師、大こくさま
スポーツ	早稲田大学野球部がアメリカ遠征（26戦7勝）
流　行	ショール（長いショールに人気）、元禄模様、文士劇
風　俗	二〇三高地（前が大きく張り出したひさし髪、日露戦争の激戦地名から）
流行語	英霊（日露戦争没者の招魂式で初めて使用）、キネオラマ（キネマとパノラマの合成語）、本日天気晴朗なれども波高し、吾輩は〇〇である、花電車
新商品	仁丹（紅殻でコーティングされた赤大粒仁丹）、戦捷記念たばこ・ほまれ
物　価	理髪料（15銭）、仁丹（50銭）
その他	ニホンオオカミが絶滅（奈良県鷲家口で捕獲されたのが最後）

◆ 戦艦ポチョムキンの反乱（日本海海戦敗時、ロシア黒海艦隊の戦艦ポチョムキンで水兵が粗悪な食事に抗議して反乱。ロシア革命で初の軍隊の革命的行動）

◆富士登山（女人禁制の富士山に9歳と13歳の女性が初登山）

明治 39 年（1906） 丙午（ひのえ・うま）

1・28	堺利彦らによって**日本社会党**が結成（翌年解散）
3・―	東北地方大飢饉（前年の大凶作で、餓死・凍死者続出）
3・19	英国、満州の門戸開放・機会均等を要求（26日、米国も同様の要求）
3・31	**鉄道国有法公布**（10年以内に地方的鉄道を除く全鉄道国有化を決定）
4・16	初の急行列車運転開始（官設鉄道新橋－神戸間に最急行列車を運転）
4・30	征露凱旋陸軍大観兵式開催（青山練兵所）
5・1	満州に日本領事館設置
6・12	駐韓日本軍が崔益鉉らの排日暴動鎮圧
9・5	東京市電焼き討ち事件（運賃値上げ反対）
10・1	北海道炭鉱鉄道（函館本線・室蘭本線）、甲武鉄道（中央線）を国有化
10・11	サンフランシスコで日本学童隔離を決議（東洋人向け特別学校へ）
11・21	樺太鉄道全通（軍需輸送のための軍用軽便鉄道、大伯－豊原間43.3km）
11・26	**南満州鉄道会社設立**（総裁・後藤新平・大陸政策の柱）

政　治	内閣総理大臣・西園寺公望①（立憲政友会）
ことば	成金（将棋の駒にたとえて、戦後景気で成り上がりの金持ちのこと）
事　件	南満州鉄道会社設立（ロシアから東清鉄道の旅順口－長春間の鉄道利権を引きつぎ、鉄道事業と鉱山開発を進め、後の植民地支配の柱となった）
出　版	破戒（島崎藤村）、野菊の墓（伊藤左千夫）、白羊宮（薄田泣菫）、千鳥（鈴木三重吉）、茶の本（岡倉天心）＊陸軍軍医・森林太郎が凱旋帰国
映　画	義勇活動大写真（大山元帥・東郷元帥の凱旋実況）、武者行列、盲目の憲兵と泥棒　[洋]魔法の万年筆（最初のアニメ映画）
流行歌	青葉の笛、妙義山、紅萌ゆる岡の花
スポーツ	藤井実、棒高跳びで3m90の世界新記録、オリンピック・アテネ特別大会（4・22～5・2近代オリンピック開催10周年記念の特別大会）
流　行	海老茶式部（海老茶の袴に洋靴をはいた和洋混合スタイルが女学生に流行）
風　俗	廃兵（日露戦争で約15万人の傷痍軍人が出て、社会問題となった）
流行語	肉弾（肉体を弾丸として敵陣に突入すること）、オイチニ（薬売りが行商で歌った合いの手で、薬売りのこと）
新商品	シッカロール、ゴールデンバット（両切り煙草）＊煙草の新製品ラッシュ
物　価	もりそば（2銭5厘）、ゴールデンバット（10本入り4銭）、朝日新聞（45銭）
その他	東京・浅草で大火（4000戸が焼失）、丙午（ひのえうま）吉凶論がさかん

◆ 初の国立図書館・帝国図書館が東京・上野に開館

| | 歳 | | 歳 | | 歳 |

◆日本美術院の絵画部門が茨城県五浦へ移転（岡倉天心に横山大観・下村観山・菱田春草らも従った）

明治 40 年 (1907)　　　　丁未 (ひのと・み)

1・21	東京株式相場が大暴落 (日露戦後の恐慌が始まる)
2・4	**足尾銅山大騒動** (足尾銅山の坑夫と職員が衝突、軍隊が出動して600人を検挙)
2・12	菅野スガら、女子の政治集会への参加要請を衆議院へ提出
3・19	「癩病予防ニ関スル件」が制定 (患者届け出を義務化、隔離政策が始まる)
3・21	小学校令改正 (**義務教育が6年制となる**)
6・10	日仏協約調印 (清の独立・領土保全と日仏の勢力範囲が確認される)
6・15	オランダ・ハーグで**第2回万国平和会議開催** (〜10月)
6・22	東北帝国大学 (現・東北大学) 創立 (3番目の帝国大学)
7・20	豊国炭坑ガス爆発 (死者340人あまり)
7・24	**第3次日韓協約締結** (韓国内政全般を日本の指揮下におくことを決定)
7・30	日露協約調印 (相互の領土権の尊重、清国の領土保全等)
8・1	**韓国軍隊解散令** (日本の韓国支配が事実上確立し反日運動激化)
8・—	**帝国国防方針決定** (仮想敵国を陸軍はロシア、海軍は米国とする)
11・16	米国が日本人労働者移民の渡航制限を要請 (日米紳士協約)

政　治	内閣総理大臣・西園寺公望① (立憲政友会)
ことば	余にとってこれほどありがたいことはない (夏目漱石、朝日新聞に専属作家として入社したことで世間から批判されたことに対して)
事　件	ハーグ密使事件 (韓国の高宗がハーグ平和会議に密使を派遣し、日本との乙巳条約が無効と宣言。平和会議・列強とも訴えを排斥、高宗退位・純宗即位)
出　版	婦系図 (泉鏡花)、鶉籠 (坊ちゃん・草枕・二百十日を収録・夏目漱石)、布団 (田山花袋)、平凡 (二葉亭四迷)、平民主義 (幸徳秋水)
映　画	足尾銅山大暴動、忠臣蔵 (五段目) 〔洋〕皇帝閲兵式
流行歌	デカンショ節、旅愁、故郷の廃屋
スポーツ	東京・下目黒に目黒競馬場が創立、諏訪湖に氷滑場 (スケート場)
流　行	婦人のリボン (外国製で定価の5割が輸入税だった)、サイダー
風　俗	美顔術 (初の美容エステ)、隆鼻術 (パラフィン注射で鼻を高くする美容整形術)
流行語	自然主義 (文学運動)、カン詰、スケート
新商品	ブルドッグソース、平野シャンペンサイダー (通称・三ツ矢サイダー)、電飾 (イルミネーション)、漢字タイプライター、さくらフレックスプラノ (初の一眼レフカメラ)
物　価	白米10kg (1円56銭)、もりそば (3銭)、天丼 (12銭)
その他	警視庁が東京市内の自動車制限速度を時速8マイル (約13km) に制限

◆ 東京府勧業博覧会開催 (3・20 〜 7・31、上野公園)

◆浪花節の人気が高まった（桃中軒雲右衛門）

明治 41 年（1908） 戊申（つちのえ・さる）

1・3	米国恐慌の余波で東京株式市場が大暴落（わが国初の経済恐慌起こる）
1・17	新夕張炭坑でガス爆発（死者91人）
2・18	**日米紳士協定の成立**（移民に関し新規移民禁止と日本移民への迫害禁止を約束）
3・7	国鉄直営の青函連絡船（青森―函館間）の運行を開始
3・8	新潟で大火（焼失1500戸、9・4再度の大火2200戸焼失）
4・10	ロシアとの樺太境界確定書調印
4・19	甲武鉄道から鉄道院（現・国土交通省）に引き継がれた中央本線が全通
4・28	第1回ブラジル移民（158家族783人と自由渡航者10人の合計793人を乗せた笠戸丸が神戸港を出航。6月18日サントス港到着、アメリカ移民の代替地）
6・22	**赤旗事件**（社会主義者・荒畑寒村、大杉栄、管野スガ、堺利彦、山川均らが「無政府共産」「無政府」の赤旗を掲げ、警官隊と衝突）
9・15	東京・芝に帝国女優養成所開所（主宰者・川上貞奴）
10・13	**戊申詔書発布**（日露戦後の社会不安を抑制するため、国民に勤労と節約を奨励）
11・30	**高平・ルート協定締結**（太平洋での現状維持や中国での領土保全・機会均等）
11・14	清の光緒帝と西太后が死去（12月2日、宣統帝・愛新覚羅溥儀即位）

政　治	内閣総理大臣・西園寺公望①（立憲政友会）／桂太郎②（陸軍）
ことば	勝つことより参加することに意義がある（ロンドンオリンピックで生まれた言葉）
事　件	出歯亀事件（東京新宿区の電話局長夫人殺人事件で、のぞきの常習犯・池田亀太郎を逮捕。法廷で弁護人が容疑者を出歯亀と呼び流行語となる）
出　版	虞美人草（夏目漱石）、俳諧師（高浜虚子）、何処へ（正宗白鳥）＊「アララギ」創刊＊平塚らいてうと森田草平の心中未遂事件が話題となる
映　画	いもりの黒焼、曾我兄弟狩場の曙、本能寺合戦　［洋］ポンペイ最後の日
流行歌	人を恋うる歌、おやおや節、あきらめ節
スポーツ	第4回オリンピック・ロンドン大会（8・7～10・29、日本選手は不参加）
流　行	朝鮮風子供服、ポルカダンス（東京の小学生）、浪花節、万年青栽培
風　俗	赤いポスト正式に登場（赤色、鉄製、円筒形ポストが正式に登場）
流行語	出歯亀、耽溺（誤解にもとづく自然主義）、現実暴露、院線（鉄道院が管理する鉄道。その後、鉄道院が鉄道省になると省線と呼ばれた）
新商品	サクマ式ドロップ、フォードのT型車（米）、味の素（鈴木三郎助）
物　価	豆腐（1銭）、コーヒー（3銭）、亀の子たわし（3銭）
その他	東京の松屋呉服店が初めて大売り出しの日を設定（初のバーゲン・セール）

◆ニューヨークで女性らが参政権を要求してデモ（3月8日国際女性デーの由来）

| | 歳 | | 歳 | | 歳 |

◆川上貞双、パリで「紅葉狩」を上演、絶賛を博す

明治 42 年（1909） 己酉（つちのと・とり）

3・8	度量衡法改正公布（長さは尺、重さは貫を基本とした）
4・6	北極点到達（米軍人ロバート・ピアリーが北極点到達に成功）
4・11	大日本製糖疑獄（収賄事件。逮捕者は日糖の旧重役陣と代議士24人に及んだ）
5・31	浅間山大噴火（12・7再噴火）
7・6	韓国併合の方針を閣議決定（時期については判断保留）
7・31	大阪大火（市北部がほぼ全滅。1万1360戸焼失）
8・18	ワシントン市に桜2000本寄贈決定（東京市長・尾崎行雄）
9・1	韓国全羅道民族運動の鎮圧開始
9・4	満州及び間島に関する**日清条約調印**
10・26	**伊藤博文暗殺**（ハルピン駅で韓国人の安重根に射殺される。11・4国葬）
12・8	米、満州の鉄道中立化を提議

政　治	内閣総理大臣・桂太郎②（陸軍）
ことば	ばかな奴じゃ（伊藤博文、射殺犯が韓国人であることを告げられて）
事　件	仕立屋銀次逮捕（スリの大親分・富田銀蔵がスリ社会の大粛正のため逮捕）
出　版	文学評論（夏目漱石）、三四郎（夏目漱石）、邪宗門（北原白秋）、すみだ川（永井荷風）、田舎教師（田山花袋）、廃園（三木露風）
映　画	碁盤忠信、日蓮上人一代記、影法師、乳姉妹　［洋］恐竜ガーティ（漫画映画）
流行歌	金色夜叉の歌、ハイカラ節、野中の薔薇、ローレライ
スポーツ	初のマラソン競争（神戸ー新淀川間20マイル）、東京大角力協会が横綱を最高位として明文化、両国国技館完成（東洋一の建築物）
流　行	ビリケン人形（米の女性彫刻家が夢で見て作ったというセルロイド製の福の神人形で、世界中で大人気となった）
風　俗	ロシアパン（ロシア革命を逃れ日本にやって来たロシア人が生活のため売り歩いたパン）、催促髷（未婚女性が結う島田髷）
流行語	ビリケン頭（人形の頭がとがっていることから）、マラソン、国技館
新商品	ロート目薬、ハート美人（日本初のゴム製コンドーム）、森永チョコレート（日本初の板チョコ）、ピース（穴のあいた黄色い錠菓）、リボンシトロン、味の素
物　価	白米10kg（1円60銭）、牛乳（1本3銭9厘）、理髪料（10銭）、味の素（小ビン40銭）、ハート美人（1ダース1円）
その他	山手線運転開始（烏森から品川ー新宿ー池袋と回って上野に至る区間と池袋ー赤羽間、中野ー昌平橋間の電車運転を開始）

◆富士山頂に公衆電話（富士山頂に夏山臨時公衆電話が設置され市外通話開始）

◆ 京都大学で、仙人の心身両面を研究する会が開かれた

明治 43 年(1910) 庚戌(かのえ・いぬ)

1・21	**第2次日露協約**(日露両国、米国提案の南満州鉄道中立化案を拒否)
3・12	千葉・茨城の漁船104隻が暴風雪により遭難(死者670人)
3・13	**立憲国民党結成**(憲政本党・進歩党・無名会・又新会が合同)
5・3	青森大火(4時間で全市焼失。死者26人、負傷者160人、焼失戸数5246戸)
5・25	**大逆事件**(管野スガ・宮下太吉らの天皇暗殺計画発覚で大逆罪を適用)
6・1	幸徳秋水ら逮捕(大逆事件に連座、全国の社会主義グループは壊滅状態)
6・21	宇野線岡山─宇野間が開通。宇高連絡船(宇野─高松間)の運行開始
7・22	大阪商船の鉄嶺丸が竹島灯台付近で沈没(200人余が溺死)
8・8	東海・関東・東北地方一帯に豪雨・大洪水(44万3000戸浸水)
8・22	**日韓併合条約調印**(韓国併合)
8・29	韓国併合実施(韓国の国号を朝鮮とし、朝鮮総督府を設置)
11・3	**帝国在郷軍人会の発会式**(軍部の基盤強化)
12 19	日本初飛行(東京・代々木練兵場で徳川好敏大尉が約3kmの飛行に成功)

政　治	内閣総理大臣・桂太郎②(陸軍)
ことば	文部省唱歌(東京音楽学校が中心となり文部省編集の「尋常小学読本唱歌」を発行。日本人が作詞・作曲した新曲であることが特徴)
事　件	七里ヶ浜の遭難(鎌倉・七里ヶ浜で、逗子開成中学ボート部の転覆事故で生徒ら13人溺死。少年たちを悼んで「真白き富士の嶺」が作られた)
出　版	それから(夏目漱石)、土(長塚節)、一握の砂(石川啄木)、遠野物語(柳田国男)＊「白樺」創刊(白樺派)
映　画	真田幸村、寒暖計、己が罪(初のロケ映画) [洋]罪と罰
流行歌	間がいいソング、水師営の会見、真白き富士の嶺、われは海の子、春が来た、鎌倉、**ツキ**、**こうま**、**ふじの山**、**虫のこえ**[＊太字は文部省唱歌]
スポーツ	東京競馬倶楽部創設(本拠地目黒競馬場)
流　行	千里眼ブーム(熊本の御船千鶴子が上京し、物理学者ら14人の立ち会いのもと千里眼実験を行う)、袖珍本(ポケットに入るような小形本)
風　俗	アンドン袴(男用セル地、女用メリンス地)
流行語	ハレー彗星、飛行機、併合、千里眼、逆徒、なんて間がいいんでしょう
新商品	国産初の飛行船山田式第1号、蓄音機ニッポノホン
物　価	蓄音機ニッポノホン(25円)
その他	大相撲の行司装束が、裃姿から烏帽子直垂姿に変更された

◆ 南極探検隊出発 (南極探検隊の白瀬矗らの一行27名が芝浦から開南丸で出航)

| | 歳 | | 歳 | | 歳 |

◆ハレー彗星の大接近で社会不安が増長（有毒ガスで地球絶滅の流言）

明治44年(1911)　　　辛亥(かのと・い)

1・1	安岳事件(朝鮮で民族主義者を大検挙)
2・21	日米新通商航海条約調印(日本の関税自主権が回復される)
3・29	**工場法公布**(日本における最初の労働立法。施行・1916年)
4・3	日英通商航海条約調印
4・9	東京・吉原で大火、浅草方面に類焼(死者5人、焼失戸数6500戸)
4・17	朝鮮総督府、土地収容令公布
5・8	山形市で大火(焼失1300戸)
7・−	米価が連日暴騰し、買占めが横行(取引中止命令・外米の緊急輸入)
8・21	警視庁が**特別高等課**(**特高**)を設置
8・−	朝鮮教育令公布(日本の教育勅語を基本とした)
10・10	**辛亥革命始まる**(中国で革命軍が蜂起、武昌・漢口・漢陽を解放)
12・14	**南極点初到達**(ノルウェーのアムンゼンが、英国のスコット隊に勝つ)
12・31	東京市電がストライキ(元旦の参拝客ら大混乱)

政　治	内閣総理大臣・桂太郎②(陸軍)／西園寺公望②(立憲政友会)
ことば	元始、女性は太陽であつた(「青鞜」創刊号掲載の平塚らいてうの宣言)
事　件	大相撲新橋倶楽部事件(待遇改善を求め、新橋倶楽部に籠城した力士達が、警視総監の調停で和解。引退力士への養老金支給の道を開く)
出　版	修善寺物語(岡本綺堂)、ある女(有島武郎)、黴(徳田秋声)、善の研究(西田幾多郎)、＊「青鞜」創刊、立川文庫創刊(当時流行した小型本、挿絵付き)
映　画	家康公−徳川栄達物語、西郷隆盛西南戦争　[洋]ジゴマ、ハムレット
流行歌	日の丸の旗、桃太郎、紅葉、**鳩**、**人形**、かたつむり、**牛若丸**、**池の鯉**、**二宮金次郎**、**浦島太郎**、**案山子**、**雪**[＊太字は文部省唱歌]
スポーツ	日本初のスキー(オーストリアのレルヒ少佐が新潟県でスキー指導)、日本初のオリンピック国内選考会(三島弥彦・金栗四三を選抜)、太刀山横綱昇進
流　行	霊能者ブーム(四国丸亀の長尾郁子が、物理学者立ち会いのもと透視と念写の実験を行う。実験後、世論の批判が続き、御船千鶴子は自殺、長尾郁子は病死した)
風　俗	カフェー(洋菓子屋と酒場が合体した飲食店で、女給がサービスをした)
流行語	情意投合(桂首相と西園寺公望の提携)、高等遊民、青鞜、新しい女
新商品	肝油ドロップ、山田式飛行船、魔法瓶
物　価	もりそば(3銭5厘)、立川文庫(25銭)
その他	帝国劇場完成(日本初の鉄骨鉄筋の洋風劇場で、帝劇と略称された)

◆ルーヴル美術館から絵画「モナ・リザ」が盗まれる(1913年12月にフィレンツェで発見)

| | 歳 | | 歳 | | 歳 |

◆帝劇で初上演された「人形の家」(島村抱月訳)で、ノラ役の松井須磨子が大評判となる

明治45〜大正元年（1912） 壬子（みずのえ・ね）

1・16	日本初の南極探検隊（隊長・白瀬矗）が南緯80度5分に到達
2・12	**清朝滅亡**（宣統帝・愛親覚羅溥儀退位）
2・13	**中華民国成立**（孫文、臨時大統領を辞任し、袁世凱が大総統に就任）
3・29	呉の海軍工廠でストライキ（4・1には1万人の大ストライキに発展）
4・15	**豪華客船タイタニック号沈没**（北大西洋で氷山に衝突し沈没、死者1513人）
4・29	北海道夕張炭坑ガス爆発（死者276人、12・23にもガス爆発）
7・1	米価が暴騰し、堂島米市場が立ち会い停止となる
7・8	**第3回日露協約調印**（日本の特殊権益地域を内蒙古まで拡大）
7・30	**明治天皇崩御**（享年59、皇太子嘉仁親王が践祚し「**大正**」と改元）
8・1	鈴木文治ら労働団体・**友愛会**を結成
9・13	**明治天皇の大喪**（乃木希典夫妻殉死、恩赦令・大赦令公布）
9・23	大型台風が東日本を縦断（死者150人以上）
10・9	コレラ流行（東京市、各戸へ「コレラ予防の心得」を配布）
12・5	陸軍増強案が閣議で否決され陸軍大臣上原勇作辞任（西園寺内閣瓦解）
12・19	東京で第1回憲政擁護連合大会開催（**閥族打破憲政擁護**）

政　治	内閣総理大臣・西園寺公望②（立憲政友会）／桂太郎③（陸軍）
ことば	ジゴマ（怪盗ジゴマの活劇映画が、治安を乱すとして上映禁止）
事　件	山県有朋暗殺未遂事件（第一次護憲運動下で起きた陸軍首脳へのテロ）
出　版	憲法講和（美濃部達吉）、千曲川のスケッチ（島崎藤村）
映　画	乃木大将の生涯、忠臣蔵、金色夜叉、火の玉小僧［洋］あゝ無情
流行歌	広瀬中佐、橘中佐、奈良丸くずし、茶摘、汽車、村祭、春の小川、村の鍛冶屋
スポーツ	第5回オリンピック・ストックホルム大会（日本初参加）、新潟県高田で日本初のスキー競技会開催
流　行	ショール（短いショールが人気）、大正（「大正」のつく言葉が氾濫）
風　俗	初のバー「神谷バー」誕生（浅草のみかはや銘酒店が店内をバーに改造）
流行語	大正（『易経』の「大亨以正天之道也」から）、諒闇不景気（諒闇は天皇の喪中の意）、ジゴマ、大和雪原、済生会（貧民済世の勅語から）、御大葬、閥族打倒
新商品	大阪・天王寺の内国勧業博覧会の跡地に「通天閣」と「新世界」が開業
物　価	白米10kg（1円78銭）、もりそば（3銭）、天丼（15銭）、牛乳（1本・4銭）、砂糖（1kg34銭）、タクシー（1哩・60銭）
その他	内地人口5252万人、東京市人口201万人、外地人口1778万人と発表

◆この年大火災頻発（1・16大阪大火、3・21東京須崎遊郭大火、4・22松本大火）

| | 歳 | | 歳 | | 歳 |

◆沈没したタイタニック号に乗っていた細野鉄道院副参事が、九死に一生を得て帰国

大正 2 年 (1913) 癸丑 (みずのと・うし)

1・26	生駒トンネル崩壊事故 (作業員153人が生埋め、死者19人)
2・6	福岡県二瀬炭坑ガス爆発事故 (103人死亡)
2・10	**日比谷暴動、新聞社焼き討ち事件** (護憲派の民衆が議会を包囲し暴徒化)
2・11	**大正政変** (憲政擁護運動が激烈を極め、桂内閣総辞職)
2・20	東京神田大火 (焼失戸数2100戸、重軽傷者168人、これを機に古書店街形成)
5・2	カリフォルニア州議会、排日土地法案を可決 (12年度の渡米日本人は8589人)
7・12	**中国で第2革命始まる** (江西省で李烈鈞が袁世凱からの独立を宣言)
7・12	京大澤柳事件 (澤柳政太郎総長が学内刷新を目指し7教授に辞職要求)
8・4	中国第2次革命失敗 (広東独立に失敗し、孫文ら日本に亡命)
9・1	**南京事件** (袁世凱軍が南京占領。占領時に在留日本人が殺害される)
10・6	**日・英13か国が中華民国政府を承認** (袁世凱、中華民国大総統に就任)
10・17	北陸本線東岩瀬駅で列車が衝突 (24人が死亡)
12・8	東北・北海道、記録的凶作 (東北地方に600万円の融資が決定)
12・20	**台湾縦貫鉄道完成** (基隆－高雄)

政　治	内閣総理大臣・桂太郎③ (陸軍) /山本権兵衛① (海軍)
ことば	もしもし (警視庁が、警察官の態度を丁寧にするよう訓示。「おいこら」という言葉づかいを改めて、必ず「もしもし」と言うように注意した)
事　件	木曾駒ヶ岳で中箕輪村の小学校校長と生徒ら11人が遭難凍死 (聖職の碑)
出　版	阿部一族 (森鴎外)、大菩薩峠① (中里介山)、銀の匙 (中勘助)、赤光 (斎藤茂吉)
映　画	里見八犬伝、岩見重太郎一代記、大石内蔵助一代記
流行歌	どんどん節、赤いサラファン、早春賦、鯉のぼり、海、城ヶ島の雨
スポーツ	東京相撲と大阪相撲が合併 (26年ぶりに和解)、第一回東洋オリンピック
流　行	女優髷 (帝国劇場の女優が前髪を七三に分けていたことから流行)、ピアノ
風　俗	警視庁、東京の公娼・私娼の数を発表 (公娼3万900人、私娼4000人、うち花柳病 (性病) 罹患者数は公娼で4%、私娼で24%)
流行語	写真結婚 (海外移民の男性と日本の花嫁)、サンジカリズム (急進的労働組合主義)、ビリケン行為・ビリケン髪 (ビリケン人形から派生したマイナスイメージ)
新商品	森永ミルクキャラメル、ローレル (国産第1号の腕時計)
物　価	天丼 (18銭)、大福 (1銭)、牛肉 (100g9銭)、コーヒー (5銭)、キャラメル (20銭)、電話加入料 (15円) *加入料は債権より利率がいいため加入者が殺到
その他	陸軍省、全国の自動車総数を462台と発表、最後の将軍徳川慶喜死亡 (享年77)

◆この年も大火災多発 (3・3沼津大火、5・4函館大火、9・19福井武生町大火、10・4新潟五泉町大火)

| | 歳 | | 歳 | | 歳 |

◆北海道・東北の大凶作で、少女の身売りが急増

大正3年(1914)　　　　　　　　　　　甲寅(きのえ・とら)

1・12	**桜島大噴火**(溶岩流で大隅半島と地続きとなる。死者行方不明58人)
1・22	**シーメンス事件**(外電から発覚し大疑獄へ発展、山本内閣総辞職へ)
2・10	内閣弾劾国民大会開催(日比谷公園から国会へ向かう群衆と軍隊が衝突)
3・15	秋田仙北大地震(死者94人、家屋全壊600余戸、半壊570余戸)
3・20	大正博覧会開催(〜7・31上野公園、初のエスカレーター設置。入場者746万人)
6・10	三菱長崎造船所立神工場で穿孔職工340人がストを実施
6・20	東京モスリン、1000人を解雇。残留職工2800人は3割減給反対争議を実施
6・28	**サラエボ事件**(オーストリアの皇太子夫妻がサラエボで暗殺される)
7・28	**第1次世界大戦勃発**(オーストリアがセルビアに宣戦布告)
8・15	パナマ運河開通(全長93km)
8・23	日本、ドイツに宣戦布告(イギリスの要請を受け参戦)
11・7	日本陸軍、青島奪取(青島鉄道、膠州鉄道を占領し青島要塞陥落)
11・29	新夕張若鍋炭坑でガス爆発(死者422人)
12・15	福岡県方城炭坑でガス爆発(死者687人、日本最大の炭鉱事故)
12・18	東京駅開業(ルネッサンス様式レンガ造り、乗降口は丸の内側のみ)

政　治	内閣総理大臣・山本権兵衛①(海軍)／大隈重信②(立憲同志会)
ことば	流行歌(ニポノホン・レコードが発売した「流行歌・松の声」から誕生)
事　件	シーメンス事件(シーメンス社東京支店カール・リヒテルが、日本海軍に対する贈賄が記載された機密書類を盗み出し恐喝事件を起こす)
出　版	こころ(夏目漱石)、道程(高村光太郎)、三太郎の日記(阿部次郎)
映　画	カチューシャ、義経千本桜、青島包囲軍［洋］ファントマ
流行歌	カチューシャの唄(ロシア演劇「復活」の劇中歌)、朧月夜、故郷、マックロ節
スポーツ	大学野球リーグが始まる(早稲田・慶応・明治の3大学)、横綱常陸山が引退(勝率8割9分2厘と圧倒的な強さを誇った)、東京将棋連盟設立
流　行	マント、大正琴(タイプ式鍵盤弦楽器)、青島色(オリーブ色)の半襟
風　俗	マックロ節の流行(北海道・東北の大凶作、桜島の噴火、シーメンス事件、内閣瓦解、世界大戦の勃発など、マックロいことが続発)
流行語	カチューシャの唄、マックロケノケ、若い燕(年下の若い愛人男性)
新商品	エスカレーター(大正博覧会で初登場)、10銭文庫(アカギ叢書)
物　価	食パン(1斤12銭)、ビール(大1本・22銭)、赤帽(5銭)、理髪料(20銭)
その他	読売新聞に「身上相談」欄の掲載が始まる

◆この年火山の噴火が相次ぐ(1月の桜島に続き、5・16三原山噴火、5・19浅間山大噴火)

| | 歳 | | 歳 | | 歳 |

◆宝塚少女歌劇団が初公演(有馬電鉄の小林一三が発案した日本初の少女歌劇団で、第1回公演は桃太郎をベースにした「ドンブラコ」)

大正4年(1915) 乙卯（きのと・う）

1・18	**中国に21か条の要求**（軍閥・大衆の反日運動起こる）
1・25	米価調整令公布（政府が直接米を買入れて交換・売渡しを行う）
2・25	上海・漢口・広東で日貨排斥運動
3・19	尼崎硝子摂津工場のガラス工750人、労働強化・賃下げ反対のストを実施
3・25	第12回衆議院議員選挙（立憲同志会が153議席獲得、第1党となる）
3・30	気仙沼大火（1100戸焼失）
4・12	山口県宇部海底炭坑に海水浸水（死者234人）
5・9	袁世凱政府、21ヶ条要求を受諾（中国では**国辱記念日**となる）
6・6	上高地の焼岳爆発（溶岩流が梓川をせき止め「大正池」が出現）
7・6	台湾の台南で抗日武装蜂起（西来庵事件、死刑903人）
8・—	朝鮮各地で独立運動相次ぐ
11・3	山下汽船「靖国丸」が地中海でドイツ軍潜水艦に撃沈される
11・10	**大正天皇の即位の大礼**（京都御所、故新島襄らキリスト教徒に初の叙勲）
11・30	東京株式市場大暴騰（大戦の影響で、輸出が急増し、好景気となる）

政　治	内閣総理大臣・大隈重信②（立憲同志会）
ことば	21か条の要求（山東省などでの独利権の譲渡、南満州などでの権益拡大など）
事　件	猟奇的殺人事件が多発（柳島四人殺し事件・箕面母殺し事件・鈴ケ森おはる殺人事件・尼僧専門強盗強姦殺人魔逮捕）
出　版	道草（夏目漱石）、山椒大夫（森鴎外）、羅生門（芥川龍之介）、あらくれ（徳田秋声）、項羽と劉邦（長与善郎）、社会的個人主義（大杉栄）
映　画	カチューシャ続編、続々編、神出鬼没［洋］国民の創世
流行歌	恋はやさし、ベアトリ姉ちゃん、ゴンドラの唄、ホットイテ節
スポーツ	第1回全国中等学校優勝野球大会開催（大阪豊中グランド、優勝・京都二中）
流　行	割烹着（雑誌「婦人之友」が家庭用仕事着として考案）、ブルマー
風　俗	帝劇洋劇部の「ボッカチオ」が人気を博し、劇中歌「恋はやさし」、「ベアトリ姉ちゃん」が大流行
流行語	亀の子たわし、宙返り（曲芸飛行）、奉祝、大戦景気、銀ブラ
新商品	スクリューペンシル（シャープペンシルの原型）、亀の子たわし、吸出し青膏（たこの吸出し）、邦文タイプライター
物　価	砂糖（1kg38銭）、塩（1kg4銭8厘）、焼酎（1升46銭）、朝日新聞（月ぎめ50銭）
その他	三浦環、ロンドンで「蝶々夫人」のプリマドンナとして出演

◆ 猪苗代湖水力発電所竣工（猪苗代湖と日橋川の落差を利用）

| | 歳 | | 歳 | | 歳 |

◆イギリスに遠慮する日本政府に国外退去を命じられたインド革命の志士ボースを新宿・中村屋の相馬愛蔵がかくまう

大正 5 年（1916） 丙辰（ひのえ・たつ）

- 1・12 **大隈重信暗殺未遂**（大陸浪人らが、袁世凱排撃を主張し首相に爆弾を投げる）
- 1・－ 吉野作造、「中央公論」で**民本主義論**を展開（**大正デモクラシーを指導**）
- 2・2 大阪商船大仁丸が英国の臨安号と香港沖で衝突し沈没（137人死亡）
- 3・14 東京で電車賃上げ反対市民大会開催
- 4・1 九州汽船若津丸、五島沖で沈没（112人死亡）
- 6・6 袁世凱没（中華民国大総統に黎元洪が就任、日本政府は新政府支持に方針転換）
- 7・3 第4回日露協約調印（中国での特権を確認）
- 8・2 函館大火（1330戸焼失）
- 8・13 鄭家屯事件（鄭家屯で駐在中の日本軍と奉天軍が衝突、満蒙独立運動の余波）
- 8・15 横浜船渠職工1200人、職工長排斥・賃上げ・解雇取消を要求してスト
- 10・10 憲政会結成（立憲同志会、公友倶楽部、中正会が合同、反寺内内閣）
- 11・3 裕仁親王（後の昭和天皇）の立太子礼が行われる
- 11・29 東北本線タブレット事件（下田－古間木間で臨時列車と貨物列車が衝突、入営兵36人が死亡、重軽傷133人）
- 12・3 福岡県若松で蛭子祭の参詣客を乗せた渡海船が沈没（130人死亡）

政　治	内閣総理大臣・大隈重信②（立憲同志会）／寺内正毅（陸軍・朝鮮総督）
ことば	非立憲内閣（寺内内閣のこと。寺内首相の頭がビリケン人形のように尖っていたことと、手法が立憲主義に反することから）
事　件	日陰茶屋事件（思想家の大杉栄が葉山市の日陰茶屋で愛人の神近市子に刺される。原因は、大杉が伊藤野枝に心を移したことによる怨恨）
出　版	高瀬舟（森鴎外）、腕くらべ（永井荷風）＊夏目漱石死去（享年50）
映　画	柳生十兵衛、太閤秀吉一代記、うき世　[洋] イントレランス
流行歌	電車、青島節、新磯節、サンタルチア
スポーツ	第6回オリンピック・ベルリン大会中止（第1次世界大戦のため）、大相撲横綱太刀山、小結栃木山に敗れ56連勝でストップ
流　行	金紗のお召（服装が派手になる）、雨用コウモリ傘、闘犬（禁止となる）
風　俗	警察犬の初出動（下谷御徒町で起こった強盗事件で犯人検挙に貢献）
流行語	銀ブラ、ナッチョラン（青島節の囃子詞）、民本主義（デモクラシーの訳語）
新商品	エバー・レディ・シャープペンシル（スクリューペンシルを極細芯タイプに改良）
物　価	白米10kg（1円20銭）、天丼（20銭）、カステラ（1箱40銭）
その他	アドバルーン（福助足袋が宣伝に阪神鳴尾などであげた）

◆陸軍の飛行船「雄飛号」、所沢－豊橋－大阪を初飛行成功

| | 歳 | | 歳 | | 歳 |

◆軍や大陸浪人が画策した満蒙独立運動は、大隈内閣の対中国政策の失敗により、奔弄させられた

大正6年(1917)　　　丁巳(ひのと・み)

1・14	巡洋戦艦「筑波」が横須賀港で火薬庫爆発を起こし沈没(死者150余人)
3・12	**ロシア3月革命**(ボルシェビキが首都ペトログラードを占拠)
3・15	**ロシア・ロマノフ王朝滅亡**(ニコライ2世退位、臨時政府樹立)
4・6	米国、ドイツに宣戦布告し大戦に参戦(独の無制限潜水艦作戦に対し)
5・1	社会主義者らが山崎今朝弥宅でメーデー集会開催(ロシア革命支持を決議)
5・22	米沢大火(焼失2850戸)
6・11	駆逐艦「榊」、地中海でドイツ潜水艦と交戦(艦長以下59人が戦死)
7・31	関東都督府官制改正(満鉄を統裁下に置く)
9・30	東日本を中心に大暴風雨(死者行方不明1300人、全半壊流失家屋4万3874戸。東海道線が4日間不通)
9・―	金銀輸出禁止(金本位制が停止)
11・2	**石井・ランシング協定調印**(満州における日本の権益を米国が承認)
11・7	**ロシア11月革命**(ボルシェビキが武装蜂起し、**ソビエト政権**を樹立)
12・21	福岡県桐野炭坑でガス爆発(死者361人)

政　治	内閣総理大臣・寺内正毅(陸軍)
ことば	今日は帝劇、明日は三越(三越の宣伝文、日本の中産階級の勃興期を象徴)
事　件	伯爵令嬢心中事件(枢密院副議長芳川顕正の4女鎌子が、お抱え運転手と千葉駅近くで飛び込み心中、鎌子のみ助かる)
出　版	明暗(夏目漱石)、貧乏物語(河上肇)、父帰る(菊池寛)、カインの末裔(有島武郎)、城の崎にて(志賀直哉)、月に吠える(萩原朔太郎)
映　画	大尉の娘、毒草　[洋]クレオパトラ ＊尾上松之助、目玉の松ちゃん大人気
流行歌	コロッケの唄、さすらひの唄、こんど生まれたなら、安来節
スポーツ	初の駅伝競走(京都・三条大橋から東京・不忍池間23区間の508kmを3日間で走る東海道五十三次駅伝徒歩競走)、大相撲・国技館焼失
流　行	主婦之友(生活に密着した豊富な実用記事で主婦の心をつかんで大ヒット)
風　俗	警視庁が活動写真取締規則を発令し、客席を男女別に規制
流行語	中産階級(ブルジョアジの訳語)、過激派(ボルシェビキのこと)、駅伝競走
新商品	フィンガーチョコ、育児粉乳、室内温水プール(東京YMCA)
物　価	もりそば(4銭)、カレーライス(7～10銭)、封書(3銭)、ハガキ(1銭5厘)、銭湯(4銭)、雑誌主婦之友(15銭)、煎茶(100g・13銭3厘)
その他	沖縄県第一中学校で方言札が使用される

◆各地で賃上げストライキ多発(3・15室蘭日本製鋼所、6・19三菱長崎造船所、7・28佐賀県三菱芳谷炭坑他)

| | 歳 | | 歳 | | 歳 |

◆沢田正二郎ら新国劇を結成したが、第一回公演に失敗

大正 7 年（1918） 戊午（つちのえ・うま）

1・11	東北・北陸地方に豪雪（死者167人）
2・21	浦賀船渠職工5300人が3割賃上げ要求ストを実施
4・5	日英両国の陸戦隊がウラジオストクに上陸
4・-	外米輸入令・外米管理令を公布（外米を政府が積極的に買入れ安価で販売）
5・6	農商務省、米穀買い占め・売り惜しみの商人に戒告
7・12	徳山湾停泊中の戦艦「河内」が爆発沈没（645人が死傷）
7・31	米価暴騰により、すべての取引所の立会を中止
8・3	**シベリア出兵**の動員令が下る（1万2千人を動員）
8・3	**米騒動**起こる（以後、全国に波及し、大事件と化し、寺内内閣瓦解）
8・25	第2回関西記者大会（米騒動報道に対する言論弾圧に抗議）
11・11	**第一次大戦終結**（ドイツ革命新政権が休戦協定に調印）
11・16	米国、日本のシベリア出兵の兵力数やシベリア鉄道占拠に抗議
12・2	日・米・英・仏・伊の5カ国、中国の軍閥政府と革命政権に和平統一を勧告
12・6	大学令公布・高等学校令公布

政　治	内閣総理大臣・寺内正毅（陸軍）／原敬（立憲政友会）
ことば	新しき村（武者小路実篤が仲間19人と宮崎県木城村に「新しき村」を建設）
事　件	米騒動（米価高騰で、富山県で漁師の妻らが米屋などに押し掛けたのが発端。以後全国で推定100万人が加わる大騒乱となり、延べ10万人の軍隊が出動）
出　版	漱石全集全13巻（夏目漱石）、生まれ出づる悩み（有島武郎）
映　画	生の輝き、生きる屍、続金色夜叉、乃木将軍　［洋］犬の生活、担え銃
流行歌	浜辺の歌、新金色夜叉、宵待草、ノンキ節、新深川節、ディアボロの唄
スポーツ	第4回全国中等学校優勝野球大会（米騒動のため中止）
流　行	スペイン風邪大流行（患者150万人のうち15万人が死亡。島村抱月急逝）
風　俗	平民食堂（生活困窮者のため社会政策実行団が、東京に開設した簡易食堂）
流行語	買い占め、人類の敵（買い占め商店）、白光日を貫く（第2回関西記者大会の報道で使用され発禁となる）、赤バイ、ペラゴロ（浅草オペラの女優の熱狂的ファン）
新商品	パイロット万年筆、森永ミルクチョコレート、こんぶ茶、ケーブルカー（日本初、奈良県・生駒鋼索鉄道）、軟式野球ボール、公設市場（大阪市）
物　価	豆腐（2銭）、牛肉（100g14銭）、牛乳（1本6銭）、煎茶（100g16銭6厘）、森永ミルクチョコレート（15銭）、映画館入場料（20銭）、教員初任給（15円）
その他	徳島捕虜収容所で独兵がベートーベン交響曲第9番を演奏（日本での初演）

◆第一次大戦の終結により、諸物価・株価暴落

| | 歳 | | 歳 | | 歳 |

◆ 世界的オペラ歌手の三浦環が、ニューヨークのメトロポリタン・オペラ・ハウスで「蝶々夫人」を演じ大好評

大正 8 年（1919）　　　　　己未（つちのと・ひつじ）

1・18	**パリ講和会議開催**（第一次大戦の戦後処理、日本要求の山東省問題は難行）
3・1	**三・一独立運動**（ソウルで朝鮮民衆が独立宣言、**独立万歳**の大デモ行進を実施）
4・30	パリ講和会議で中国山東省のドイツ利権に関する日本の要求が承認される
5・4	中国で**五・四運動**が起こる（以後、全土に波及）
5・19	米沢大火（中心部1071戸を焼失、1917年の大火から復興したばかりだった）
5・23	改正選挙法公布（有権者納税資格を3円に下げ、小選挙区制採用）
6・28	**ベルサイユ講和条約調印**（北京政府は調印を拒否）
7・19	満洲の寛城子で日中両軍が衝突（寛城子事件）
8・15	九州で暴風雨（海軍輸送船志自岐丸、種子島平山沖で沈没、111人死亡）
8・30	友愛会、創立7周年大会で、**大日本労働総同盟友愛会**と改称
9・2	朝鮮総督暗殺未遂事件（独立運動派・姜守圭が、斉藤実朝鮮総督に爆弾）
10・―	孫文らが中国国民党を創立
12・25	憲政会大会が内閣弾劾と普通選挙の実施を決議

政　治	内閣総理大臣・原敬（立憲政友会）
ことば	関東軍（関東軍司令部条例が公布され、関東軍が設置される。当初は独立守備隊6個大隊と内地から2年交代で派遣される駐割1個師団の編成だった）
事　件	五・四運動（パリ講和会議に抗議して、北京の学生3000余人が「21ヶ条要求の撤廃」「講和条約調印拒否」等を掲げて、列国公使館へデモ行進）
出　版	恩讐の彼方に（菊池寛）、蔵の中（宇野浩二）、田園の憂鬱（佐藤春夫）
映　画	哀の曲、新橋情話　［洋］戦争と平和、カリガリ博士
流行歌	東京節、デモクラシー節、金魚の昼寝、お山のお猿、かなりや、雨、靴が鳴る
スポーツ	第2回全国フットボール大会・中学の部（前年、初大会が大阪・豊中で開催）
流　行	デモクラシー（大学教授はデモクラシーさえ講義しておけば飯になったことを風刺してデモクラシー節が大流行）、絞り染め
風　俗	労働争議が頻発（神戸川崎造船所の争議で初めて採用されたサボが流行する）
流行語	「サボ」「サボる」（フランス語のサボタージュから）、青バス、改造（雑誌改造から）、パイノパイ（東京節の囃子詞）、俸給生活者（サラリーマンのこと）
新商品	カルピス（キャッチコピーは初恋の味）、コカコーラ（輸入販売）
物　価	白米10kg（3円86銭）、豆腐（4銭）、もりそば（7銭）、天丼（25銭）、自転車（45〜60円）、煎茶（100g23銭3厘）
その他	山手線「のノ字」運転開始（中央線の東京駅乗り入れによる）

◆横浜で大火（4・28 横浜市千歳町から出火、3966戸、約30万平方メートルを焼失）

	歳		歳		歳

◆ 全国統一の取締令公布（最高速度 24km）

大正9年（1920）　　　　　　　　庚申（かのえ・さる）

1・10	国際連盟成立（日本は常任理事国）
2・5	八幡製鉄所の職工が賃上げを要求してストライキ
2・6	大学令により、慶応・早稲田に大学設立認可（4・15、明治・法政・中央・日本・国學院・同志社も認可）
2・10	普通選挙大示威行進（上野公園・芝公園などで数万人が集会、尾崎行雄らが普通選挙の要求演説をし、日比谷公園に向かってデモ行進）
3・15	**戦後恐慌起る**（株式、米、綿糸、生糸各市場、未曾有の大暴落）
3・28	新婦人協会（平塚雷鳥、市川房枝、奥むめお）結成、婦人参政権を要求
5・2	日本最初のメーデー（東京の上野公園で日本最初のメーデー集会が開かれ、友愛会・信友会（印刷工組合）など15団体1万余人が参加した）
6・14	夕張炭鉱で爆発（北海道・夕張炭坑で大爆発事故、死者209人）
10・1	**第一回国勢調査実施**（内地人口5596万3053人、外地人口2102万5326人）
10・3	東京・原宿に明治神宮創設

政　治	内閣総理大臣・原敬（立憲政友会）
ことば	溶鉱炉の火は消えたり（官営八幡製鉄所の大争議で）
事　件	明治神宮竣工鎮座祭に50万人がつめかけ、死傷者38人
出　版	惜みなく愛は奪う（有島武郎）、死線を越えて（賀川豊彦）、資本論（マルクス）＊菊池寛「真珠夫人」連載開始（通俗小説流行のきっかけとなる）
映　画	一条大蔵卿、新生、光に立つ女、白菊物語、島の女〔洋〕キッド、青い鳥
流行歌	ゴンドラの歌、あわて床屋、叱られて、十五夜お月さん、お山の大将、赤い鳥小鳥、安来節（島根県民謡）、八木節（群馬県民謡）
スポーツ	第1回箱根駅伝開催。第7回オリンピック・アントワープ大会開催（「より速く、より高く、より強く」の標語がかかげられ、五輪旗が初めて採用された）
流　行	毛皮のコート・ゴム靴
風　俗	伝書鳩の飼育盛ん、催眠術人気
流行語	職業婦人、お手伝い（雑誌「婦人之友」が「女中」に変わる新用語を募集）、投げ売り（百貨店が軒並み「投げ売り」の看板と広告を出し、流行語になった）
新商品	メンソレータム、ドライミルク、カルケット、津田式ポンプ
物　価	もりそば（8銭）、たばこ・ゴールデンバット（7銭）、理髪料（30銭）
その他	日本初のバスガール（東京市街自動車会社が車掌として採用）、小学校教員の初任給（45円、以下教員とする）

◆明治神宮の杜は、人工的に作り出された森で、内苑には全国からの献木10万本が植えられている

| | 歳 | | 歳 | | 歳 |

◆ 東京・蒲田に、松竹蒲田撮影所が完成

大正10年(1921) 辛酉(かのと・とり)

2・10	宮中某重大事件(皇太子裕仁妃決定をめぐる粉飾事件。背後に薩長の権力抗争)
3・14	**足尾銅山大争議起こる**(4・18に解決)
4・―	官立大学・高校の入学が9月から4月へ変更
4・6	浅草で大火(焼失家屋1227戸)
4・11	度量衡法改正(従来の尺貫法からメートル法に統一)
6・24	東京博物館(現・国立科学博物館)設立
7・11	神戸三菱、川崎造船所両争議団35000人デモ
9・28	安田善治郎(安田財閥総帥)が暗殺される
10・31	東京・歌舞伎座全焼
11・4	**原敬首相暗殺**(東京駅頭で19歳の青年に刺殺される)
11・12	**ワシントン会議**(第一次大戦の処理問題)
11・25	皇太子裕仁、摂政に就任

政　治	内閣総理大臣・原敬(立憲政友会)/高橋是清(立憲政友会)
ことば	首相の政策は、寛大にして世界平和のための努力を惜しまなかった(原敬暗殺に際し、ワシントンポスト紙)
事　件	柳原白蓮の不倫事件(大正天皇の従妹で女流歌人の白蓮が、夫に絶縁状を送って、年下の恋人・宮崎竜介のもとに走った)
出　版	あらたま(斎藤茂吉)、愛すればこそ(谷崎潤一郎)、善の研究〈再刊〉(西田幾多郎)、赤い蝋燭と人魚(小川未明)
映　画	虞美人草、路上の霊魂、酒中日記、蛇性の婬、豪傑児雷也 〔洋〕カリガリ博士、サロメ、カラマゾフの兄弟　＊栗島すみ子「虞美人草」で映画デビュー
流行歌	船頭小唄、めえめえ児山羊、てるてる坊主、七つの子、揺籃のうた、どんぐりころころ、夕日、雀の学校、赤い靴、青い眼の人形
スポーツ	アルプスのアイガー東山稜から初登頂に成功(槙有恒とガイド3人)、テニスのデビスカップで初の決勝進出(熊谷一弥、清水善造)
流　行	かすりの夏衣・日傘、帽子のつばが広くなり、洋服が装飾的になる
風　俗	東京の亀戸と玉の井に私娼窟が出現
流行語	軍縮、二枚舌、一蓮托生、暖簾の問屋、プロレタリア、恋愛の自由
新商品	カルミン、キスチョコ、花らっきょう
物　価	豆腐(5銭)、天丼(40銭)、たいやき(1銭)
その他	浅草にマルベル堂開店(ブロマイド第1号・栗島すみ子)

◆東京の銀座通りの柳が銀杏に植え替えられ、歩道の赤煉瓦が木煉瓦になる

| | 歳 | | 歳 | | 歳 |

◆靖国神社に高さ21mの大鳥居が竣工する

大正11年(1922)　　　　　　　壬戌(みずのえ・いぬ)

1・4	東京中央郵便局から出火、全焼
2・3	北陸線親不知トンネル付近で雪崩のため列車3輛が粉砕(死傷者130余人)
2・6	**ワシントン軍縮会議閉会**(海軍軍縮条約で、1万トン以上の主力艦は、米・英が5に対し、日が3、仏・伊が1.67の割合で制限された)
3・3	全国水平社(被差別部落の解放運動組織)の創立大会が京都で開催
3・11	日本初の航空旅客輸送に成功
4・9	日本農民組合創立
4・12	英皇太子来日
4・16	帝国ホテル全焼(焼死者1名、負傷者23名、焼失延床面積1800坪)
7・15	**日本共産党非合法下に結成**
9・30	日本労働組合総連合結成大会
10・25	シベリア出兵の日本軍撤退完了(北樺太を除く)
11・17	アインシュタイン来日(相対性理論ブーム)
12・30	ソビエト社会主義共和国連邦成立

政　治	内閣総理大臣・高橋是清(立憲政友会)/加藤友三郎(海軍)
ことば	人の世に熱あれ、人間に光あれ(全国水平社宣言より)
事　件	有島武郎、北海道・樺太に所有する農地400町歩を小作人に無償で開放
出　版	藪の中(芥川龍之介)、人間万歳(武者小路実篤)、共産党宣言(マルクス、エンゲルス)、園遊会(マンスフィールド)、ユリシーズ(ジェイムズ・ジョイス) ＊雑誌の創刊が続き、週刊誌時代到来。また童話雑誌の創刊も盛ん
映　画	母いづこ、祇園夜話、清水次郎長、地獄船、青春の罰 〔洋〕極北の快異
流行歌	聞け万国の労働者(第3回メーデーでメーデーの歌として初めて歌われた)、籠の鳥、馬賊の唄、ピエロの唄、流浪の旅、黄金虫、砂山、しゃぼん玉
スポーツ	第8回全国中等学校野球大会で和歌山中が大会史上初の連続優勝
流　行	毛糸の刺繍、耳隠しの髪形、オールバック
風　俗	料理の講習会・ダンス人気、郷土玩具収集ブーム
流行語	プラチナ、赤化、恋愛の自由、相対性
新商品	グリコ(グリコのシンボルマーク完成)、金鳥かやいらず、アイシャドー
物　価	白米10kg(3円04銭)、豆腐(5銭)、蚊取り線香(20銭)、週刊誌(10銭)
その他	銀座の資生堂がコールドクリームを発売

◆ 上野で開かれた平和記念博覧会で、マネキンガールが初登場

| | 歳 | | 歳 | | 歳 |

◆大隈重信、森鷗外死去

大正12年（1923） 癸亥（みずのと・い）

2・20	丸ビル完成（東京駅前に丸の内ビルヂング、通称丸ビルが完成）
3・21	軍縮のため東京・大阪の砲兵工廠の職工5000人が解雇
6・5	第一次共産党事件（警視庁、堺利彦、山川均、徳田球一ら150人を逮捕）
9・1	**関東大震災**（M7.9、死者9万1000人、行方不明者4万3400人、全壊焼失家屋46万戸）
9・2	朝鮮人虐殺事件（デマによる無差別殺人で約6000余人が虐殺された）
9・23	浅草十二階消滅（関東大震災で8階から折れた「浅草十二階」を爆破処理）
9・16	甘粕事件（大杉栄、伊藤野枝らが憲兵大尉・甘粕正彦に扼殺される）
12・1	魚河岸、築地に移転（東京の魚河岸が日本橋から築地の海軍兵学校跡地に移転）
12・27	**虎ノ門事件**（難波大助が虎ノ門跡で摂政裕仁（昭和天皇）の車を狙撃）

政　治	内閣総理大臣・加藤友三郎（海軍）／山本権兵衛②（海軍）
ことば	震災前、この際だから（関東大震災直後にはやった言葉）
事　件	軽井沢心中（軽井沢の別荘で小説家有島武郎が、「婦人公論」の記者で人妻の波多野秋子と心中）
出　版	憲法撮要（美濃部達吉）、日本改造法案大綱（北一輝）、二銭銅貨（江戸川乱歩）、青猫（萩原朔太郎）、日輪（横光利一）、山椒魚（井伏鱒二）、正ちゃんの冒険（樺島勝一）　＊「文藝春秋」創刊。「婦人倶楽部」が「別冊付録」として初の単行本形式の付録を付ける
映　画	船頭小唄、女と海賊、大震災実写、愛によみがへる日、鮮血の手形、修善寺物語〔洋〕十誡、ホーム・スイート・ホーム
流行歌	船頭小唄、復興節、春よ来い、足柄山、月の砂漠、どこかで春が、肩たたき、背くらべ、夕焼小焼、おもちゃのマーチ、籠の鳥、花嫁人形
スポーツ	大相撲・三河島事件（幕内力士の待遇改善を求め幕内力士がストライキ）
流　行	耳かくし（女性の髪型）
風　俗	関東大震災直後にあんみつ・やきとり・釜めしなどが出現した
流行語	市民、デモクラシー、丸ビル、ジリ貧、流言蜚語、のんきな父さん
新商品	セメダインA、マリー、カレー粉、タイガー魔法瓶、電熱アイロン
物　価	白米10kg（3円40銭）、コーヒー（10銭）、学生服（40銭）、大卒初任給（65〜75円）
その他	報知新聞で「のんきな父さん」（麻生豊）の連載漫画が始まる

◆ 丸ビル内に山野千枝子が「丸の内美容院」を開設（美容院呼称の始まり）

| | 歳 | | 歳 | | 歳 |

◆ 東京・お茶の水に「文化アパートメント」が完成する

大正 13 年（1924） 甲子（きのえ・ね）

1・5	二重橋事件（宮城の二重橋で、朝鮮人の金祉燮が独立を求めて爆弾を投げる）
1・20	**中国で第1次国共合作**（孫文率いる国民党が「連ソ・容共・労農援助」の新政策）
1・26	皇太子結婚（成婚記念に上野公園と動物園が宮内省から東京市へ下賜）
4・―	円タク登場（大阪に市内1円均一タクシーが登場）
5・10	護憲3派（政友会・憲政会・革新倶楽部）連立の加藤高明内閣が誕生
6・13	築地小劇場開場（小山内薫、土方与志ら）
7・1	メートル法実施
7・22	毎日新聞社が日本一周飛行に成功
10・25	明治神宮外苑競技場（現・国立競技場）が竣工
12・13	**婦人参政権獲得期成同盟会結成**（市川房枝ら）

政　治	内閣総理大臣・山本権兵衛（海軍）／清浦奎吾（貴族院）／加藤高明①（政友会・憲政会・革新倶楽部連立）
ことば	行方不明（束髪の一種で、まげを内側に巻き込んで見えないようにしたもの。関東大震災で多数の行方不明者が出たことをもじってつけられた）
事　件	ロダンの彫刻「接吻」問題（仏蘭西現代美術展で、撤回には及ばぬが特別室扱いにするようにとの通達が警視庁から出された。フランス大使館は外務省に厳重に抗議した）
出　版	注文の多い料理店（宮沢賢治）、半七捕物帳（岡本綺堂）、成吉思汗ハ義経也、痴人の愛（谷崎潤一郎）、特殊部落一千年史（高橋貞樹）
映　画	籠の鳥、国定忠治、鮮血の手形、清作の妻、のんきなトウサン（漫画映画）〔洋〕幌馬車、結婚哲学、巴里の女性、過去から呼声
流行歌	籠の鳥、ストトン節、月は無情、越中おわら節、あの町この町、兎のダンス
スポーツ	第1回冬季オリンピック・シャモニー大会（日本は不参加）、第8回オリンピック・パリ大会開催（レスリングで、内藤克俊が銅メダルを獲得）、西宮市に東洋一を誇る甲子園球場完成
流　行	アッパッパ（夏に婦人が着る、だぶだぶの簡単服）、行方不明（髪型）、正ちゃん帽
風　俗	麻雀流行
流行語	アッパッパ、円タク、対子（といつ、昵懇な男女のこと）、文化生活
新商品	日清サラダ油、強力フマキラー液、改源
物　価	サイダー（23銭）、缶詰（26銭5厘）
その他	嵐寛十郎・板東妻三郎・片岡知恵蔵などのチャンバラ映画が人気を呼ぶ

◆ 東京に腸チフス流行

| | 歳 | | 歳 | | 歳 |

◆ 東京にバスガール登場

大正 14 年（1925） 乙丑（きのと・うし）

1・20	日ソ基本条約調印（国交回復なる）
3・18	東京・日暮里で大火（焼失2100戸）
3・29	**普通選挙法成立**（25歳以上の男子すべてに選挙権が与えられた）5月5日公布
4・22	**治安維持法公布**（普通選挙法の成立と抱き合わせに成立）5月12日施行
5・26	兵庫県北部の但馬地方で大地震（死者行方不明420人、全壊・喪失3516戸）
5・30	**五・三〇事件**（上海の日本紡績工場のスト弾圧に反対デモ）
9・18	帝国議会議事堂（国会議事堂）全焼
10・1	第2回国勢調査実施（内地人口5973万人）
11・1	東京・山手線、環状運転開始
12・1	農民労働党結成（浅沼稲次郎ら）

政　治	内閣総理大臣・加藤高明①（政友会・憲政会・革新倶楽部連立）／加藤高明②（政友会・憲政会・革新倶楽部連立）
ことば	国政は舟の如く、一票は櫂の如し（総選挙の標語）
事　件	モダンガール殺人未遂事件（高級売春婦とイタリア人男性とのピストル事件）
出　版	女工哀史（細井和喜蔵）、檸檬（梶井基次郎）、帝国主義論（レーニン） ＊大衆誌「キング」（講談社）創刊（77万部のヒット）
映　画	恩讐の彼方に、街の手品師、新撰組、雄呂血〔洋〕嘆きのピエロ、救いを求める人々、バクダットの盗賊、黄金狂時代、戦艦ポチョムキン
ラジオ	東京・愛宕山放送所が完成し本放送を開始。桐一葉、大尉の娘、英語講座（初の語学講座）、炭坑の中（初の本格的ラジオドラマ。BBCのラジオドラマの翻案）
流行歌	出船の港、ヨサホイ節、証城寺の狸囃子、からたちの花、雨降りお月さん、ペチカ、あめふり、俵はごろごろ
スポーツ	東京6大学野球リーグ戦開始。大日本相撲協会（現・日本相撲協会）設立
流　行	ルパシカ（ロシア男子のブラウス風の上衣）が若者に人気
風　俗	ダンスホールが盛況（東京府下に56店）
流行語	軍教（この年から中学校以上の学校に課せられた「軍事教練」の略称）、ちゃぶ台、のんとう（のんきな父さんの略）、ルパシカ、SS（女性同士の同性愛）
新商品	鉱石ラジオ、クレパス、ケロリン、明治コナミルク、キューピーマヨネーズ、フルヤミルクキャラメル
物　価	ラジオ受信機（鉱石式10円、真空管式120円）、ラジオ聴取料（月2円）
その他	初めて流れた放送は「JOAK、こちらは東京放送局であります」

◆ 東京大学に安田善次郎寄贈の講堂（安田講堂）ができる

| | 歳 | | 歳 | | 歳 |

◆「家の光」(産業組合中央会) 創刊

大正15年〜昭和元年（1926） 丙寅（ひのえ・とら）

1・20	共同印刷大争議（操業短縮反対ストに工場閉鎖・全員解雇で大紛争）
2・7	日本各地で労働組合法反対の示威運動
4・26	日本楽器、待遇改善要求で労働争議
5・24	北海道・十勝岳が噴火（死者146人）
6・10	反日万歳事件（京城で反日独立要求のデモ）
8・6	東京・向島中之郷に、同潤会がつくった初の公営鉄筋アパート138戸が完成
9・13	日本航空、初の海外定期航空便、大阪・大連間を開業
9・23	山陽線列車転覆事故（死者35人）
10・22	東京の青山練兵場跡地に明治神宮外苑が完成（起工は1919年）
12・10	沼津大火（静岡県沼津市末広町から出火。罹災者3594人、焼失家屋756戸）
12・25	**大正天皇崩御**（47歳）（皇太子裕仁親王践祚し昭和と改元）

政　治	内閣総理大臣・加藤高明②（憲政会）／若槻礼次郎（憲政会）
ことば	同志よ固く結べ（東京無産青年同盟がひろめた曲。訳詞・飯渕敬太郎）
事　件	鬼熊逃走事件（千葉県久賀村の岩渕熊次郎が恋の恨みから5人を殺傷・放火）
出　版	一寸法師（江戸川乱歩）、海に生くる人々（葉山嘉樹）、退屈読本（佐藤春夫）、恋愛創世（高群逸枝）、パスカルに於ける人間の研究（三木清）、社会の構成並に変革の過程（福本和夫）、日はまた昇る（ヘミングウェイ）
映　画	水戸黄門、足にさはった女、日輪、狂った一頁、紫頭巾 〔洋〕黄金狂時代、最後の人、海の野獣、ベン・ハー、メトロポリス
ラジオ	東京・名古屋・大阪の3局を統合し、日本放送協会（NHK）を設立
流行歌	酋長の娘、この道、同志よ固く結べ、思い出した、磯原節
スポーツ	人見絹枝、国際女子競技の走り幅跳びで個人総合優勝
流　行	モボ（オールバック）・モガ（断髪）登場、アッパッパ、ハンドバッグ
風　俗	東京・神田で全国貸座敷業連合会代表と廃娼運動の会が会見（この頃、東京市の娼妓数は、約1万5000人）
流行語	赤（共産党員やシンパのこと）、シャン（美人。ドイツ語に由来）、ラジオ（無銭飲食のこと。無線＝無銭に通じる）、立ち入り禁止、文化住宅、モダーン、福本イズム、円本、円タク、ハンドバッグ
新商品	キンカン、明治ミルクチョコレート、ボンタンアメ
物　価	はがき（1銭5厘）、白米10kg（3円20銭）、理髪料（80銭）
その他	高柳健次郎、「イ」の文字をブラウン管に映し出すことに成功

◆ 東京・目黒に杉野芳子がドレスメーカー女学院を開校

◆めんこ、ベーゴマ、小鳥の飼育（十姉妹・セキセイインコ）が流行

昭和 2 年（1927） 丁卯（ひのと・う）

1・15	常磐炭坑で爆発事故（死者908人）
2・7	大正天皇大喪（約13万人に特赦）
3・7	北丹後大地震（兵庫県北部と京都西部にM7.4の地震、死者3,589人）
3・15	東京渡辺銀行など取付け休業（**昭和恐慌始まる**）
3・24	**南京事件**（中国国民革命軍、南京の日本領事館を襲撃）
4・18	蒋介石、南京に国民政府を樹立
5・28	**第一次山東出兵**（中国・山東省の在留邦人の保護を理由に出兵を声明）
9・15	野田醤油組合員1500人が賃上要求のスト（戦前最長のスト、3年4月19日解決）
10・29	昭和銀行設立（休業銀行の業務継承）
12・30	東京の上野－浅草間に初の地下鉄開通（運賃10銭）

政　治	内閣総理大臣・若槻礼次郎（憲政会）／田中義一（陸軍）
ことば	「ぼんやりした不安」（芥川龍之介、「或る旧友へ送る手記」の中の言葉）
事　件	芥川龍之介、田端の自宅で服毒自殺（35歳）
出　版	何が彼女をさうさせたか（藤森成吉）、赤穂浪士（大仏次郎）、河童・或阿呆の一生（芥川龍之介）　＊新潮社「世界文学全集」（全57巻）刊行開始。前年刊行の現代日本文学全集（全37巻）（改造社）に続き、1冊1円の円本ブーム。岩波文庫発刊（星ひとつ20銭）
映　画	忠次旅日記（信州血笑篇）、彼をめぐる五人の女、尊皇攘夷、忠次旅日記（御用篇）、角兵衛獅子〔洋〕海の勇者、第七天国、ヴァリエテ曲芸団、カルメン
流行歌	昭和の子供、赤蜻蛉、汽車ぽっぽ、ちゃっきり節、佐渡おけさ
スポーツ	NHK甲子園の全国中等学校野球大全で初の中継ラジオ放送、第一回都市対抗野球開催（神宮球場）、日本相撲協会発足
流　行	モガ・モボ全盛、白ぐるみの赤ちゃん服人気
風　俗	ストリート・ガール登場、チャールストン流行
流行語	モボ・モガ、何が彼女をさうさせたか、どん底、大衆、青い目のお人形、イット（性的魅力のこと）、おらが大将、世界カゼ、恋の逃避行、モン・パリ
新商品	風邪薬パブロン、サイコロキャラメル、おまけ入りキャラメル
物　価	カレーライス（10銭）、食パン1斤（17銭）、牛乳1本（8銭）、理髪料（50銭）
その他	記録的寒波で流行性感冒が蔓延。白マスク、吸入器、ゴム製水枕がよく売れた

◆ 雑誌『主婦之友』に「オギノ式避妊法」が掲載され話題呼ぶ

| | 歳 | | 歳 | | 歳 |

◆三越呉服店で初のファッション・ショー（モデルは水谷八重子ら女優）

昭和 3 年（1928） 戊辰（つちのえ・たつ）

2・20	**初の普通選挙実施**（第16回総選挙）
3・15	**三・一五事件**（全国の共産党員約1500人を一斉検挙）
4・一	**第二次山東出兵**（在留邦人保護の名目で、5千の軍隊を中国・山東省に派遣）
5・3	済南事件（三東省済南で、日本軍が多数の市民を殺傷。対日感情悪化）
5・21	野口英世、アフリカのアクラ（現ガーナ共和国首都）で、黄熱病のため死亡
6・4	**張作霖爆殺事件**（関東軍参謀らが中国北方軍閥の張作霖を列車ごと爆殺）
6・29	治安維持法改正（死刑を追加）、公布施行
7・1	各県の警察に特別高等警察課（特高）を新設
8・27	パリ不戦条約に調印
10・20	大阪－東京－仙台間の航空旅客輸送開始（東京－大阪25円）
11・1	ラジオ体操の放送開始
11・10	京都御所で天皇即位の大礼

政　治	内閣総理大臣・田中義一（陸軍）
ことば	マルクス・ボーイ（社会主義かぶれの若者を嘲笑して呼んだ）
事　件	岡山毒団子事件（岡山県奥津村で、団子汁を食べた農家の一家5人が、激しい中毒症状を起こし2人が死亡、3人が重体）
出　版	英雄待望論（鶴見祐輔）、あゝ玉杯に花うけて（佐藤紅緑）、ブッソリーニ伝（沢田謙）、放浪記（林芙美子）、虚子句集（高浜虚子）、資本論入門（河上肇）、マルクス・エンゲルス全集（27巻・別巻・補巻）
映　画	浪人街、結婚二重奏、彼と東京、陸の王者、村の花嫁 〔洋〕ベン・ハー、サーカス、裁かれるジャンヌ
流行歌	出船の港、出船、波浮の湊、私の青空、君恋し、ヴォルガの舟歌
スポーツ	大相撲のラジオ実況放送はじまる。第2回冬季オリンピック・サンモリッツ大会（日本6選手初参加）、第9回オリンピック・アムステルダム大会（初の日の丸、三段跳織田幹雄、200m平泳鶴田義行は金、陸上800m人見絹枝は女子初の銀）
流　行	膝上スカート（戦前のミニ時代）、ラッパズボン（裾を大きく広げたズボン）
風　俗	ダンスホール全盛（警視庁18歳未満の入場禁止）
流行語	人民の名において、昭和維新、怪文書、ママさん、狭いながらも楽しい我が家、ラジオ体操、電光ニュース、ハンドバック、マネキンガール、フラッパー
新登場	牛乳石鹸、横浜崎陽軒「箱入りシュウマイ」発売開始
物　価	ビール1本（41銭）、コーヒー1杯（10銭）、東京－大阪間国鉄運賃（6円5銭）

◆国産振興東京博覧会で日本初のマネキン登場。「招金」に通じることから、仏語のマヌカンではなく英語のマネキンを使用

| | 歳 | | 歳 | | 歳 |

◆「フラッパー」は、明るくお転婆な娘、または、はすっぱな不良娘の意

昭和 4 年（1929） 己巳（つちのと・み）

1・7	日貨排斥運動激化（中国・湖北省漢口で中国人殺害）
3・5	旧労農党山本宣治代議士が七生義団員に刺殺される（治安維持法改正に反対したため）
4・16	四・一六事件（日本共産党員の全国一斉検挙）
6・3	中華民国国民政府を承認
7・－	東京・新宿武蔵野館で、トーキー導入による楽士の解雇を発表
8・10	東京・浅草水族館に榎本健一らカジノ・フォーリー旗上げ興行
8・19	世界一周のドイツ飛行船ツェッペリン伯号来日（霞ヶ浦に着水）
8・28	**浜口首相、緊縮政策を全国にラジオ放送**
9・1	内務省初の全国失業調査を実施、失業者30万195人と発表
9・15	東京－下関間特急に「冨士」「桜」と命名（国鉄列車愛称の第1号）
10・24	ニューヨーク株式市場で株価の大暴落（**暗黒の木曜日**）**世界恐慌始まる**
11・3	光州学生運動（朝鮮の光州で学生の反日デモ）

政　治	内閣総理大臣・田中義一（陸軍）／浜口雄幸（立憲民政党）
ことば	「緊縮」（浜口内閣が掲げたスローガン。経済用語が流行語化した最初）
事　件	説教強盗逮捕（東京都で数十件の犯行を行い、侵入先で防犯について説教をしていた妻木松吉が逮捕される）
出　版	蟹工船（小林多喜二）、東京行進曲（菊池寛）、転換期の歴史学（羽仁五郎）、夜明け前（島崎藤村）、西部戦線異常なし（レマルク）、武器よさらば（ヘミングウェイ）
映　画	首の座、灰燼、大学は出たけれど、東京行進曲、斬人斬馬剣　〔洋〕紐育の波止場、四人の悪魔、女の一生、これがロシアだ（カメラを持つ男）
流行歌	東京行進曲、紅屋の娘、道頓堀行進曲、恋はやさし、モン巴里、鞄と殿さま
スポーツ	ラジオ体操が全国放送となる
流　行	ショート・ヘアと婦人簡易服アッパッパが大流行
風　俗	カフェー・バーが激増（エログロ・サービス全盛）、麻雀屋出現、賭博横行
流行語	大学は出たけれど、緊縮、モダンライフ、カジノ、ステッキ・ガール、ターミナル、国産品愛用
新商品	サントリーウィスキー白札、さくらフィルム、赤線検温器、わかもと、仁丹
物　価	天どん（30銭）、ウィスキー白札（4円50銭）
その他	見切り品・均一品・格安品・特価品・蔵払い・棚ざらえなどの名で、特売・廉売が日常化する

◆ ステッキ・ガールは、文士たちが伴っていた愛人とも秘書ともつかぬモガ風の女性

| | 歳 | | 歳 | | 歳 |

◆ロイド眼鏡（米の喜劇俳優ハロルド・ロイドがかけていたセルロイド製のメガネ）が流行

昭和 5 年（1930） 庚午（かのえ・うま）

1・11	**金の輸出解禁**（13年ぶりに金本位制に戻った）
4・22	**ロンドン海軍軍縮条約調印**（統帥権干犯問題おこる）
5・30	間島事件（中国・吉林省間島で、朝鮮人が反日武装暴動）
6・6	東京・大塚に女子専用のアパートが開館
8・20	浅間山大爆発（死者6人）
9・10	米価大暴落（豊作飢饉）ついで生糸大暴落で農村恐慌深刻化
9・11	失業救済のため東京八重州口日本橋に露店を許可
10・1	東京－神戸間に特急「燕」運転開始（所要時間・8時間55分）
10・27	霧社事件（台湾・霧社で現地民が反日暴動）
11・14	**東京駅で浜口首相、右翼青年に狙撃され重傷**
11・26	静岡県伊豆地方で大地震（死者・行方不明331人、全壊家屋2200戸）

政　治	内閣総理大臣・浜口雄幸（立憲民政党）
ことば	「男子の本懐だ」（東京駅で銃撃された時の浜口雄幸首相の言葉）
事　件	「煙突男」事件（富士紡川崎工場で賃下げ・首切り反対スト中に、一人の青年が地上47メートルの煙突に登って応援演説）
出　版	生命の実相（谷口雅春）、放浪記（林芙美子）、真理の春（細田民樹）、敵中横断三百里（山中峯太郎）、ドレフェス事件（大仏次郎）、「いき」の構造（九鬼周蔵）
映　画	いいのね誓って、何が彼女をさうさせたか、お嬢さん、旗本退屈男（シリーズ第1作）〔洋〕モロッコ、嘆きの天使、西部戦線異状なし
流行歌	ザッツOK（映画「いいのね、誓って」の主題歌）、祇園小唄、すみれの花咲く頃（天津乙女/宝塚月組）、女給の唄、唐人お吉
スポーツ	第1回サッカーワールドカップ（開催：ウルグアイ、優勝：ウルグアイ①）
流　行	ロングスカート、マニキュア
風　俗	大阪のカフェー・バーが銀座に進出（客1人に女給1人がつく濃厚サービスで東京勢を圧倒）、パチンコ第1号店開店（名古屋）、ベビーゴルフ、コリントゲーム
流行語	銀ブラ、OK、エロ・グロ・ナンセンス、アチャラカ、オンパレード、ルンペン（ドイツ語で「ぼろ」の意で浮浪人のこと）、失礼しちゃうわ、流線型
新商品	芳香浴剤バスクリン、リボン型ハイトリ紙ハイトリリボン、オラガビール、大衆向け「既成靴」、国産の電気冷蔵庫・洗濯機（600〜800円で家1軒分の値段）
物　価	白米10kg（2円30銭）、豆腐（5銭）、映画入場料（40銭）
その他	紙芝居に「黄金バット」登場（不気味な笑いで人気抜群）

◆ 大塚女子アパートメントは、4畳半から6畳のワンルームで、部屋数157室。家賃は和室（9円50銭〜11円）、洋室（10円〜16円）だった

| | 歳 | | 歳 | | 歳 |

◆この年、横山エンタツと花菱アチャコのコンビが大阪でデビュー

昭和 6 年（1931） 辛未（かのと・ひつじ）

2・1	東海道線に3等寝台車がデビュー
3・6	大日本婦人連合会が発足
5・27	官吏減俸令公布。各省職員が反対運動
6・27	中村大尉事件（北満視察中の中村大尉が中国軍に殺害される）
8・3	羽田に国際飛行場開設
8・26	リンドバーグ夫妻が空から来日（北太平洋を84時間5分で横断）
9・1	上越線清水トンネル（9702m）が完成（上越線開通）
9・18	**満州事変勃発**（関東軍参謀ら奉天郊外柳条湖の満鉄線路を爆破）
10・24	国際連盟理事会で満州撤兵勧告を可決
12・13	**金輸出再禁止**（金本位制を離脱）

政　治	内閣総理大臣・浜口雄幸（立憲民政党）／若槻礼次郎②（立憲民政党）／犬養毅（立憲政友会）
ことば	「生命線」（松岡洋右、衆議院本会議の代表質問で「満蒙問題は、私は是は我が国の存亡に関わる問題であり、我が国の生命線であると考えている」と発言）
事　件	3月事件、10月事件と軍部クーデター未遂事件続発
出　版	丹下左膳（林不忘）、侍ニッポン（郡司次郎正）、南国太平記（直木三十五）、右門捕物帳（佐々木味津三）、一本刀土俵入（長谷川伸）、アイヌ叙事詩ユーカラの研究（金田一京助）、大百科事典28巻（平凡社） ＊『少年倶楽部』に田河水泡「のらくろ二等卒」連載開始
映　画	マダムと女房（初の本格トーキー映画）、まぶたの母、一本刀土俵入り、人妻椿〔洋〕街の灯、会議は踊る、巴里の屋根の下、嘆きの天使
流行歌	巴里の屋根の下、酒は涙か溜息か、丘を越えて、侍ニッポン、こいのぼり
スポーツ	南部忠平、走り幅跳びで7m98の世界新記録を出す
流　行	パーマネントの普及始まる
風　俗	東京新宿に軽演劇場「ムーラン・ルージュ新宿座」開場
流行語	「いやじゃありませんか」、生命線、電光石火、非常時、テクシー、減俸、いやビル感、生理休暇、コップ、農林1号、エアガール
新商品	電気かみそり、強力わかもと、チューインガム、高級ロシアチョコレート、フルヤウィンターキャラメル、都こんぶ
物　価	豆腐（4銭）、カレーライス（10銭）、化粧せっけん（10銭）、教員初任給（50円）
その他	トーキー導入で失業した楽士のクラリネットを加えたチンドン屋登場

◆ 新潟県農事試験場が、寒冷地用の水稲種として「農林1号」を育成

| | 歳 | | 歳 | | 歳 |

◆大百科事典は、倒産した平凡社が、債権者会議の席上で持ち出した企画だった。事典という言葉が使われたのは日本初

昭和 7 年(1932) 壬申(みずのえ・さる)

- 1・8 桜田門事件(昭和天皇の先導の馬車に朝鮮人が手榴弾を投げる)
- 1・28 第一次上海事変勃発(海軍陸戦隊と中国軍が交戦)
- 2・22 「爆弾3勇士」の戦死(実は作られた軍国美談)
- 3・1 **満州国建国宣言**(執政・溥儀、首都・新京)
- 3・5 団琢磨(三井合名理事長)が、血盟団に暗殺される
- 5・15 **五・一五事件**(犬養首相が官邸で陸海軍青年将校に射殺される)
- 6・8 ブラジル移民(762人)が神戸港を出港
- 9・― **日満議定書調印**(満州における日本の権益と日本軍の満州駐屯を協定)
- 10・2 リットン調査団報告(柳条湖事件は日本軍の活動によるものと断定)
- 10・3 満州へ武装移民団(416人)が出発
- 12・16 東京日本橋の白木屋百貨店火災(女店員ら14人が焼死)

政 治	内閣総理大臣・犬養毅(立憲政友会)/斉藤実(海軍)
ことば	「話せば判る!」(犬養毅)「問答まかりならん!」(青年将校)(五・一五事件でのやりとり。この直後、犬養首相は銃殺される)
事 件	坂田山心中事件(慶大生と恋人の心中が"天国に結ぶ恋"として話題)
出 版	のらくろ上等兵(田河水泡)、金の経済学、刑法読本、大言海全4巻(大槻文彦)、聖家族(堀辰雄)、盲目物語(谷崎潤一郎)、夜明け前・第1部(島崎藤村)
映 画	弥太郎笠、生まれてはみたけれど、忠臣蔵、天国に結ぶ恋(坂田山心中を題材に、わずか2週間で映画化して大ヒット)〔洋〕自由を我等に、人生案内、巴里祭、三文オペラ ＊チャップリン来日(東京駅頭にファン8万人)
流行歌	影を慕いて、銀座の柳、天国に結ぶ恋、満州行進曲、涙の渡り鳥、電車ごっこ、チューリップ、牧場の朝
スポーツ	第3回冬季オリンピック・レークプラシッド大会、第10回オリンピック・ロサンゼルス大会(日本は水泳・三段跳など金7)
流 行	人絹素材出回る、エナメルレザーのハンドバッグ流行
風 俗	白木屋火災で女性にズロースが急速に普及
流行語	自力更生、挙国一致、欠食児童、寄生虫、大国非常時、時局、特高、五族協和、王道楽土、肉弾三勇士
新商品	ダイヤル式公衆電話、国産タイムレコーダー、花王シャンプー、加美乃素
物 価	牛めし(5銭)、たばこゴールデンバット(7銭)、理髪料(40銭)
その他	総武線と中央線が御茶ノ水で連絡

◆ 第1回日本ダービー目黒競馬場で開催 1着はワカタカ

| | 歳 | | 歳 | | 歳 |

◆チャップリンは、えびの天ぷらの大ファンとなり、新聞にも「天ぷら男」と書かれた

昭和 8 年（1933） 癸酉（みずのと・とり）

2・4	長野県「教員赤化事件」で一斉検挙
2・20	小林多喜二が警察による拷問の末、虐殺される
2・24	**国際連盟、日本軍の満州撤退勧告案を24対1で採決**（松岡洋右代表退場）
3・3	三陸地方大地震（M8.5、大津波来襲で、死者3008人、行方不明1184人）
3・23	アドルフ・ヒトラーのナチス政権成立
3・27	**日本、国際連盟脱退を通告**
4・1	軍国化教科書の登場（小学校国語・修身の教科書に「サイタサイタ」読本採用）
4・22	京大滝川事件（鳩山文相、京大・滝川幸辰教授の辞職要求、教授ら38人辞表提出）
5・31	中国との間で塘沽停戦協定を調印（満州国の中国分離なる）
6・15	松竹少女歌劇団待遇改善要求のスト争議（委員長・水の江滝子）
8・9	第1回関東地方防空大演習
9・15	中央線東京－中野間に急行運転（総武線電車が中野まで乗入れ）
12・23	皇太子明仁誕生（5万人に減刑恩赦）

政　治	内閣総理大臣・斉藤実（海軍）
ことば	日本は調査団の報告を受け入れることはできない（松岡洋右、リットン報告書についての決議について）
事　件	大島三原山に女子学生投身自殺（その後、5月まで43人が後追い自殺）
出　版	女の一生（山本有三）、春琴抄（谷崎潤一郎）、桃太郎の誕生（柳田国男）、人生劇場（尾崎士郎）、ロシア革命史（トロツキー） ＊冒険ダン吉（島田啓三）「少年倶楽部」に連載開始
映　画	滝の白糸、丹下左膳、伊豆の踊り子、鯉名の銀平 〔洋〕巴里祭、制服の処女、犯罪都市、キング・コング
流行歌	島の娘、東京音頭、十九の春、皇太子様がお生まれになった、山の人気者
スポーツ	府中競馬場（現在の東京競馬場）が開設。東京競馬倶楽部の本拠地が目黒競馬場から移転
流　行	ロングスカート、ワニ革、千種編みバッグ流行
風　俗	カフェー・バー急増。夏、東京音頭の盆踊りが大流行、全国に波及
流行語	転向、ヅカ・ガール、男装の麗人、フェーン現象
新商品	国産車ダットサン、丹頂チック、ビスコ、カゴメトマトジュース
物　価	豆腐（5銭）、映画入場料（50銭）、大卒初任給（50円）
その他	頑具のヨーヨー（10銭）が大流行、月産500万個。各地で競技会開催

◆古川緑波と徳川夢声が、浅草で「笑いの王国」旗上げ

| | 歳 | | 歳 | | 歳 |

◆ ダミアのシャンソン「暗い日曜日」厭世ムードをあおると発売禁止

昭和 9 年（1934） 甲戌（きのえ・いぬ）

- 3・1 **満州国帝政実施**（執政溥儀が皇帝となる）
- 3・16 最初の国立公園に瀬戸内海・雲仙・霧島を指定
- 3・21 **函館大火**（死者2094人、全焼家屋1万1102戸、罹災者11万1000人余）
- 6・20 大阪－神戸間の急行電車運転開始
- 9・21 **室戸台風**（死者・行方不明3036人、家屋全壊4万3000戸）
- 10・15 中国で、共産党の長征開始
- 11・1 南満州鉄道株式会社が、大連－新京（現・長春）間で特急「あじあ号」の運転を開始
- 12・1 丹那トンネルが完成し新東海道線開通（熱海行「新婚列車」がブーム）
- 12・8 日米間に国際無線電話開通
- 12・29 **ワシントン条約の破棄通告**（国際的孤立と侵略戦争の道へ）

政　治	内閣総理大臣・斉藤実（海軍）／岡田啓介（海軍）
ことば	たたかいは創造の父、文化の母である（陸軍省発行のパンフレットの書き出し）
事　件	帝人事件（帝国人絹会社株式買い受けをめぐる背任・贈賄事件で16名が逮捕）
出　版	あにいもうと（室生犀星）、鶴八鶴次郎（川口松太郎）、白南風（北原白秋）、紋章（横光利一）、山羊の歌（中原中也）、人生は四十から（ピットキン） ＊初のスタイルブック「服装文化」がデビュー
映　画	隣の八重ちゃん、浮草物語、婦系図、生きとし生けるもの、月よりの使者〔洋〕会議は踊る、街の灯、にんじん ＊朝日・大毎・東日・読売ニュース映画製作開始
流行歌	赤城の子守唄、国境の町、並木の雨、ダイナ、さくら音頭、急げ幌馬車、グッドバイ
スポーツ	米大リーグ・オールスターチーム（ベーブ・ルースら）来日（沢村栄治投手が好投）。初のプロ野球団「大日本東京野球倶楽部」（巨人軍の前身）結成 第2回サッカーワールドカップ（開催：イタリア、優勝：イタリア①）
流　行	家庭婦人にパーマネント、男性に開襟シャツ普及
風　俗	東京・浅草に進出の女剣劇（大江美智子・不二洋子）に人気
流行語	明鏡止水、国防食、昭和維新、司法ファッショ、日本人ここにあり、パパママ論争
新商品	国産トラック第1号、卓上電話機、国産パーマネント機械、クリームキャラメル、フランスキャラメル
物　価	もりそば（10銭）、コーヒー（15銭）、近代アパート家賃（月17～45円）
その他	パパ・ママの呼称の是非が話題となる

◆忠犬ハチ公（翌年死亡）の銅像が渋谷駅頭に建立され除幕式が行われた。戦時中金属回収でつぶされ、戦後再建

| | 歳 | | 歳 | | 歳 |

◆近代的なアパート第1号「同潤会江戸川アパート」落成

昭和 10 年（1935） 乙亥（きのと・い）

2・18	貴族院で美濃部達吉博士の「天皇機関説」を攻撃（著書は発禁へ）
5・1	第16回メーデーに6200人参加（戦前最後のメーデーとなる）
6・1	鉄道省初の女子車掌を採用
7・1	船橋－千葉間の電化完成（東京－千葉間の省線全通）
7・10	第1期将棋名人戦はじまる
8・12	**相沢事件**（皇道派の相沢三郎少佐が陸軍省で軍務局長永田鉄山少将を斬殺）
9・1	第1回芥川賞（石川達三）、直木賞（川口松太郎）発表
10・1	全国に青年学校1万7千校設置
11・26	高橋是清蔵相、軍事予算をめぐって陸軍と対立
12・30	東京有楽町の日劇地下に初のニュース・短編映画専門館誕生

政　治	内閣総理大臣・岡田啓介（海軍）
ことば	「非国民」非常時体制の中、国に協力的でない者を非難する言葉。良識を封じ込め戦争協力に駆り立てるための常套語で、弱いものいじめにも使われた
事　件	喫茶店毒殺事件（東京・浅草の小学校校長が喫茶店で男のすすめる紅茶を飲み死亡。持っていた全職員の給料を奪われる）
出　版	太閤記（矢田挿雲）、人生劇場・青春篇（尾崎士郎）、夜明け前・第2部（島崎藤村）、貞操問答（菊池寛）、心に太陽を持て（山本有三）、辞苑（新村出編）、蒼氓（石川達三）、色ざんげ（宇野千代）、真実一路（山本有三）、明治一代女（川口松太郎）
映　画	のぞかれた花嫁、雪之丞変化、丹下左膳・百万両の壺、お琴と佐助〔洋〕アンナ・カレーニナ、女だけの都、未完成交響曲
流行歌	大江戸出世小唄、船頭可愛や、二人は若い、野崎小唄、明治一代女、平城山、もずが枯木で、どじょっコふなっコ
スポーツ	吉岡隆徳が100メートルで10秒3の世界タイ記録を樹立、「暁の超特急」と名付けられた。野球大阪野球倶楽部（タイガース）結成
流　行	かつらリボンが流行、脱毛剤流行、ビーズの袋物流行（主として主婦の内職）
風　俗	軍需景気の影響で結婚ブーム、喫茶店が大繁盛
流行語	人民戦線、国体明徴、新官僚、ソシアル・ダンピング、ハイキング、暁の超特急、天皇機関説、昭和の岩窟王
新商品	ハンザキヤノンカメラ、クレンザーホーム、もんぺ
物　価	白米（10kg2円50銭）、豆腐（5銭）、しるこ（20銭）、ラジオ聴取料（50銭）
その他	平均寿命：男44.8歳、女46.5歳

◆ 喫茶店が、酒類を扱わないカフェの呼び名として定着した。なかでも、レコード音楽を聞かせる専門店を「純喫茶」と呼んだ

| | 歳 | | 歳 | | 歳 |

◆ 東海道線特急「富士」にお風呂が登場

昭和 11 年（1936） 丙子（ひのえ・ね）

1・15	ロンドン軍縮会議脱退を通告
1・15	全日本労働総同盟結成（組合員9万5000人）
2・5	日本職業野球連盟結成参加7チーム
2・9	三菱重工木炭自動車の製造開始
2・26	**二・二六事件**（皇道派の青年将校ら部隊を率い首相官邸などを襲撃）
4・18	国号を「**大日本帝国**」に統一
6・1	国民歌謡の放送始まる「日本よい国」「椰子の実」など
7・18	スペインで内戦が始まる
11・25	**日独防共協定**、ベルリンで調印
12・11	常盤線日暮里－松戸間電化（上野－松戸間に電車運転）
12・12	**西安事件**（中国の西安で張学良が蒋介石を監禁し、内戦停止・抗日実行を要求）

政　治	内閣総理大臣・岡田啓介（海軍）／広田弘毅（外交官）
ことば	「兵に告ぐ、すでに勅命が発せられたのである。（中略）今からでも遅くはないから直ちに抵抗をやめ軍旗の下に復帰するようにせよ」
事　件	阿部定事件（東京の待合で局部が切り取られた男の絞殺死体が発見される）
出　版	晩年（太宰治）、次郎物語（下村湖人）、風立ちぬ（堀辰雄）、真実一路（山本有三）、宮本武蔵（吉川英治）、風と共に去りぬ（ミッチェル）、冬の宿（阿部知二）、もめん随筆（森田たま）、いのちの初夜（北条民雄）
映　画	人生劇場、祇園の姉妹、浪華恋歌、一人息子、河内山宗俊、赤西蠣太、江戸っ子健ちゃん〔洋〕モダン・タイムス、真夏の夜の夢（日本初のロードショー）
流行歌	忘れちゃいやよ、東京ラプソディー、ああそれなのに、うちの女房にゃ髭がある、椰子の実
スポーツ	第4回冬季オリンピック・ガルミッシュ・パルテンキルヘン大会開催。第11回オリンピック・ベルリン大会（日本は前畑秀子ら金メダル6）
流　行	女性のマフラー、男児のセーラー服、ワニ革バッグますます流行
風　俗	銀座などの盛り場で街頭写真屋が目立つ。アルマイト弁当箱全盛
流行語	今からでも遅くない、準戦時体制、忘れちゃいやよ、前畑ガンバレ、庶政一新、大日本帝国
新商品	D51機関車、自動首振型電気扇、食パン焼、森永マンナ
物　価	牛乳（1本9銭）、バター（半ポンド63銭）、コロッケ（2銭5厘）、理髪料（45銭）
その他	東京豊島園にウォーターシュート登場

◆日本人初のヒマラヤ登頂（立教大学登山隊が、インド北部ヒマラヤ山脈中のナンダ・コット（6861m）に初登頂）

| | 歳 | | 歳 | | 歳 |

◆江戸川乱歩の「怪人二十面相」少年倶楽部に連載開始

昭和 12 年（1937） 丁丑（ひのと・うし）

4・1	はがき1銭5厘が2銭に、封書3銭が4銭に37年ぶりの値上げ
4・28	第1回文化勲章授与式（佐々木信綱、幸田露伴、横山大観ら9人）
6・3	ラジオ聴取契約300万突破
7・7	**盧溝橋事件**（中国北京郊外の盧溝橋で日中両軍が交戦、日中戦争始まる）
8・13	**第2次上海事変**（上海で海軍陸戦隊と中国軍が交戦）
8・—	全国で「進軍の歌」「露営の歌」発表会
9・23	中国で第2次国共合作が成立
10・10	京都—大阪—神戸間に電車運転
11・6	**日独伊防共協定成立**
12・13	**南京占領**（南京事件おこる。国内では祝賀の提灯行列）
12・—	年間の争議参加者12万3730人（戦前最高）

政　治	内閣総理大臣・広田弘毅（外交官）／林銑十郎（陸軍）／近衛文麿①（貴族院）
ことば	「パーマネントはやめましょう」（国民運動の標語）
事　件	林長二郎（のち長谷川一夫）、暴漢に左頬切られる（俳優の引き抜き合戦の犠牲）
出　版	雪国（川端康成）、少年探偵団（江戸川乱歩）、ジョン万次郎漂流記（井伏鱒二）、若い人（石坂洋次郎）、生活の探究（島木健作）、濹東綺譚（永井荷風）、暗夜行路（志賀直哉）、綴方教室（豊田正子）
映　画	真実一路、浅草の灯、報国邁進、人情紙風船　〔洋〕ゾラの生涯、スター誕生、オーケストラの少女、失われた地平線、大いなる幻影、望郷、ターザンの逆襲
流行歌	人生の並木路、青い背広で、妻恋道中、たばこやの娘、別れのブルース、裏町人生、かもめの水兵さん、山寺の和尚さん、早起き時計
スポーツ	双葉山が横綱昇進。後楽園球場開場（内野77銭、外野33銭）
流　行	軍国調ファッション（海軍風ハンドバッグ・国防色の服など）
風　俗	献金付愛国切手・愛国葉書、愛国国債が発売され、各地で千人針・慰問袋が盛んに作られる。「軍国の母」「進軍の歌」など軍歌が続々と発表される
流行語	持てる国と持たざる国、国民精神総動員、最後の関頭、堅忍持久、尽忠報国、挙国一致、銃後を護れ、国体の本義、出征兵士の家、腹切り問答、食い逃げ解散
新商品	家庭用合成洗剤モノゲン、ニッカウィスキー、サントリーウィスキー角瓶、グリスメール（日本初の離乳食）
物　価	サイダー（20銭）、天どん（1杯40銭）、葉書（2銭）、封書（4銭）
その他	「国民唱歌」が放送され、第一回は「海ゆかば」であった

◆第101師団の出征（第2次上海事変処理のため急遽編成されたが、予備・後備兵が大多数で、訓練・装備も不十分で壊滅的な打撃を受けた）

| | 歳 | | 歳 | | 歳 |

◆ヘレン・ケラー女史が来日し、各地で大歓迎をうける

昭和 13 年（1938） 戊寅（つちのえ・とら）

- 1・3 恋の越境（女優岡田嘉子と演出家杉本良吉がカラフトでソ連に越境亡命）
- 1・16 **近衛首相和平交渉打切りを中国に通告**（「国民政府を相手とせず」）
- 4・1 **国家総動員法公布**
- 5・19 日本軍、徐州を占領
- 7・7 「日華事変」1周年で1戸1品献納・1菜主義・不買デーなど実施
- 7・11 張鼓峰（中国・東北部）で日ソ両軍が衝突（8・10に停戦）
- 8・7 用紙節約のため日曜夕刊廃止
- 9・― 東京銀座のデパートで「代用品実用展」開催
- 9・1 関東地方に風速31メートルの台風（死者99人）
- 10・6 北海道夕張炭鉱ガス爆発（152人死亡）
- 10・27 日本軍、武漢三鎮（漢昌・漢口・漢陽）を占領
- 11・3 **近衛首相、東亜新秩序建設を声明**

政　治	内閣総理大臣・近衛文麿①（貴族院）
ことば	「新秩序」（日本を盟主として、満州、中国の三国が欧米の植民地支配からアジアの諸民族を開放する「新秩序の建設」をうたった帝国政府声明）
事　件	津山事件（岡山県で懐中電灯を頭に2本さした白鉢巻の青年が、日本刀と猟銃で住民を襲撃。死者30人、重軽傷3人。横溝正史「八つ墓村」のモデル）
出　版	小島の春（小川正子）、麦と兵隊（火野葦平）、土と兵隊（火野葦平）、天の夕顔（中河与一）、結婚の生態（石川達三）、大地（パール・バック）、風と共に去りぬ（マーガレット・ミッチェル）、キューリー夫人伝（エーヴ・キューリー）
映　画	五人の斥候兵、阿部一族、愛染かつら、路傍の石、綴方教室　〔洋〕モダンタイムス、オリンピア（ベルリン・オリンピックの記録映画）
流行歌	旅の夜風、愛国行進曲、日の丸行進曲、雨のブルース、人生劇場、支那の夜、麦と兵隊、満州娘、かわいい魚屋さん
スポーツ	第3回サッカーワールドカップ（開催：フランス　優勝：イタリア②）
流　行	パーマネントに変わり自粛髪型のロール巻き流行。夏期の洋装急増
風　俗	警視庁が、盛り場でサボ学生狩りを実施（3日間で3486人を検挙）
流行語	相手とせず、大陸の花嫁、スフ、代用品、買いだめ、新秩序
新商品	零式戦闘機（ゼロ戦）、パイロット固形インキ、桃印マッチ
物　価	白米10kg（2円87銭）、豆腐（6銭）、ジャムパン（10銭）
その他	黒塗り電球、全国の円タク、メーター制に

◆代用品（陶器の鍋・竹のスプーン・木のバケツ・鮫皮靴・鮫皮ハンドバッグなど）

| | 歳 | | 歳 | | 歳 |

◆東京・銀座にホット・ドッグの屋台が登場し、銀座名物となる

昭和 14 年 (1939)　　己卯 (つちのと・う)

2・16	商工省ポスト・広告塔など、鉄製品の回収開始
3・30	大学の軍事教練必須課目となる
5・12	**ノモンハン事件勃発**(ソ満国境で日ソ両軍が交戦。9・15停戦)
6・7	神宮で満蒙開拓青少年義勇軍(2500人)の壮行会
6・16	ネオン・パーマネント・学生の長髪の禁止など生活刷新案決まる
7・15	国民徴用令実施(白紙の召集令状といわれる)
8・26	「ニッポン号」羽田出発(195時間で世界一周に成功)
9・1	**第2次世界大戦勃発**(独軍がポーランドに侵攻)
10・20	物価統制令実施(物価・賃金を9・18の水準で凍結)
12・1	白米禁止令実施(7分搗き以上禁止)
12・12	ビルや高台からの俯瞰撮影が禁止される

政　治	内閣総理大臣・近衛文麿①(貴族院) / 平沼騏一郎(枢密院) / 阿部信行(陸軍)
ことば	産めよ殖やせよ国のため(兵隊の確保のため、厚生省が発表した「結婚十訓」)
事　件	屑鉄業者が、東京長者番付第1位になる
出　版	源氏物語・全26巻(谷崎潤一郎訳)、故旧忘れ得べき(高見順)、日本二千六百年史、百万人の数学〈上・下〉、学生に与ふる書(天野貞祐)、ミケルアンヂェロ(羽仁五郎)、怒りの葡萄(スタインベック)
映　画	純情二重奏、兄とその妹、土、残菊物語、土と兵隊、上海陸戦隊　〔洋〕望郷、ハリケーン、風と共に去りぬ、オズの魔法使い、嵐ケ丘、ピノキオ、旅路の果
ラジオ	徳川夢声NHKラジオで「宮本武蔵」の放送開始
流行歌	上海ブルース、愛馬進軍歌、父よあなたは強かった、兵隊さんよありがとう、一杯のコーヒーから、旅姿三人男、太平洋行進曲、上海の花売娘、おさるのかごや、ないしょ話、東京ブルース、名月赤城山、大利根月夜、あの子はたあれ
スポーツ	横綱双葉山安芸ノ海に敗れ70連勝ならず
流　行	ブロマイドの販売第一位(男優・上原謙、女優・田中絹代)
風　俗	待合・料理屋の営業が停止される
流行語	複雑怪奇、総親和、禁制品、ヤミ、鍬の戦士、靖国の母
新商品	ヤクルト、ナイロン、4つ珠そろばん、日の丸弁当、満蒙絵はがき
物　価	白米10kg (3円25銭)、キャラメル(20銭)、ワイシャツ洗濯代(2円80銭)、映画入場料(55銭)
その他	地方の招魂社を護国神社と改称。東京市毎月2回隣組回覧板の配布開始

◆ 東京府美術館で、陸軍美術協会・朝日新聞共催の第1回聖戦美術展開催

| | 歳 | | 歳 | | 歳 |

◆東京・銀座通りで戦車が示威行進を行った

昭和 15 年（1940） 庚辰（かのえ・たつ）

2・2	民政党の斎藤隆夫衆議院で「反軍演説」を行う（3月7日除名）
2・—	**創氏改名**（朝鮮人の氏名を日本式に改めさせる法律が施行）
4・24	米・みそ・醤油・塩・マッチ・木炭・砂糖など10品目の切符制決まる
6・14	パリ陥落（独軍、無血入城）
7・7	ぜいたく「奢侈品」の製造販売制限「贅沢品は敵だ」の立看板並ぶ
9・7	独軍、ロンドンへ猛爆開始
9・9	金の強制買上げ決定（1g3円80銭）
9・23	日本軍北部仏印に進駐
9・27	**日独伊三国同盟調印**
10・12	**大政翼賛会発会式**
11・10	紀元二千六百年記念祝典（天皇家の始祖・神武天皇が即位してから2600年目）

政　治	内閣総理大臣・阿部信行（陸軍）／米内光政（海軍）／近衛文麿②（貴族院）
ことば	バスに乗りおくれるな（戦時の時流に乗り遅れるなの意味）
事　件	浅間丸事件（千葉県沖で英船が浅間丸を臨検し、独人船客21人を拉致）
出　版	三国志（吉川英治）、旅愁（横光利一）、如何なる星の下に（高見順）、煉瓦女工（野沢富美子）、フランス敗れたり（アンドレ・モーロア）、哲学入門（三木清）、吾が闘争（ヒットラー）、歴史的現実（田辺元）、夫婦善哉（織田作之助）、牧野日本植物図鑑（牧野富太郎）、明治維新研究（羽仁五郎）
映　画	支那の夜、小島の春、浪花女、西住戦車長伝、エノケンの孫悟空〔洋〕レベッカ、民族の祭典（ベルリンオリンピックの記録映画）、駅馬車
流行歌	誰か故郷を想はざる、湖畔の宿、紀元二千六百年、りんごのひとりごと、暁に祈る、目ン無い千鳥、蘇州夜曲、長崎物語、隣組、月月火水木金金
スポーツ	野球での英語使用禁止（チーム名も日本語化した。イーグルス→黒鷲軍、セネタース→東京翼軍、タイガース→阪神軍と改称）
流　行	男子は丸刈・国民服、女子は国策型淑髪・もんぺ
風　俗	東京のダンスホールが閉鎖、東京で平日午前の映画興業が禁止され学生生徒の映画・演劇観覧は日曜休日のみ
流行語	枢軸、ぜいたくは敵だ、祝ひ終った、さあ働かう、優良・多子（10人以上）家庭、大政翼賛、臣道実践、八紘一宇、一億一心、零戦、隣組
新商品	ナイロン・ストッキング（日本の絹製品はナイロン製に王座を明け渡す）
物　価	豆腐（6銭）、もりそば（15銭）、銭湯（7銭）、醤油（1.8リットル64銭）

◆喜劇俳優高瀬実乗の「あのねーおっさんわしゃかなわんよー」が大流行するが、時局に反すると禁止

| | 歳 | | 歳 | | 歳 |

◆隣組は、国民統制のための地域組織で、一単位十戸内外だった

昭和 16 年 (1941) 　　　　　　　　　辛巳 (かのと・み)

1・8		東条英機陸相、「戦陣訓」(戦時下における将兵の心得)を示達
2・11		李香蘭(山口淑子)日劇に出演(ファンが殺到し警官隊出動)
4・1		小学校を**国民学校**と改称(初等科6年、高等科2年の義務教育8年制)
4・1		六大都市で米の配給通帳制・外食券制実施(大人1日330g)
4・13		日ソ中立条約調印
5・6		ソ連の首相にスターリンが就任
6・22		**独ソ開戦**(独軍、ソ連を奇襲攻撃)
7・25		米国在米日本資産を凍結(ABCD包囲陣、続いて英国蘭印も)
7・28		日本軍南部仏印に進駐
10・18		東条英機内閣成立
12・1		御前会議、対米英蘭開戦を決定
12・8		**太平洋戦争始まる**(英米に宣戦布告、真珠湾奇襲攻撃、マレー半島上陸)
12・10		**マレー沖海戦**(日本軍、フィリピンのルソン島上陸、グアム島上陸)

政　治	内閣総理大臣・近衛文麿②(貴族院)／東条英機(陸軍)
ことば	「大本営陸海軍部発表、12月8日、帝国陸海軍は米英軍と戦争状態に入れり」
事　件	ゾルゲ事件(尾崎秀実と在日独大使館顧問R・ゾルゲをスパイ容疑で検挙)
出　版	新書太閤記(吉川英治)、智恵子抄(高村光太郎)、路傍の石(山本有三)、次郎物語・第1部(下村湖人)、人生論ノート(三木清)
映　画	元禄忠臣蔵、支那の夜、次郎物語、戸田家の兄妹、馬、江戸最後の日、蘇州の夜〔洋〕スミス氏都へ行く(戦前最後の米映画)
流行歌	めんこい仔馬、森の水車、たきび、里の秋、うみ、たなばたさま、のんき節
スポーツ	大リーグでジョー・ディマジオ、56試合連続安打。テッド・ウィリアム、打率4割6厘の記録
流　行	防空頭布・もんぺ・戦闘帽・ゲートルの非常時ルックが急増
風　俗	街頭のスナップ写真屋が繁盛
流行語	ABCD対日包囲陣、産業戦士、子宝報国、徒食は恥だ、進め！一億火の玉だ、ひまわりを植えましょう、輝く部隊、戦陣訓、生きて虜囚の辱めを受けず、米英撃滅、肉なし日、青い旅団、ゾルゲ、ニイタカヤマノボレ
新商品	戦艦大和竣工、陶製ストーブ、慰問袋
物　価	もりそば(16銭)、たばこ金鵄(9銭→10銭)、ゆかた(1反3円～4円70銭)、理髪料(55銭)、教員初任給(55円)

◆ 東京・目黒のアメリカンスクールが廃止される

	歳		歳		歳

◆ 東京の新聞通信8社主催の米英壊滅国民大会が開催される

昭和 17 年（1942） 壬午（みずのえ・うま）

1・2	日本軍マニラを占領
2・15	**シンガポール陥落**、英軍約10万人が降伏
2・18	戦勝祝賀第一次国民大会が開かれ酒・菓子などを特配
3・8	ビルマ・ラングーン占領
4・18	米軍機B25東京・名古屋など本土初空襲
5・9	金属回収令により寺院の鐘仏具など強制供出命令
6・5	**ミッドウェー海戦**（日本海軍は空母4隻を失う敗戦）
6・18	郵便局で割増金付切手債券（弾丸切手）発売（額面2円で1等1000円）
7・8	文部省、女学校の英語を随意科目に
11・15	関門鉄道トンネル下り線開通（上り線は19年8月8日開通）
12・8	ニューギニア・バサブアで日本軍玉砕

政　治	内閣総理大臣・東条英機（陸軍）
ことば	「アイ・シャル・リターン（私は必ず帰ってくる）」（マッカーサー、3月31日、日本軍の猛攻でフィリピンからの退却時に）
事　件	ミッドウェー海戦（中部太平洋ミッドウェー島沖の日米主力艦隊の激戦。日本海軍は主力空母4隻を失い、戦局は、この敗戦を機に大きく転換）
出　版	姿三四郎（富田常雄）、海戦（丹羽文雄）、無常という事（小林秀雄） ＊全出版物の発行が承認制となった
映　画	ハワイ・マレー沖海戦、父ありき、マレー戦記
流行歌	朝だ元気で、うれしいひな祭、明日はお立ちか、婦系図の歌、空の神兵、新雪
スポーツ	野球の名古屋対大洋戦で延長28回、野口二郎・西沢道夫両投手が完投し世界新記録を樹立
流　行	防空頭巾・もんぺ・ゲートルなどの非常時服装急増、婦人標準服発表
風　俗	東京府結婚奨励組合が、結婚相談所を開設
流行語	進め一億火の玉だ、欲しがりません勝つまでは（欲しがります勝つまでは）、足りん足りんは工夫が足りん（足りん足りんは夫が足りん）、非国民、敵性語、職域奉公、イエスかノーか、国民皆兵、海ゆかば、大本営発表、転進
新商品	愛国百人一首、大東亜戦争国債発行、弾丸切手発売、陶製アイロン
物　価	豆腐（7銭）、牛乳（1本11銭）、ビール（57銭）
その他	シンガポール陥落記念国防献金付き切手発売、清酒に醸造用アルコール添加代用洗剤（米のとぎ汁・灰汁・玉子の殻・大豆の煮汁）登場

◆後楽園球場の巨人・大洋定期戦で、アトラクションに軍服着用の手榴弾投げが行われる

	歳		歳		歳

◆ 東京ローズ(日本放送協会が南太平洋の米兵に向けて英語番組「ゼロ・アワー」の放送を開始。アナウンサー嬢たちは米兵から東京ローズとよばれた)

昭和 18 年（1943） 癸未（みずのと・ひつじ）

1・21	中学校修業年限1年短縮し4年制に（高等学校・大学予科は2年制に）
2・1	**ガダルカナル島撤退**（戦死者2万4000人、うち餓死・病死は1万5000人）
2・2	スターリングラードの戦い終結（独軍降伏）
4・18	**山本五十六連合艦隊司令長官ソロモン上空で戦死**
5・29	アッツ島（アリューシャン列島中の小島）の日本軍守備隊全滅
6・25	学徒動員の要綱決定（工場・農村へ勤労動員が始まる）
9・4	上野動物園でライオンなど猛獣・毒蛇を処分
9・22	理工科系以外の学生の徴兵猶予を撤廃
9・23	女子挺身隊に、25歳未満の未婚女子を動員決定（決戦勤労対策）
9・30	御前会議で「今後執るべき戦争指導の大綱」を決定。絶対防衛戦を設定
10・21	**東京神宮外苑競技場で学徒出陣壮行会**
11・1	兵役法改正（45歳まで）
11・13	東京の疎開計画決まる
11・22	カイロ会談（ルーズベルト、チャーチル、蒋介石が会談）

政　治	内閣総理大臣・東条英機（陸軍）
ことば	「撃ちてし止まむ」（第38回陸軍記念日の標語）。出典は天武天皇東征を題材にした軍歌で「敵を撃って撃って撃ちまくりおおせる」という意味
事　件	出陣学徒壮行会（明治神宮外苑競技場に集まった東京近郊の出陣学徒が、家族・級友・女子学生などが見守る中、東条首相の閲兵を受け場内を行進）
出　版	海軍（岩田豊雄）、巴里に死す（芹沢光治郎）、江田島（清閑寺健）、司馬遷（武田泰淳）、日本文化私論（坂口安吾）
映　画	姿三四郎、無法松の一生、マライの虎、海軍、望楼の決死隊
流行歌	勘太郎月夜唄、加藤隼戦闘隊（映画「加藤隼戦闘隊」の主題歌）、若鷲の歌（映画「決戦の大空」の主題歌）、お使いは自転車に乗って
スポーツ	日本野球連盟が「戦士の実施要綱」を作成して各クラブに通達。野球用語から英語追放「ストライク」は「よし」アウトは「ひけ」
流　行	元禄袖
流行語	転進、撃ちてし止まん、元帥の仇は増産で、玉砕、防空頭巾、買い出し
物　価	たばこ一斉値上げ（金碧10銭→15銭、光18銭→30銭、朝日25銭→45銭、桜25銭→45銭、敷島25銭→65銭、あやめ30銭→50銭へ）、理髪料（80銭）
その他	各地で防空壕が掘られた

◆ 列車事情悪化で、幹線は3時間間隔で、座席交代、駅指定に

| | 歳 | | 歳 | | 歳 |

◆ 悪化する戦況のなか、国民は紀元2600年の替え歌でうっぷんばらし

昭和 19 年（1944） 甲申（きのえ・さる）

- 1・24 スイカ・メロンなど不急作物の作付け禁止
- 3・4 宝塚歌劇団の最終公演ファン殺到（3月末松竹少女歌劇団解散）
- 3・8 **インパール作戦開始**（日本軍が北ビルマからインド北東部に侵攻を企図）
- 5・5 国民酒場開設（1杯のビールに長蛇の列）
- 6・6 連合軍、ノルマンディー上陸
- 6・19 **マリアナ沖海戦**（天王山の決戦で惨敗）
- 7・7 サイパン島の日本軍守備隊玉砕
- 7・18 東条内閣総辞職（小磯・米内連立内閣へ）
- 8・1 砂糖の家庭用配給が停止
- 8・4 学童集団疎開の第一陣が上野駅を出発
- 8・10 グアム島、テニアン島玉砕
- 8・25 パリ解放（4年間に及んだドイツ軍の占領が終結）
- 10・23 **レイテ沖海戦**（日本海軍、事実上壊滅。神風特別攻撃隊の第1陣が出撃）
- 11・24 マリアナ基地の米軍機B29約70機が初めて東京を空襲
- 12・7 東南海地震（東海地方に大地震M8、津波。死者998人、全壊2万6130戸）

政　治	内閣総理大臣・東条英機（陸軍）／小磯国昭（陸軍・海軍連立）
ことば	フィリピン周辺の戦闘こそ天王山（小磯国昭首相）
事　件	神風特別攻撃隊が初出撃（以後45回、3500人以上の出撃が記録されている）
出　版	必勝国民読本（陸軍報道部編）、花ざかりの森（三島由紀夫）、津軽（太宰治）、魯迅（竹内好）、おばあさん（獅子文六）
映　画	あの旗を撃て、加藤隼戦闘隊、日常の戦ひ、陸軍、五重塔、一番美しく、敵は幾万ありとても
流行歌	ラバウル海軍航空隊、少年兵を送る歌、同期の桜、勝利の日まで、轟沈、ラバウル小唄、予科練
スポーツ	9月プロ野球休止。大相撲は継続
風　俗	警視庁が、東京の高級料理店（850店）、待合芸妓屋（4300店・芸妓8900人）、バー・酒店（2000店）を閉鎖
流行語	月月火水木金金、鬼畜米英、一億国民総武装、大和一致、疎開、神風攻撃隊
新商品	松根油、竹製ランドセル、硫黄マッチ、すいとん、雑炊食堂登場
物　価	豆腐（10銭）、はがき（3銭）、封書（7銭）へ値上げ
その他	松竹少女歌劇団が解散し、松竹芸能本部女子挺身隊が結成される

◆ 東京都がビヤホールや大喫茶店を雑炊食堂に（のち国民食堂と改称）

| | 歳 | | 歳 | | 歳 |

◆疎開は、戦況に応じて隊列の間隔を開くという軍事用語が転用されたもの

昭和 20 年（1945） 乙酉（きのと・とり）

1・13	三河地震（東海地方に大地震、死者2306人）
3・10	**東京大空襲**（B29が東京下町を空襲。死者約10万人、焼失家屋約23万戸）
4・1	米軍沖縄本島に上陸
5・7	ドイツ無条件降伏
6・23	**沖縄守備隊全滅**（牛島司令官自決）
7・26	米英ソ首脳会議、ポツダム宣言発表
8・6	**B29広島に原爆投下（9日長崎に投下）**
8・8	ソ連対日宣戦布告
8・15	**「終戦の大詔」玉音放送**（太平洋戦争終わる）
8・28	連合軍総司令部（GHQ）横浜に設置（9月15日東京日比谷へ）
9・17	枕崎台風（鹿児島県枕崎付近に台風が上陸、死者・行方不明者3756人）
11・1	東京日比谷で飢餓対策国民大会開催

政　治	内閣総理大臣・小磯国昭（陸軍・海軍連立）／鈴木貫太郎（枢密院）／東久邇宮稔彦王（皇族）／幣原喜重郎（外交官）
ことば	「…朕は時運の赴く所堪え難きを堪え、忍び難きを忍び…」（玉音放送から）
事　件	ひめゆり部隊が集団自決（沖縄の学徒看護隊210人が米軍の包囲下で自決）
出　版	日米會話手帳（80銭）、新生（ザラ紙無とじ、32ページ。13万部が即時完売）
映　画	聖断を拝す、東久邇宮内閣成立（戦後初のニュース映画）、そよ風（戦後初の企画映画、主題歌「リンゴの唄」）〔洋〕ユーコンの叫び（戦後初の洋画）
流行歌	リンゴの唄、お山の杉の子、ダンチョネ節、同期の桜、ラバウル小唄、愛国行進曲
スポーツ	戦後初の野球試合、東京六大学OB紅白試合。プロ野球が東西対抗戦で復活。大相撲国技館で復活（晴天10日間）。双葉山引退
流　行	もんぺズボン、更正服、国民服、復員服、予科練スタイル（飛行帽、飛行服に半長靴、首もとから白いマフラー）、半ズボン、タイトスカート、ロングスカート
風　俗	GIの性的欲望対処のため、特殊慰安施設協会を設立。（施設第1号は大森小町園、以降東京に25カ所に設置し、慰安婦は1600人に及んだ。1946年に閉鎖）
流行語	本土決戦、一億総懺悔、真相はこうだ、4等国、ピカドン、進駐軍、竹の子生活、バラック、パンパンガール、復員、ヤミ市、青空市場、DDT、GHQ、MP
新商品	第一回宝くじ（1等10万円）、たばこ「サロン」「ローズ」「祇園」、ズルチン
物　価	白米10kg（6円00銭）、豆腐（20銭）、清酒一級（一升・15円）、ビール（2円）、理髪料（3円50銭）

◆学校では、戦時下の教科書を墨で塗りつぶす作業が行われた

| | 歳 | | 歳 | | 歳 |

◆ヤミ市では、ふかし芋、ライスカレー、おでん、だんご、すいとん、しるこ、シチューなどが5〜10円で売られ、砂糖は1貫目1000円もした

昭和 21 年（1946） 丙戌（ひのえ・いぬ）

1・1	**天皇人間宣言**
2・25	新円発行（日本銀行が新円〈百円札、十円札〉を発行、旧円と交換し、3月2日限りで流通中の旧円は失効した）
5・3	極東国際軍事法廷（東京裁判）が開廷
5・19	皇居前広場で食糧メーデー（プラカード事件おこる）
7・14	砂糖不足でズルチンの発売許可
8・9	第1回国民体育大会夏季大会が兵庫県宝塚市で開催（～11）
10・9	文部省男女共学を指令
10・21	**第2次農地改革**（小作地の80％を解放）
11・3	日本国憲法公布（22年5月3日施行）
12・8	ソ連シベリア抑留者の帰還船が舞鶴港へ入港（33年まで66万5千人が引揚）
12・21	南海道大地震（M8.1、近畿・四国地方の死者・行方不明1464人）

政　治	内閣総理大臣・幣原喜重郎（日本進歩党）／吉田茂①（日本自由党）
ことば	500円生活（新円でのサラリーマンの給与支払いが500円までとされたため）
事　件	小平事件（東京で買出し女性ら10人を暴行殺害した小平義雄逮捕）
出　版	旋風二十年（森正蔵）、愛情はふる星のごとく（尾崎秀美）、腕くらべ（永井荷風）、哲学ノート（三木清）、嘔吐（サルトル・白井浩治訳）
映　画	大曽根家の朝、わが青春に悔なし、在る夜の殿様 〔洋〕カサブランカ、我が道を往く、運命の饗宴、惑星の影
流行歌	リンゴの唄、悲しき竹笛、東京の花売り娘、みかんの花咲く丘、森の小人
スポーツ	プロ野球再開（8球団による15回総当たりの1シーズン制） ＊赤バットの川上哲治（巨人）と青バットの大下弘（セネターズ）が大活躍
ラジオ	のど自慢素人音楽会、英語會話教室、ラジオ体操、街頭録音、尋ね人、話の泉
流　行	パンパンガール・スタイル、アメリカン・スタイル、ボールドルック（パッド付きのいかり肩、細いウエスト、ペプラムジャケット、ショートスカート）
風　俗	「赤線」「青線」（自由意思での売春が容認された地域と非容認の地域）
流行語	「あっ、そう」、オフ・リミット、カストリ、バクダン、ララ物資、ヒロポン
新商品	スクーター・ラビットS-1型、電熱器、ハリスガム、トリスウヰスキー
物　価	白米10kg（36円）、封書（30銭）、はがき（15銭）、国鉄最低料金（20銭）、都電（40銭）、ビール（6円）、たばこピース（10本入り7円）、理髪料（3円）
その他	南朝の子孫を自称する"熊沢天皇"が出現

◆ 東京裁判では大日本帝国の中枢にいた軍人・政治家28人がA級戦犯として裁かれた

◆ヒロポンは軍用物資として大量生産された薬品で、幻覚剤として闇市で出回った

昭和 22 年 (1947) 丁亥 (ひのと・い)

1・30	GHQ全官公労総罷業 (2・1ゼネスト) に中止命令
2・25	国鉄八高線で買出し客を満載の列車が脱線転覆 (死者184人)
4・1	**6・3・3制スタート** (国民学校は再び小学校へ)
5・3	**日本国憲法施行**
7・20	主食の遅配は全国平均20日 (東京25.8日、北海道90日) となる
8・14	浅間山が噴火 (登山者20余人が死亡)
9・14	**キャスリーン台風** (関東・東北に大被害を及ぼした。死者2247人)
10・27	果物など132品目の公定価格廃止
12・1	1等100万円宝くじ発売、酒類自由販売となる

政　治	内閣総理大臣・吉田茂①（日本自由党）／片山哲（日本社会党・民主党・国民協同党連立）
ことば	不逞の輩（吉田首相、年頭のラジオ放送で、一部の労働運動指導者を指して）
事　件	東京地裁判事栄養失調で死亡（職業がら一切のヤミを拒否して、配給だけの生活を守った山口良忠判事が、療養先の佐賀県で栄養失調のため死亡）
出　版	旋風二十年（森正蔵）、愛情はふる星のごとく（尾崎秀美）、凱旋門（レマルク・井上勇訳）、夏目漱石全集、人生論ノート（三木清）
映　画	安城家の舞踏会、戦争と平和、今ひとたびの〔洋〕断崖、荒野の決闘、心の旅路
ラジオ	名演奏家の時間、向こう三軒両隣、上方演芸会、鐘の鳴る丘、主婦日記、日曜娯楽版、二十の扉、素人のど自慢
流行歌	啼くな小鳩よ、雨のオランダ坂、夜のプラットフォーム、夜霧のブルース、長崎エレジー、港が見える丘、夢淡き東京、白鳥の唄、星の流れに
スポーツ	東京〜箱根の関東学生駅伝競走が再開。全日本選手権大会で、古橋広之進（日大）が、400m自由型競泳で世界新記録を樹立
流　行	アプレ族スタイル（アロハシャツ、リーゼント、サングラス、スリーブレスの水玉ワンピース）
風　俗	額縁ショー大人気（舞台に大きな額縁を置き、その中に上半身が裸の若い女性がじっと立っているというヌードショー）
流行語	オンリー、ご名答、集団見合い、冷たい戦争、土曜夫人
新商品	バンビキャラメル、たばこ光、たばこ新生
物　価	白米10kg（149円）、豆腐（1円）、封書（1円20銭）、はがき（50銭）、ビール（59円61銭／配給19円60銭）、清酒1級（43円）、理髪料（10円）

◆ 多摩川畔で集団見合大会（男女300人が参加）

| | 歳 | | 歳 | | 歳 |

◆第1回共同募金始まる

昭和 23 年（1948） 戊子（つちのえ・ね）

1・26 帝銀事件（帝銀椎名町支店で行員12人が毒殺、現金奪われる）
4・1 GHQ 祝察日の国旗掲揚を許可
4・1 **新制高校（全日制・定時制）が発足**
4・28 サマータイム（5月から9月の間、時刻を1時間進める）制実施、1952年に廃止
6・23 **昭和電工事件**（昭和電工日野原社長が贈賄容疑で逮捕）
6・28 福井大地震（M7.3、死者3895人）
9・15 奥むめおら主婦連合会を結成
10・1 警視庁初の犯罪専用電話「110番」を開設
11・1 主食の配給2合7勺（380g）へ
11・12 **極東軍事裁判で戦犯25人に有罪判決**

政 治	内閣総理大臣・片山哲（日本社会党・民主党・国民協同党連立）／芦田均（日本民主党）／吉田茂②（民主自由党）
ことば	「墓場に近き老いらくの恋に恐るる何もなし」（歌人川田順が、弟子の大学教授夫人と家出したとき、友人に送った詩の一節）
事 件	太宰治入水自殺（東京・三鷹の玉川上水で、太宰治が山崎富栄と入水心中）
出 版	愛情はふる星のごとく（尾崎秀美）、斜陽（太宰治）、新書太閤記（吉川英治）、罪と罰（ドストエフスキー・米川正夫訳）、凱旋門（レマルク・井上勇訳）
映 画	酔いどれ天使、手をつなぐ子等、夜の女たち 〔洋〕ヘンリー五世、我等の生涯の最良の年、逢びき
ラジオ	時の動き、素人のど自慢全国コンクール、ニュース解説
流行歌	君待てども、東京ブギウギ、ブンガワン・ソロ、長崎のザボン売り、フランチェスカの鐘、湯の町エレジー、異国の丘、憧れのハワイ航路、カチューシャ
スポーツ	第5回冬季オリンピック・サンモリッツ大会。第14回オリンピック・ロンドン大会開催（日本とドイツは参加が認められず）
流 行	リーゼント・ヘアスタイル、アロハ・シャツ、アメリカンスタイル（ロング・フレアスカート）、スラックス、下着（ブラジャー、コルセット、ペチコート）
風 俗	東京・新宿に歌舞伎町が誕生する
流行語	アルバイト、斜陽族、鉄のカーテン、ノルマ、ロマンスシート、てんやわんや
新商品	セロテープ、ボールペン
物 価	はがき（2円）、封書（5円）、国鉄最低料金（3円）、豆腐（8円）、ビール（162円20銭／配給75円70銭）、たばこピース（10本入60円）、理髪料（25円）

◆「国民の祝日」を制定

| | 歳 | | 歳 | | 歳 |

◆ 美空ひばりデビュー（横浜国際劇場で前座歌手として「リンゴの歌」などを歌った）

昭和 24 年（1949） 己丑（つちのと・うし）

1・26	法隆寺の金堂炎上
2・20	能代大火（秋田県能代市の中心地帯が全焼。死者3人、焼失家屋2237戸）
3・7	GHQ経済顧問ドッジが日本経済安定策を提示（ドッジ・ライン）
3・29	はとバスの定期観光コース発車（料金1人250円）
4・1	野菜の統制撤廃市場でのセリ再開
7・5	**下山事件**（下山定則国鉄総裁が行方不明、6日常磐線路上で轢死体として発見）
7・15	**三鷹事件**（国鉄三鷹駅で7両編成の無人電車暴走6人死亡）
8・17	**松川事件**（東北線松川－金谷川間で列車転覆乗務員3人死亡）
8・31	キティー台風（茅ヶ崎に上陸し、関東に被害。死者160人）
10・1	中華人民共和国成立
11・3	**湯川秀樹博士にノーベル物理学賞**

政　治	内閣総理大臣・吉田茂②（民主自由党）／吉田茂③（民主自由党）
ことば	「厳粛なる事実」（民主党の園田直と労農党議員の松谷天光光がイデオロギーを越えた大恋愛の末に電撃結婚。すでに松谷が妊娠していることを指して）
事　件	光クラブ事件（東大の学生で闇金融会社・光クラブの社長山崎晃嗣が服毒自殺）
出　版	この子を残して（永井隆）、風と共に去りぬ（M・ミッチェル・大久保康夫訳）、共産主義批判の常識（小泉信三）、長崎の鐘（永井隆）、平和の発見（花山信勝）
映　画	晩春、青い山脈、野良犬〔洋〕戦火のかなた、大いなる幻影、ママの思い出
ラジオ	私は誰でしょう、とんち教室、三つの鐘、陽気な喫茶店、国会討論会
流行歌	トンコ節、三味線ブギウギ、月よりの使者、青い山脈、銀座カンカン娘、薔薇を召しませ、夏の思い出、長崎の鐘、悲しき口笛
スポーツ	全米水上選手権で古橋広之進が4つの世界新記録を達成（フジヤマのトビウオ）。米3Aのサンフランシスコ・シールズが来日。プロ野球セ・パ2リーグに分裂
流　行	ロングスカート、パネルスカート、ショートカット、フレンチスリーブ
風　俗	飲食店営業再開、ビアホール復活（都内で21か所が営業）
流行語	アジャパー、つるしあげ、筋金入り、駅弁大学、ニコヨン、アプレ・ゲール、ギョッ、厳粛なる事実、三バン、自転車操業、竹馬経済、ドッジ・ライン
新商品	キャップ式広口哺乳器、ブラ・パット、能率手帳、お年玉つき年賀はがき、避妊薬
物　価	封書（8円）、国鉄最低料金（5円）、もりそば（15円）、ビール（126円50銭）、国立大学授業料（年額3600円）、教員初任給（3991円）
その他	台湾バナナ戦後初めて輸入

◆アパート団地第一号となる都営戸山ハイツ（1053戸）が完成

◆輪タクが全盛となる(全国に1万3000台、東京で4000台、輪タク会社70社)

昭和 25 年（1950） 庚寅（かのえ・とら）

1・7	聖徳太子像の1000円札発行
4・1	たばこの家庭配給廃止（ピース50円、光40円に値上げ）
6・1	外食券なしで、米以外の主食（そば・うどん・パン）の販売が自由化
6・6	マッカーサー、共産党幹部24人の追放を指令（レッドパージ）
6・25	**朝鮮戦争勃発**（大韓民国と朝鮮民主主義人民共和国が武力衝突）
7・2	国宝・金閣寺が寺僧の放火で全焼
7・18	レッドパージ始まる（共産党の機関紙アカハタの発行禁止）
8・10	警察予備隊設置（自衛隊の前身）
10・13	公職追放解除

政　治	内閣総理大臣・吉田茂②（民主自由党、自由党に改称）
ことば	貧乏人は麦を食え（池田勇人蔵相、12月7日の参議院法務委員会で）
事　件	財田川事件（香川県財田村で闇米ブローカーが殺され現金を強奪された）
出　版	細雪（谷崎潤一郎）、潜行三千里（辻政信）、風と共に去りぬ（M・ミッチェル）、きけわだつみの声（東大出版部編）、チャタレイ夫人の恋人（D・H・ロレンス）＊最高検「チャタレイ夫人の恋人」をわいせつ文書として押収指令
映　画	また逢う日まで、帰郷、暁の脱走、執行猶予、羅生門〔洋〕白雪姫、黒水仙、ジャンヌ・ダーク
ラジオ	農家のいこい、ラジオ喫茶室
流行歌	夜来香、熊祭の夜、星影の小径、買物ブギ、ベサメ・ムーチョ、東京キッド、桑港のチャイナタウン、越後獅子の唄、あざみの歌、トロイカ
スポーツ	プロ野球公式戦ナイター開始（後楽園）、第4回サッカーワールドカップ（開催：ブラジル、優勝：ウルグアイ②）
流　行	アコーディオン・プリーツ・スカート流行、ビニール・レインコート、ブレザージャケット、ネッカチーフ
風　俗	大阪でアルバイト・サロン（アルサロ）登場。スピッツブーム始まる
流行語	エチケット、つまみ食い、いかれポンチ、一辺倒、糸へん・金へん、とんでもハップン、チラリズム、BG
新商品	テープレコーダー、トリスウィスキー、マダムジュジュ、下着101号、パーカー万年筆、ニッカポケットウィスキー、扇雀飴、黄金糖、江戸むらさき
物　価	国鉄普通旅客運賃（上野－青森720円、新橋－大阪620円）、ビール（125円）、たばこピース（10本入50円）、銭湯（10円）、理髪料（60円）

◆ 第1回ミス日本に山本富士子

◆5歳以下の方はお使いになってはいけません（マダム・ジュジュのラジオCM）

昭和26年（1951） 辛卯（かのと・う）

1・3	第1回NHK紅白歌合戦放送
4・2	五百円札発行
4・11	**マッカーサー、連合軍最高司令官を罷免される**
4・24	桜木町事件（横浜の桜木町駅で国電火災、死者106人）
7・6	アナタハン島で敗戦を知らずにいた日本兵20人帰国（アナタハンの女王）
9・8	**対日講和条約・日米安全保障条約調印**
10・14	ルース台風（本州各地に大被害を与えた。死者、行方不明者約1500人）
10・25	日航第1号機「もく星号」就航（東京－大阪間6000円）
12・6	松阪市大火（焼失家屋820戸）

政　治	内閣総理大臣・吉田茂③（自由党）
ことば	老兵は死なず、ただ消え去るのみ（マッカーサー元帥）
事　件	八海事件（山口県麻郷村八海で老夫婦が惨殺され現金が奪われた）
出　版	ものの見方について（笠信太郎）、少年期（波多野勤子）、戦後風雲録（森正蔵）、武蔵野夫人（大岡昇平）、源氏物語（谷崎潤一郎）
映　画	麦秋、めし、偽れる盛装、カルメン故郷に帰る、どっこい生きている〔洋〕白昼の決闘、サムソンとデリラ、キング・ソロモン
流行歌	ミネソタの卵売り、ひばりの花売娘、僕は特急の機関士で、アルプスの牧場、高原の駅よさようなら、上海帰りのリル、野球小僧、あの丘こえて、雪山賛歌
ラジオ	ラジオ体操、クイズ三つの歌
スポーツ	ボストン・マラソンで田中茂樹が日本人初の優勝。第3回日米親善野球が16試合行われ、米プロ選抜チームは13勝1敗2引き分けと圧勝
流　行	石津謙介が大阪で「VANジャケット」を設立。GI刈り
風　俗	トルコ風呂第一号（銀座6丁目に東京温泉が開店）。ジャズとパチンコ流行
流行語	エントツ、逆コース、三等重役、社用族、ノー・コメント、三白景気
新商品	LPレコード、携帯テープ式録音機・ショルダー、長柄カミソリ、ロゼット洗顔パスタ、花王粉せんたく、ルル、森永ミルクキャラメル、カバヤキャラメル〈おまけ付き〉、雪印バターキャラメル、フーセンガム
物　価	はがき（5円）、封書（10円）、電話度数料（5円）、国鉄最低料金（10円）、都バス（15円）、豆腐（10円）、ビール（123円）、たばこ・ピース（10本入40円）、電気洗濯機（4万6000円）、映画入場料（80円）、教員初任給（5050円）
その他	結核が初めて死因の2位へ（1位脳溢血）、赤痢大流行で1万4836人死亡

◆「ストリッパー・ベスト10」が選定され、1位はジプシー・ローズ

| | 歳 | | 歳 | | 歳 |

◆パチンコが大流行し、愛好者を皮肉って親指族と呼んだ

昭和27年(1952)　　　壬辰(みずのえ・たつ)

1・18	韓国周辺の海域に李承晩ラインの設定を宣言
3・4	十勝沖地震(北海道から三陸にかけて強い地震が発生。死者33人)
4・1	**琉球政府発足**
4・1	砂糖13年ぶりの統制解除
4・9	日航「もく星号」大島三原山で遭難(乗員乗客31人全員死亡)
4・28	サンフランシスコ講和条約が発効(日本の主権が回復された)
5・1	**血のメーデー事件**(皇居前でデモ隊と警官隊激突。死者2人、負傷者2300人)
7・1	羽田空港返還(東京国際空港としてスタート)
9・17	明神礁爆発(伊豆七島青ヶ島南方60kmの海底火山が爆発し2つの小島が出現)
11・10	皇太子成年式(皇太子明仁の立太子礼が行われた)

政　治	内閣総理大臣・吉田茂③(自由党)／吉田茂④(自由党)
ことば	ヤンキー・ゴー・ホーム(米軍基地に反発したプラカードの言葉)
事　件	荒川バラバラ事件(東京・足立区の荒川放水路に首と手足のない男の死体)
出　版	新唐詩選(吉川幸二郎・三好達治)、人間の歴史2(安田徳太郎)、ニッポン日記〈上・下〉(マーク・ゲイン)、千羽鶴(川端康成)、生きている日本史(高木健夫)
映　画	生きる、稲妻、本日休診、現代人、カルメン純情す〔洋〕風と共に去りぬ、硫黄島の砂、誰が為に鐘は鳴る
ラジオ	君の名は、リンゴ園の少女、ユーモア劇場＊NHK「君の名は」が放送開始。女湯がガラ空きになる超人気。またこの年から放送終了時に「君が代」放送開始
流行歌	テネシー・ワルツ、リンゴ追分、ゲイシャ・ワルツ、お祭マンボ、ああモンテンルパの夜は更けて、赤いランプの終列車、憧れの郵便馬車、灯
スポーツ	白井義男が日本初の世界フライ級王者に。第6回冬季オリンピック・オスロ大会、第15回オリンピック・ヘルシンキ大会に戦後初参加
流　行	新素材の透け透けナイロンブラウス、トッパー(トップ・コート)大流行
風　俗	東京・有楽町に日劇ミュージックホールがオープン
流行語	エッチ(変態者の頭文字で、いやらしい男のこと)、火炎ビン、モロトフ・カクテル、恐妻、パンマ、風太郎(プータロー)、「見てみてみ」「聞いてみてみ」
新商品	ホンダカブ、マジックインキ、ホッチキスSYC-10、トラベルミン、ミルキー
物　価	豆腐(12円)、もりそば(17円)、ビール(130円)、清酒(値上げで特級酒1090円に)、国立大学授業料(年額6000円)
その他	第1期王将戦(木村義雄名人vsと升田幸三八段)で、陣屋事件起こる

◆ボウリング場の第1号が東京青山にオープン

◆在日アメリカ諜報機関（キャノン機関）に拉致され行方不明だった作家の鹿地亘が突然1年ぶりに帰宅

昭和 28 年（1953） 癸巳（みずのと・み）

2・1	NHK東京地区で1日4時間のテレビ本放送開始（契約台数866）
3・5	**スターリン暴落**（ソ連首相スターリンの死去で株価大暴落）
4・27	阿蘇山大爆発（修学旅行の高校生ら5人死亡）
6・13	**内灘闘争**（米軍の内灘試射場無期限使用に反対し内灘村民坐り込み）
7・27	**朝鮮休戦協定調印**（板門店）
8・1	金15年ぶりに自由販売
9・15	日航機初めて国際線に就航
10・31	都内に赤色の委託公衆電話機（赤電話）登場

政　治	内閣総理大臣・吉田茂④（自由党）／吉田茂⑤（自由党）
ことば	戦力なき軍隊（吉田茂首相、保安隊から自衛隊への改組批判に対しての答弁）
事　件	徳島ラジオ商殺人事件（徳島市八百屋町のラジオ店主が殺された）
出　版	光ほのかに（アンネ・フランク）、第二の性3（ボーヴォワール）、君の名は3（菊田一夫）、人間の歴史3（安田徳太郎）、第二の性1（ボーヴォワール）
映　画	にごりえ、東京物語、雨月物語、煙突の見える場所、あにいもうと〔洋〕地上最大のショウ、シェーン、クオ・ヴァディス
ラジオ	お父さんはお人好し、ゆく年くる年、笛吹童子、お姉さんといっしょ
テレビ	舞台劇・道行き初音旅・吉野山の場、ジェスチャー、半七捕物帳、私は誰でしょう、舞踏・寿式三番叟（民放初の番組）、何でもやりまショー、紅白歌合戦
流行歌	津軽のふるさと、石狩エレジー、毒消しゃいらんかね、アリラン哀歌、雪の降るまちを、ぞうさん、街のサンドイッチマン、君の名は、仕事の歌
スポーツ	ボストン・マラソンで山田敬蔵が優勝。ヒラリーとテンジンがエベレスト初登頂に成功
流　行	真知子巻き、落下傘スタイルのスカート、ペチコート大流行
風　俗	街頭テレビに黒山の人だかり、マンボ流行
流行語	街頭テレビ、コネ、38度線、さんずい・さんずいへん、戦後強くなったのは女と靴下、バカヤロウ解散、むちゃくちゃでございまするがな
新商品	TV3-14T型テレビ（国産初の白黒テレビ受像機）、シームレス・ストッキング、白元、エアゾール、オロナイン軟膏、粉末オレンジジュース
物　価	白米10kg（680円）、もりそば（20円）、公衆電話料（5円から10円へ）、食パン（1斤30円）、ビール（107円）、理髪料（140円）、電気冷蔵庫（12万9000円）
その他	東京青山に初のスーパーマーケット「紀ノ国屋」開店

◆ 伊東絹子ミス・ユニバース3位入選（8頭身が流行語に）

| | 歳 | | 歳 | | 歳 |

◆トニー谷が大活躍。「家庭の事情」、「さいざんす」、「おこんばんは」、「お下劣ね」、「バッカじゃなかろか」、「おさいなら」が流行語に

昭和29年(1954) 甲午(きのえ・うま)

- 1・2 　二重橋事件(新年参賀に38万人、二重橋が大混乱となり16人が圧死)
- 1・20　東京池袋－御茶の水間に地下鉄開通(戦後の地下鉄第1号)
- 2・22　テレビ受信契約1万突破
- 3・1 　**ビキニ水爆実験でマグロ漁船・第五福竜丸が被爆**(死の灰)
- 4・21　造船疑獄で佐藤栄作自由党幹事長の逮捕請求に指揮権発動
- 6・－ 　「住宅白書」発表(都市では1人当たり3.2畳)
- 7・1 　**自衛隊発足**(防衛2法が施行、保安隊が陸上自衛隊に、警備隊が海上自衛隊に改編、航空自衛隊が新設。防衛庁設置陸海空自衛隊が誕生)
- 9・26　洞爺丸遭難事故(青函連絡船洞爺丸が函館沖で沈没、死者・行方不明1175人)
- 12・27 主婦連の"10円牛乳"発売

政　治	内閣総理大臣・吉田茂⑤(自由党)／鳩山一郎①(日本自由党)
ことば	シャネルの5番(マリリン・モンロー、来日の記者会見で、「寝る時は何を着て寝ますか」という記者の質問に対し)
事　件	仁保事件(山口県・仁保村で一家6人全員を惨殺)
出　版	女性に関する十二章(伊藤整、愛は死を越えて(ローゼンバーグ夫妻・山田晃訳)、潮騒(三島由紀夫)、火の鳥(伊藤整)、はだか随筆(佐藤弘人)
映　画	二十四の瞳、女の園、七人の侍、黒い潮、近松物語〔洋〕ローマの休日、砂漠は生きている、グレン・ミラー物語
テレビ	シルエットクイズ、美容体操、今晩はメイコです、こんにゃく問答
流行歌	真室川ブギ、ひばりのマドロスさん、高原列車は行く、お富さん、野球けん、岸壁の母、原爆許すまじ
スポーツ	日本で初のプロレス国際試合(シャープ兄弟vs力道山・木村組)、大相撲の蔵前国技館が開館。第5回サッカーワールドカップ(開催:スイス、優勝:西ドイツ①)
流　行	ヘップバーン刈りとサブリナシューズ、レアドール・パンツ流行
風　俗	東京で連発式のパチンコが禁止
流行語	ロマンス・グレイ、スポンサー、死の灰、放射能、五せる接待
新商品	アリナミン、ミルク飲み人形、パンケーキ、キスミースーパー口紅、トイレボール、シロン、明治オレンジジュース、カンロ玉、バターボール
物　価	豆腐(20円)、ビール(120円)、たばこピース(10本入45円)、理髪料(140円)
その他	ヤマハ音楽教室開設

◆第1回全日本自動車ショー開幕

| | 歳 | | 歳 | | 歳 |

◆「ワ、ワ、ワ、ワが三つ」(ミツワ石鹸のテレビCM)

昭和 30 年（1955） 乙未（きのと・ひつじ）

5・8	砂川基地闘争始まる（東京砂川町で立川基地拡張反対総決起大会）
5・11	国鉄宇高連絡船「紫雲丸」沈没事故（修学旅行の小中学生ら168人が死亡）
6・1	初の「1円」アルミ貨発行
7・22	**日本共産党が第6回全国協議会（六全協）を開催**
8・6	第1回原水爆禁止世界大会（広島）
8・―	**森永ヒソミルク事件**（27府県で、死亡130人、患者1万2000人）
10・1	新潟市で大火（新潟市学校町の県教育庁の屋根裏から出火。1193戸が被災）
10 3	テレビ受信契約10万を突破
12・10	ヤミ米平均価格1升106円で配給米の価格を下回わる
12・14	建設省全国で住宅270万8000戸不足と発表（住宅難深刻）

政　治	内閣総理大臣・鳩山一郎①（日本自由党）／鳩山一郎②（自由民主党）／鳩山一郎③（自由民主党）
ことば	三種の神器（電気冷蔵庫、電気洗濯機、テレビジョンが主婦のあこがれ）
事　件	トニー谷の長男誘拐事件（容疑者逮捕、無事解決）
出　版	はだか随筆（佐藤弘人）、欲望（望月衛）、うらなり抄（渡辺一夫）、不安の倫理（石川達三）、うちの宿六（福島慶子）
映　画	浮雲、夫婦善哉、野菊の如き君なりき、生きものの記録、ここに泉あり〔洋〕砂漠は生きている、シネラマ・ホリデー、海底二万哩
テレビ	衆議院議員選挙開票速報、日真名氏飛び出す、私の秘密
流行歌	この世の花、月がとっても青いから、赤と黒のブルース、逢いたかったぜ、別れの一本杉、田舎のバスで、娘船頭さん、おんな船頭唄、カスバの女、ガード下の靴みがき、りんどう峠、南国土佐を後にして、島の船唄、ちいさい秋みつけた
スポーツ	金田正一投手（国鉄）、1シーズン340奪三振の新記録
流　行	マンボスタイル、慎太郎刈り、ポニーテイル、ポロシャツそして婦人服はAラインYラインのアルファベット時代
風　俗	深夜喫茶が急増。新宿駅ホームにアルバイト学生の「押し屋」登場
流行語	最低ね、セミテン、頼りにしてまっせ、ノイローゼ、兵隊の位で言うと
新商品	トヨペットクラウン、スズライト、リコピー、トランジスタラジオTR-55、自動式電気釜、折りたたみ傘アイデアル、フィンガーチョコ、アーモンドグリコ、ランチクラッカ
物　価	白米10kg（845円）、カレーライス（100円）、ビール大瓶（125円）
その他	電気洗濯機の普及は26年の140倍44世帯に1台

◆ 千葉県船橋にヘルスセンター第1号オープン

| | 歳 | | 歳 | | 歳 |

◆ハナ肇・谷啓ら「クレージーキャッツ」結成

昭和 31 年（1956） 丙申（ひのえ・さる）

3・19	日本住宅公団初の入居者募集
3・20	能代大火（秋田県能代市、七輪こんろから出火。負傷者19人、焼失家屋1600戸）
5・9	日本登山隊マナスルに初登頂
5・24	売春防止法公布（33年4月1日施行）
8・19	大館大火（秋田県大館市の旅館から出火。死傷者16人、焼失家屋1344戸）
9・10	魚津大火（富山県魚津市内で出火。死者5人、負傷者170人、焼失家屋1677戸）
10・11	延暦寺火災（比叡山延暦寺の大講堂・鐘楼・木彫り仏像14体が焼失。原因は放火）
11・19	東海道本線の全線電化完成
12・12	**日ソ国交回復**（日ソ共同宣言の批准書が交換され、日ソ間の国交が回復）
12・26	興安丸が、ソ連からの最後の集団帰国者1025人を乗せ舞鶴に入港

政　治	内閣総理大臣・鳩山一郎③（自由民主党）/石橋湛山（自由民主党）
ことば	もはや戦後ではない（中野好夫、「文芸春秋」2月号に書いたエッセイの題）
事　件	参宮線列車転覆の惨事（三重県参宮線六軒駅で、下り快速列車と上り快速列車が脱線。被害者の大部分はお伊勢参りの修学旅行の生徒だった）
出　版	太陽の季節（石原慎太郎）、夜と霧（フランクル・霜山徳爾訳）、四十八歳の抵抗（石川達三）、帝王と墓と民衆（三笠宮崇仁）、昭和史（遠山茂樹、今井清一、藤原彰）＊「週刊新潮」創刊（雑誌社系初の週刊誌）
映　画	真昼の暗黒、夜の河、カラコルム、猫と庄造と二人のをんな、ビルマの竪琴〔洋〕ジャイアンツ、海底二万哩、戦争と平和
テレビ	チロリン村とくるみの木、ハイウェー・パトロール、鞍馬天狗、スーパーマン、名犬リンチンチン、お笑い三人組、危険信号、東芝日曜劇場、ロビンフッドの冒険
流行歌	ここに幸あり、若いお巡りさん、哀愁列車、早く帰ってコ、愛ちゃんはお嫁に、東京の人よさようなら、リンゴ村から、どうせひろった恋だもの、ケ・セラ・セラ
スポーツ	第7回冬季オリンピック・コルチナ・ダンペッツォ大会（スキー男子回転で猪谷千春が銀）、第16回オリンピック・メルボルン大会（日本は金メダル4）
流　行	ロングヘアー
風　俗	東京の深夜営業が8000軒に急増。ロックンロール流行
流行語	一億総白痴化、愚連隊、戦中派、太陽族、抵抗族、デイト、ドライ、マネー・ビル
新商品	脱水装置付洗濯機VF-3型、自動ポップアップ型トースター、セイコー自動巻腕時計、合成洗剤トップ、ミカロン、資生堂ホネケーキ、サッポロビール
物　価	都電（10円→13円）、たばこピース（45円→40円）富士（120円→100円）

◆由利徹、八波むと志、南利明の3人が脱線トリオを結成。読売新聞に日曜クイズ連載（クイズブーム）

| | 歳 | | 歳 | | 歳 |

◆ラジオドラマ「赤胴鈴之助」、「少年探偵団」が人気

昭和 32 年 (1957) 丁酉 (ひのと・とり)

1・29	南極予備観測隊オングル島に上陸「昭和基地」開設
1・30	ジラード事件（群馬県相馬ヶ原の米軍射撃場で米兵が農婦を射殺）
3・8	**日本が国際連合に加盟**
4・12	定期船・第五北川丸が広島県三原沖で沈没。（死者・行方不明113人）
7・25	九州大水害（長崎県、熊本県で死者・行方不明992人、負傷者3774人）
8・27	東海村原子力研究所で初の"原子の火"ともる
10・1	5000円札新登場（12・11、100円硬貨発行）
10・4	**初の人工衛星**（ソ連、人工衛星「スプートニク1号」の打ち上げに成功）
12・28	NHK日本テレビカラー実験放送開始

政　治	内閣総理大臣・石橋湛山（自由民主党）／岸信介①（自由民主党）
ことば	「三光」（日中戦争時の日本軍の非人道的な戦術を中国側が非難した言葉）
事　件	天城山心中（伊豆天城山中で、学習院大学の同級生の男女がピストル心中）
出　版	挽歌（原田康子）、美徳のよろめき（三島由紀夫）、愛のかたみ（田宮虎彦、田宮千代）、一日一善（桑原武夫）、鍵（谷崎潤一郎）
映　画	米、純愛物語、喜びも悲しみも幾歳月、幕末太陽伝、蜘蛛巣城〔洋〕戦場にかける橋、ノートルダムのせむし男、八月十五夜の茶屋
テレビ	アニーよ銃をとれ、野球教室、アイ・ラブ・ルーシー、生活の知恵、ヒッチコック劇場、時事放談、ダイヤル110番、名犬ラッシー、テレビ体操、きょうの料理
流行歌	東京だョおっ母さん、東京のバスガール、俺は待ってるぜ、船方さんヨ、お月さん今晩は、青春サイクリング、バナナ・ボート、チャンチキおけさ、錆びたナイフ
スポーツ	第5回カナダ杯国際ゴルフ大会で中村寅吉優勝。オーストラリアのスキー金メダリストのトニーザイラーが初来日（スキーブーム起こる）
流　行	イタリアンモード浸透
風　俗	ロカビリー・ブーム、カリプソ（ラテン・アメリカ系のリズム）
流行語	カックン、シスター・ボーイ、低音の魅力、デラックス、何と申しましょうか、よろめき、留年、グラマー、団地族、才女時代、ストレス
新商品	プリンス・スカイライン、ミゼット、ポンズコールドクリーム、安全ピン、ポリバケツ、コカ・コーラ、アーモンドグリコ、たばこホープ・みどり・パール
物　価	白米（10kg800円）、東京－大阪国鉄運賃（990円）、映画入場料（150円）、銭湯（16円）、理髪料（150円）、教員初任給（8000円）
その他	大阪・千林に主婦の店ダイエー登場

◆ 近鉄が冷房特急の運転開始

◆美空ひばり、国際劇場で塩酸をかけられ全治3週間の負傷

昭和 33 年（1958） 戊戌（つちのえ・いぬ）

1・26	定期船「南海丸」沈没（紀阿航路で定期船が沈没、乗船者167人が遭難）
3・9	**海底トンネル「関門国道トンネル」開通**
6・24	阿蘇山大爆発（死者12人）
9・26	狩野川台風（狩野川の氾濫で関東地方が被災。死者・行方不明者1269人、負傷者1138人、家屋全壊1289戸、半壊2175戸、流出829戸）
11・1	東海道線ビジネス特急「こだま」運転開始、東京－大阪6時間50分
11・12	皇太子と正田美智子婚約発表
12・1	**1万円札登場**
12・23	東京タワー完工、高さ333mで世界一

政　治	内閣総理大臣・岸信介①（自由民主党）／岸信介②（自由民主党）
ことば	「ご清潔でご誠実」（正田美智子、皇太子の印象など記者団の質問に答えた言葉）
事　件	小松川女子高生殺し（東京・江戸川区で女子高生が殺される。犯人は定時高校生）
出　版	人間の条件（1～6）（五味川純平）、陽のあたる坂道（石坂洋次郎）、人間の壁・前（石川達三）、経営学入門（坂本藤良）、南極越冬記（西堀栄三郎）
映　画	楢山節考、隠し砦の三悪人、彼岸花、炎上、裸の太陽 〔洋〕十戒、ヴァイキング、大いなる西部
テレビ	月光仮面、テレビ結婚式、事件記者、バス通り裏、光子の窓、ロッテ歌のアルバム、ローン・レンジャー、パパは何でも知っている、モーガン警部
流行歌	だから言ったじゃないの、花笠道中、好きだった、有楽町で逢いましょう、からたち日記、ピリカ・ピリカ、夕焼けとんび、監獄ロック、ダイアナ、嵐を呼ぶ男、星は何でも知っている、おーい中村君、無法松の一生、ダイナマイトが150屯
スポーツ	東京で第3回アジア競技大会開催参加20ヵ国。大相撲年6場所制に。第6回サッカーワールドカップ（開催：スウェーデン、優勝：ブラジル①）。第9回日本シリーズ（西鉄vs巨人）で、西鉄稲尾投手が獅子奮迅の大活躍（神様、仏様、稲尾様）
流　行	スキャンティ（下着デザイナー鴨居洋子のパンティーのブランド名）
風　俗	売春防止法施行（全国3万9000軒の赤線の灯が消える）
流行語	イカす、いやーな感じ、一億総評論家時代、三ト、シビれる、団地族、ながら族
新商品	スバル360、スーパーカブ、フラフープ、野球盤、キムコ、即席チキンラーメン、テトラパック牛乳、グリコアーモンドチョコレート、森永カクテルチョコレート
物　価	即席ラーメン（35円）、たいやき（1個8円）、大卒初任給（1万3467円）
その他	長嶋茂雄、巨人軍に入団。開幕戦で金田正一投手（国鉄）に4打席4三振

◆フラフープ日本上陸、半月で400万本を売る大ブームに

| | 歳 | | 歳 | | 歳 |

◆バレンタイン・チョコレート（新宿伊勢丹でバレンタイン・チョコレートを初販売）

昭和 34 年（1959） 己亥（つちのと・い）

- 1・1 **メートル法、新国民健康保険法**（国民皆保険）施行
- 1・14 第3次南極観測隊昭和基地着（カラフト犬の太郎・次郎の生存確認）
- 3・19 清宮貴子、島津久永婚約発表（「私の選んだ人」流行語に）
- 4・10 **皇太子・美智子妃の結婚式**（皇居から東宮仮御所までの祝賀パレードに53万人）
- 4・16 国民年金法公布（11・1施行）
- 9・26 **伊勢湾台風**（死者・行方不明5098人、負傷者38921人、家屋被害135万戸）
- 11・2 水俣病問題深刻化（熊本県水俣で漁民1500人と警官隊衝突）
- 11・19 三池争議始まる（三井鉱山指名解雇強行）
- 11・27 国会乱入デモ事件（安保条約反対の2万人のデモ隊が国会に突入）
- 12・14 北朝鮮への第一次帰国船出港（帰還事業で約9万人が帰国）

政　治	内閣総理大臣・岸信介②（自由民主党）
ことば	3S（女性あこがれの職業：スチュワーデス、スター、セクレタリー〈秘書〉）
事　件	スチュワーデス殺人事件（東京・杉並区の善福寺川で、BOACの独身スチュワーデスが遺体で発見される。迷宮入り）
出　版	にあんちゃん（安本末子）、論文の書き方（清水幾太郎）、不道徳教育講座（三島由紀夫）、ドクトル・ジバコ（パステルナーク・原子林二郎訳）
映　画	キクとイサム、野火、にあんちゃん、荷車の歌、人間の条件（第1・2部）〔洋〕リオ・ブラボー、大いなる西部、騎兵隊
テレビ	スター千一夜、ザ・ヒットパレード、少年ジェット、番頭はんと丁稚どん、ママちょっと来て、とんま天狗、ホームラン教室、まぼろし探偵、七色仮面、ポパイ、ローハイド
流行歌	南国土佐を後にして、古城、大利根無情、キサス・キサス・キサス、東京ナイトクラブ、黄色いサクランボ、**黒い花びら**、僕は泣いちっち、浅草姉妹
スポーツ	プロ野球初の天覧試合（長嶋茂雄が村山投手からサヨナラ・ホームラン）
流　行	ミッチーブームで白いコート、テニスウェア、ヘアバンド流行
風　俗	カミナリ族横行、神風タクシー問題化
流行語	カミナリ族、がめつい、サッチョン族、タフガイ、トランジスタ・グラマー、ファニーフェース、婦人科、ヨワい、私の選んだ人
新商品	ブルーバード、オリンパス・ペン、品川あんか、バンドエイド、カッターナイフ、シーチキン、カゴメトマトジュース、ライスチョコレート、ベビーラーメン
物　価	もりそば（35円）、理髪料（155円）、放送受信料（ラジオ85円、テレビ300円）
その他	児島明子ミス・ユニバースに

◆ 学童の交通事故激増で"みどりのおばさん"誕生、この年からレコード大賞始まる

| | 歳 | | 歳 | | 歳 |

◆ 皇太子結婚パレード実況中継（NHKと民放テレビ各局、4月10日）

昭和35年(1960) 庚子(かのえ・ね)

1・12	貿易・為替自由化の基本方針決定
5・19	自民党警官隊を国会に導入(新安保条約を衆院で単独強行採決)
5・24	チリ沖地震で津波襲来(死者139人、家屋全半壊4100戸、流失1200戸)
6・15	**安保条約反対闘争**(全学連と警察官が衝突。東大生・樺美智子死亡)
6・23	新安保条約発効
9・10	NHKと民放4局カラーテレビ本放送開始
10・12	**浅沼社会党委員長刺殺**(3党首立ち会い演説会で、17歳の右翼少年が刺殺)
11・11	マイカー時代進展(住友銀行自動車ローン実施を発表)

政　治	内閣総理大臣・岸信介②(自由民主党)/池田勇人①(自由民主党)/池田勇人②(自由民主党)
ことば	「国民所得倍増計画」(10年間で所得を倍増するという池田内閣の政策)
事　件	尾関雅樹ちゃん誘拐事件(慶応幼稚舎への通学途中で誘拐され、殺害)
出　版	性生活の知恵(謝国権)、私は赤ちゃん(松田道雄)、どくとるマンボウ航海記(北杜夫)、頭のよくなる本(林髞)、トイレット部長(藤島茂)
映　画	おとうと、黒い画集、悪い奴ほどよく眠る、笛吹川、秋日和〔洋〕ベン・ハー、アラモ、眠れる森の美女
テレビ	白馬童子、自然のアルバム、怪傑ハリマオ、透明人間、ララミー牧場、ボナンザ、それは私です、サンセット77、少年探偵団、ポンポン大将
流行歌	アカシアの雨が止む時、月の法善寺横丁、潮来笠、霧笛が俺を呼んでいる、有り難や節、**誰よりも君を愛す**、潮来花嫁さん、ダンチョネ節、東京カチート
スポーツ	第17回オリンピック・ローマ大会(男子体操3種目など金メダル4)、プロ野球で大洋が前年最下位からのリーグ優勝、日本一に(三原ブーム)
流　行	ジーパン
風　俗	だっこちゃん人形が大ヒット
流行語	家つき・カーつき・ババア抜き、寛容と忍耐、声なき声、トップ屋、ナンセンス、リバイバル、私は嘘は申しません
新商品	トランジスタ・テレビ、クレラップ、のりたま、ワンタッチカレー、森永インスタントコーヒー、シガレットチョコレート、クールミントガム
物　価	白米10kg(870円)、豆腐(15円)、食パン(1斤32円)、コーヒー(60円)、銭湯(17円)、カラーテレビ(17インチ・42万円)、たばこハイライト(70円)
その他	総理府「東京の月平均生活費3万2378円」と発表

◆ローマオリンピックの男子マラソンでアベベ(エチオピア)が裸足で快走し世界記録で優勝。「裸足の王者」と呼ばれた

| | 歳 | | 歳 | | 歳 |

◆ 石原裕次郎と北原三枝が結婚

昭和 36 年（1961） 辛丑（かのと・うし）

1・20	ジョン・F・ケネディが第35代米大統領に就任
6・21	小児マヒ患者1月以来1000人を突破（生ワクチン緊急輸入を決定）
7・31	日本最古の市電・京都北野線の"チンチン電車"廃止
8・13	**ベルリンの壁**（東ドイツ政府は西ベルリンへの通路を、有刺鉄線で封鎖した）
9・16	**第2室戸台風**（死者行方不明202人、全壊家屋14681戸、半壊流出47219戸）
10・23	北海道森町で大火（590戸焼失）
10・25	九州、四国、関西各地で豪雨被害（大分市の電車生埋め事故など死者109人）

政　治	内閣総理大臣・池田勇人②（自由民主党）
ことば	「空はとても暗かったが、地球は青かった」（初の有人宇宙衛星「ヴォストーク1号」の飛行士ユーリン・ガガーリン）
事　件	嶋中事件（中央公論社社長宅を右翼少年が襲撃。夫人は重傷、家政婦は死亡）
出　版	英語に強くなる本（岩田一男）、何でも見てやろう（小田実）、まあちゃんこんにちは（山本祐義）、頭のよくなる本（林髞）、記憶術（南博）、砂の器（松本清張）
映　画	不良少女、用心棒、永遠の人、名もなく貧しく美しく、反逆児 〔洋〕荒野の七人、ウエスト・サイド物語、ナバロンの要塞 ＊「若大将」シリーズ始まる、「悪名」シリーズ始まる
テレビ	パパ大好き、スチャラカ社員、夢であいましょう、若い季節、アンタッチャブル、シャボン玉ホリデー、七人の刑事、日清オリンピックショウ地上最大のクイズ
流行歌	上を向いて歩こう、スーダラ節、**君恋し**、銀座の恋の物語、東京ドドンパ娘、硝子のジョニー、じんじろげ、ソーラン渡り鳥、おひまなら来てね、川は流れる、武田節、襟裳岬、北上夜曲、24000回のキッス、山のロザリア
スポーツ	柏鵬時代幕あけ（大鵬柏戸ともに横綱）、日紡貝塚女子バレーチーム欧州で24連勝"東洋の魔女"と呼ばれる
流　行	初登場のシームレス・ストッキング、ホンコンシャツ、ムームー（カンカンドレス）
風　俗	ジャズ喫茶とうたごえ喫茶ともにブーム、睡眠薬遊びブーム
流行語	アンネの日、お呼びでない、「巨人、大鵬、卵焼き」、現代っ子、C調、女子大生亡国論、トサカにくる、ドドンパ、プライバシー、不快指数、何でも見てやろう
新商品	パブリカ、電子レンジ、キャノネット、ホンコンシャツ、アンネ・ナプキン、ハイシー、マーブルチョコレート、エンゼルパイ、オロナミンCドリンク、クリープ
物　価	国鉄普通旅客運賃（上野－青森間1420円、新橋－大阪間1170円）、都電15円に値上げ、豆腐（20円）、もりそば（40円）、ラーメン（50円）

◆ 東京銀座4丁目の三愛前1坪273万円で地価日本一

| | 歳 | | 歳 | | 歳 |

◆NHK連続TV小説:娘と私(北沢彪、加藤通子)〈連続TV小説第1作〉

昭和 37 年（1962） 壬寅（みずのえ・とら）

2・1	東京都世界初の1000万都市に
5・3	**三河島事故**（常磐線三河島駅で列車二重衝突死者160人）
5・17	サリドマイド系睡眠薬による薬禍問題で出荷中止
6・10	日本最長の北陸トンネル開通（1万3869m）
8・13	堀江謙一ヨットで太平洋単独横断に成功、サンフランシスコ入港
8・30	国産旅客機YS11試験飛行に成功
8・24	三宅島噴火（伊豆七島の三宅島の雄山が大噴火し地震が続発）
10・22	**キューバ危機**（キューバにミサイル発射基地建設をめぐる米ソの緊張）
12・11	恵庭事件（北海道で、地元住民が自衛隊の電話線を切断）

政　治	内閣総理大臣・池田勇人②（自由民主党）
ことば	「孤独との戦いだった」（太平洋を小型ヨットで単独横断した堀江謙一）
事　件	草加次郎事件（歌手・島倉千代子後援会事務所宛に草加次郎から手製爆弾）
出　版	易入門（黄小娥）、愛と死のかたみ（山口清人・久代）、野性のエルザ（ジョイ・アダムソン・藤原英司訳）、徳川家康（1〜18）（山岡荘八）、手相術（浅野八郎）
映　画	私は二歳、キューポラのある街、切腹、破戒、椿三十郎 〔洋〕史上最大の作戦、世界残酷物語、ハタリ！　＊「座頭市」シリーズ始まる
テレビ	シャープさんフラットさん、ルート66、ホイホイ・ミュージック・スクール、ベンケーシー、てなもんや三度笠、隠密剣士、ミスター・エド、アベック歌合戦、コンバット！、じゃじゃ馬億万長者、ジャングル・パトロール　＊テレビ受信契約1000万台を突破
流行歌	いつでも夢を、王将、可愛いベイビー、遠くへ行きたい、子供じゃないの、ルイジアナ・ママ、江梨子、山男の歌、寒い朝、星屑の町、ハイそれまでヨ、若いふたり、おもちゃのちゃちゃちゃ、恋は神代の昔から、なみだ船、大学かぞえうた、霧子のタンゴ
スポーツ	国鉄の金田正一奪三振3514の世界記録達成、第7回サッカーワールドカップ（開催：チリ優勝：ブラジル②）、作新学園（栃木）が春夏連続優勝を達成
流　行	シャーベット・トーン、バスケットシューズ、スニーカー
風　俗	東京の新盛り場・六本木にぎわう、ツイスト大流行
流行語	残酷物語、ハイそれまでよ、無責任男、関係ない、わかっちゃいるけどやめられない、バッチリ、人づくり、青田刈り
新商品	ゼロックス914、小型ポータブルテレビ、バファリン、リポビタンD、バイタリス、花王ブリーチ、明星ラーメン、リプトンティーバッグ、ランチクラッカー
物　価	とんかつ（200円）、LPレコード（290円）、理髪料（160円）

◆ 首都圏公団住宅の競争率52.5倍

| | 歳 | | 歳 | | 歳 |

◆NHK連続TV小説:あしたの風(渡辺富美子、増田順司)

昭和 38 年（1963） 癸卯（みずのと・う）

- 1・23　北陸地方に豪雪（死者・行方不明84人）
- 2・28　"昭和の巌窟王"吉田石松に無罪判決（名古屋高裁）
- 5・1　**狭山事件**（埼玉県狭山市の女子高生が誘拐殺人）
- 6・5　関西電力黒部川第4発電所（通称・黒四ダム）が完工
- 9・12　松川事件の再上告審で最高裁上告棄却（14被告全員の無罪確定）
- 10・31　ニセ千円札全国で25種342枚（11月から伊藤博文の新千円札登場）
- 11・9　**国鉄鶴見事故**（横浜市鶴見で電車二重衝突、死者161人、重軽傷者71人）
- 11・9　**三井三池炭鉱爆発事故**（死者458人、重軽傷者839人）
- 11・23　**ケネディ大統領暗殺**（日米間のテレビ宇宙中継が成功し、事件を受信）

政　治	内閣総理大臣・池田勇人②（自由民主党）／池田勇人③（自由民主党）
ことば	「私はかもめ」（初の女性宇宙飛行士テレシコワ）
事　件	吉展ちゃん誘拐事件（東京都台東区で4歳の男児が自宅前の公園から誘拐）
出　版	危ない会社（占部都美）、女のいくさ（佐藤得二）、徳川家康（1～19）（山岡荘八）、日本の歴史（井上清）、罪と罰〈世界の文学16〉
映　画	日本昆虫記、天国と地獄、五番街夕霧楼、太平洋ひとりぼっち、武士道残酷物語〔洋〕史上最大の作戦、アラビアのロレンス、大脱走
テレビ	鉄腕アトム、宇宙家族、あなたのメロディー、ハワイアン・アイ、底抜け脱線ゲーム、アップダウンクイズ、ロンパールーム、新日本紀行、三匹の侍、鉄人28号
流行歌	高校三年生、**こんにちは赤ちゃん**、見上げてごらん夜の星を、東京五輪音頭、シェリー、若い季節、ヴァケーション、長崎の女、美しい十代、修学旅行、学園広場
スポーツ	大鵬初の6場所連続優勝。力道山が東京・赤坂のナイトクラブで暴力団員に腹を刺され、死亡
流　行	フルーツ・カラー、フラワー・モード、バカンス・ルック
風　俗	ボーリングブーム
流行語	カワイコちゃん、いいからいいから、気にしない、カッコいい、三ちゃん農業、小さな親切、バカンス、ピンク映画、へんな外人、TPO、ハッスル、ガバチョ、丈夫で長もち
新商品	サインペン、タッパーウエア、ベープ、ファンシーケース、即席ワンタンメン、焼そば、狼少年ケンキャラメル、フエラムネ、コーンフレーク
物　価	住宅用電話基本料金（770円）、ラーメン（55円）、ビール（115円）、銭湯（23円）、理髪料（280円）、国立大学授業料（年額1万2000円）
その他	プロパンガス利用が都市ガスを上回わる

◆ NHK連続TV小説：あかつき（佐分利信、荒木道子）

◆NHK大河ドラマ:花の生涯(尾上松緑、淡島千景)

昭和 39 年（1964） 甲辰（きのえ・たつ）

4・1	海外旅行完全自由化（観光旅行いつでもOK）
6・1	ビール・酒類全面的に自由価格に（25年ぶり）
6・16	新潟地震（M7.5、死者26人、負傷者447人、全焼・全壊家屋2250戸）
7・15	名神高速導路（尼崎－栗東間）開通ハイウェイ時代の幕あけ
8・2	**ベトナム戦争始まる**（トンキン湾事件）
10・1	**東海道新幹線スタート**
10・10	**第18回オリンピック東京大会**～10・24
11・12	米原潜シードラゴン号佐世保入港反対デモ、社会党代議士検挙

政　治	内閣総理大臣・池田勇人③（自由民主党）／佐藤栄作①（自由民主党）
ことば	「おれについてこい」（女子バレーボールの大松監督の本のタイトル）
事　件	俳優・高島忠夫の長男（5ヶ月）殺害事件（犯人はお手伝い）
出　版	愛と死をみつめて（河野実・大島みち子）、日本の文学〈1～11回〉（谷崎潤一郎、川端康成他編）、山田風太郎忍法全集〈1～11〉（山田風太郎）、豪華版世界文学全集〈1～5回〉（阿部知二、伊藤整他編）、若いいのち日記（大島みち子）
映　画	砂の女、怪談、香華、赤い殺意、飢餓海峡 〔洋〕クレオパトラ、マイ・フェア・レディ、007／ゴールドフィンガー
テレビ	七人の孫、バークにまかせろ、忍者部隊月光、木島則夫モーニングショー、ひょっこりひょうたん島、歌のグランドショー、トムとジェリー、逃亡者
流行歌	愛と死をみつめて、アンコ椿は恋の花、幸せなら手をたたこう、夜明けのうた、ウナ・セラ・ディ東京、明日があるさ、智恵子抄、ああ上野駅、ごめんねチコちゃん
スポーツ	第9回冬季オリンピック・インスブルック大会。王貞治、本塁打55本の年間本塁打日本新記録を樹立。日本相撲協会が「部屋別総当たり制」を決定
流　行	ノースリーブ、ニットウェアー、アイビールック、トップレス
風　俗	東京、銀座にみゆき族出現
流行語	いいと思うよ、おれについてこい、カギッ子、カラ出張、東京砂漠、シェー、みゆき族、やせたソクラテス
新商品	電子卓上計算機CS-10A、家庭用ビデオテープレコーダ、クリネックスティシュー、デンターライオン、ハイクラウンチョコレート、かっぱえびせん、ワンカップ大関
物　価	豆腐（25円）、牛乳（18円）、ビール（115円）、もりそば（50円）、銭湯（23円）、理髪料（320円）、大卒初任給（2万1526円）
その他	切手ブーム、ワッペンブーム

◆NHK連続TV小説：うず潮（林美智子、津川雅彦）

| | 歳 | | 歳 | | 歳 |

◆NHK大河ドラマ：赤穂浪士（長谷川一夫、山田五十鈴）

昭和 40 年（1965） 乙巳（きのと・み）

1・11	伊豆大島で大火（340戸全焼）
1・11	初のスモッグ警報（東京で日本初のスモッグ警報が発令された）
3・6	山陽特殊製鋼倒産、戦後最大の倒産
5・28	大蔵省・日銀、山一證券へ異例の無担保無制限融資を決定
6・22	**日韓基本条約と関係4協定調印**
7・27	静岡県登呂遺跡で弥生時代の水田跡発見
10・21	**朝永振一郎ノーベル物理学賞受賞**
11・19	政府不況対策として国債発行を決める（戦後初の赤字国債）

政　治	内閣総理大臣・佐藤栄作①（自由民主党）
ことば	「歌手というより歌屋の氾濫ね」（淡谷のり子の発言に、年末の歌謡界が激震）
事　件	神奈川県座間町で銃マニアの青年が警官を殺傷。その後東京・渋谷の鉄砲店に立てこもり乱射。（通行人14人負傷）
出　版	日本の歴史〈1～10回〉（井上光貞、直木孝二郎他）、なせばなる（大松博文）、南ヴェトナム戦争従軍記（岡村昭彦）、おれについてこい（大松博文）、人間革命（池田大作）
映　画	赤ひげ、東京オリンピック、日本列島、にっぽん泥棒物語、証人の椅子〔洋〕007／ゴールドフィンガー、マイ・フェア・レディ、サウンド・オブ・ミュージック
テレビ	踊って歌って大合戦、ザ・ガードマン、小川宏ショー、ナポレオン・ソロ、オバケのQ太郎、ジャングル大帝、素浪人月影兵庫、青春とは何だ、11PM、人形佐七捕物帳
流行歌	柔、学生時代、涙くんさようなら、星娘、女心の唄、まつの木小唄、夏の日の想い出、さよならはダンスの後に、兄弟仁義、二人の世界、新聞少年
スポーツ	シンザン初の5冠馬、日本サッカーリーグ結成、南海・野村3冠王、第1回プロ野球新人ドラフト会議開催、ファイティング原田バンタム級世界王者に
流　行	シームレスストッキングにスラックス、アイビールック流行、パンタロン
風　俗	アイビー族登場、エレキブーム、ゴーゴーダンス、モンキーダンス
流行語	アイビールック、歩け歩け一日一万歩運動、期待される人間像、しごき、スモッグ、ブルーフィルム、フィーリング、モーテル、やったるで
新商品	フジカシングル8、カセットテープレコーダー、アイスノン、ハッシュパピー、オロナミンC、チョコレートボール、ブラックニッカ
物　価	都バス（20円）、コーヒー（80円）、ビール（120円）、牛乳（20円）、銭湯（28円）、理髪料（350円）、大卒初任給（約2万円）

◆ NHK連続TV小説：たまゆら（笠智衆、扇千景）

◆ NHK大河ドラマ:大閤記(緒方拳、藤村志保)

昭和 41 年（1966） 丙午（ひのえ・うま）

1・11	三沢市の大火（青森県三沢市中心部が全焼、1853世帯が被災）
2・4	**全日空ボーイング727羽田沖に墜落**（133人全員死亡）
3・4	カナダ航空DC8羽田空港の防潮堤に衝突炎上（死者64人）
3・5	BOACボーイング707富士山上空で空中分解（124人全員死亡）
6・30	**ザ・ビートルズ来日**（エレキブーム最高潮）
8・5	田中彰治事件（田中彰治代議士が国際興業の小佐野賢治会長を恐喝）
9・24	台風26号東海地方に上陸（死者・行方不明314人）
11・13	全日空YS11松山空港沖へ墜落（50人全員死亡）

政　治	内閣総理大臣・佐藤栄作①（自由民主党）
ことば	3C（カラーテレビ、クーラー、カーが、新三種の神器となる）
事　件	袴田事件（静岡県清水市の味噌店経営者一家4人の殺人・放火事件）
出　版	氷点（三浦綾子）、海軍主計大尉小泉信吉（小泉信三）、山本五十六（阿川弘之）、三国志1〈吉川英治全集第1回〉、人間革命2（池田大作）
映　画	白い巨塔、"エロ事師たち"より人類学入門、紀ノ川、湖の琴、他人の顔〔洋〕007は二度死ぬ、グラン・プリ、プロフェッショナル
テレビ	ウルトラQ、氷点、奥様は魔女、おそ松くん、半七捕物帳、題名のない音楽会、四つの目、宇宙家族ロビンソン、わんぱくフリッパー、ウルトラマン、マグマ大使
流行歌	悲しい酒、函館の女、君といつまでも、バラが咲いた、星のフラメンコ、星影のワルツ、唐獅子牡丹、骨まで愛して、柳ヶ瀬ブルース、恍惚のブルース、お嫁においで、空に星があるように、ベッドで煙草を吸わないで、霧氷、夢は夜ひらく
スポーツ	ニチボー貝塚がヤシカに敗れ、連勝記録は258でストップ。中京商春夏連続優勝。第8回サッカーワールドカップ（開催：イングランド、優勝：イングランド①）
流　行	ミリタリールック
風　俗	初のコインランドリー登場（利用者の3分の2は女性）
流行語	いいじゃなーい、遺憾に存じます、グループ・サウンズ（GS）、ゴマすり、こまっちゃうな、しあわせだなぁ、しびれるー、シュワッチ、全共闘、〜ダヨーン
新商品	サニー1000、カローラ1100、ビューティケイク、ママレモン、ハイユニ、ツイスターゲーム、サッポロ一番、明星チャルメラ、ポッキー、柿ピー
物　価	はがき（7円）、封書（15円）、国鉄運賃（東京－大阪間1730円）、映画入場料（500円）
その他	「ひのえうま」で出産数が激減（前年比25%・40万人減）

◆ NHK連続TV小説：おはなはん（樫山文枝、高橋孝治）

| | 歳 | | 歳 | | 歳 |

◆NHK大河ドラマ:源義経(尾上菊之助、藤純子)

昭和 42 年（1967） 丁未（ひのと・ひつじ）

2・11	初の建国記念日
4・1	南海電車衝突・転落（急行電車が大型トラックと衝突、死者5人、重軽傷者208人）
4・15	**東京都知事に美濃部亮吉当選**（革新都政誕生）
4・―	イタイイタイ病・阿賀野川水銀中毒事件（いずれも工場廃水が原因）
7・8	西日本に集中豪雨（24府県で365人が死亡）
8・8	米軍タンク車衝突炎上事故（東京・新宿駅構内で、タンク車と機関車が衝突炎上）
8・28	新潟・山形に集中豪雨（死者・行方不明138人）
9・1	四日市ぜんそく患者初の大気汚染公害訴訟をおこす
10・8	第1次羽田闘争（首相の東南アジア訪問阻止闘争で全学連と機動隊が衝突）
11・12	第2次羽田闘争（投石する三派系全学連デモ隊と警官隊が衝突）

政　治	内閣総理大臣・佐藤栄作①（自由民主党）／佐藤栄作②（自由民主党）
ことば	核兵器を作らず、持たず、持込まず（非核三原則）
事　件	首相官邸前で焼身自殺（首相の北爆支持などに抗議して焼身自殺）
出　版	頭の体操第1集（多湖輝）、華岡清州の妻（有吉佐和子）、頭の体操第2集（多湖輝）、英単語記憶術（岩田一男）、幻の邪馬台国（宮崎康平）
映　画	上意討ち、人間蒸発、日本のいちばん長い日、乱れ雲、華岡青洲の妻 〔洋〕夕陽のガンマン、欲望、昼顔
テレビ	徳川の夫人たち、トッポ・ジージョ、リボンの騎士、スパイ大作戦、白い巨塔、仮面の忍者赤影、黄金バット、タイム・トンネル、文五捕物絵図、コメットさん、光速エスパー、意地悪ばあさん、ウルトラセブン
流行歌	夜霧よ今夜も有難う、世界は二人のために、君だけに愛を、**ブルー・シャトウ**、モナリザの微笑、銀色の道、君こそわが命、恋のハレルヤ、小指の思い出、世界の国からこんにちは、真赤な太陽、いとしのマックス、風が泣いている、新宿そだち
スポーツ	田淵幸一（法大）、本塁打通算10本の六大学野球新記録
流　行	ミニスカート流行（ミニの妖精・ツイギー来日）
風　俗	アングラ酒場、ゴーゴー喫茶盛況、サーキット族登場"深夜公害"問題化
流行語	アングラ、核家族、かっこいい、ハイミス、ハプニング、フーテン族、ボイン
新商品	リカちゃん人形、MG5、チョコフレーク、サラダうす焼き、純生
物　価	白米10kg（1395円）、都バス（30円）、地下鉄最低料金（30円）、ビール（120円）、牛乳（21円）、もりそば（60円）、銭湯（32円）
その他	ラジオ深夜番組のパック・イン・ミュージックとオールナイトニッポンが始まる

◆ NHK連続TV小説：旅路（日色ともゑ、横内正）

| | 歳 | | 歳 | | 歳 |

◆NHK大河ドラマ:三姉妹(岡田茉莉子、藤村志保、栗原小巻)

昭和 43 年（1968） 戊申（つちのえ・さる）

1・19	米原子力空母エンタープライズの佐世保入港反対運動で現地騒然
2・21	えびの地震（宮崎県えびの町を中心に大地震）
4・14	国税庁の日大検査で20余億円の使途不明金（日大紛争の発端）
5・16	十勝沖地震（死者48人、重軽傷者671人）
6・26	**小笠原復帰**（小笠原諸島が日本に復帰して東京都小笠原村となった）
8・8	日本初の心臓移植手術（札幌医大の和田教授）
8・18	飛騨川バス転落事故（観光バス2台が飛騨川に転落、乗客104人が死亡）
10・17	**川端康成ノーベル文学賞受賞**
10・21	**新宿騒乱事件**（全学連学生らが防衛庁や国会構内に乱入し新宿駅に放火）
11・2	神戸市有馬温泉の旅館から出火（30人が死亡）
12・10	**三億円事件**（東京府中で現金輸送車がニセ白バイ警官に3億円を奪われる）
12・29	東大、東京教育大紛争のため44年度の入試中止が決定

政　治	内閣総理大臣・佐藤栄作②（自由民主党）
ことば	幸吉はもうすっかり疲れてしまって走れません（円谷幸吉の遺書から）
事　件	金嬉老事件（殺人犯の金嬉老が寸又峡温泉の旅館で、13人を人質に篭城）
出　版	どくとるマンボウ青春期（北杜夫）、民法入門（佐賀潜）、こんな幹部は辞表をかけ（畠山芳雄）、龍馬がゆく〈1～5巻〉（司馬遼太郎）、刑法入門（佐賀潜）
映　画	神々の深き欲望、肉弾、絞死刑、黒部の太陽、首 〔洋〕卒業、猿の惑星、続・夕陽のガンマン・地獄の決斗
テレビ	おやじ太鼓、世界の音楽、ゲゲゲの鬼太郎、巨人の星、3時のあなた、サイボーグ009、お笑い頭の体操、肝っ玉かあさん、キイハンター、進め！青春、男はつらいよ
流行歌	星影のワルツ、帰って来たヨッパライ、恋の季節、小樽のひとよ、恋のしずく、伊勢佐木町ブルース、受験生ブルース、花の首飾り、**天使の誘惑**
スポーツ	第10回冬季オリンピック・グルノーブル大会、第19回オリンピック・メキシコシティ大会、阪神の江夏豊、奪三振401個の世界記録
流　行	サイケデリック調、パンタロン・スーツ
風　俗	サウナ風呂ブーム（都内のサウナ風呂は103軒）
流行語	ゲバ、五月病、サイケ、指圧の心母心、失神、ズッコケル、大衆団交・ノンセクト
新商品	人生ゲーム、トリニトロンカラーテレビKV-1310、トニックシャンプー、ちふれ化粧品、ボンカレー、出前一丁、サッポロ一番みそラーメン
物　価	白米10kg（1520円）、食パン（1斤45円）、ラーメン（120円）

◆NHK連続TV小説：あしたこそ（藤田弓子、米倉斉加年）

| | 歳 | | 歳 | | 歳 |

◆NHK大河ドラマ:竜馬がゆく(北大路欣也、浅丘ルリ子)

昭和 44 年（1969） 己酉（つちのと・とり）

1・18	**東大安田講堂の封鎖解除に機動隊8500人を導入**（逮捕者375人）
4・7	連続ピストル事件の容疑者永山則夫を逮捕
5・9	国鉄運賃平均14％値上げ（グリーン車も登場）
5・26	東名高速道路全線開通
6・28	新宿西口地下広場事件（反戦フォークソング集会に機動隊導入、逮捕者64人）
7・21	**人類初の月面着陸**（米宇宙船アポロ11号・テレビ視聴率95％）
10・21	国際反戦デーが大荒れ（反共産党系学生のゲリラ活動で1505人逮捕）
11・21	日米共同声明で沖縄の47年返還を発表
12・10	人工甘味料チクロの禁止に続いて殺虫剤BHCとDDT製造中止

政　治	内閣総理大臣・佐藤栄作②（自由民主党）
ことば	公営ギャンブル禁止（美濃部都知事の声明）
事　件	正寿ちゃん誘拐殺人事件（東京で登校途中の小学一年生横溝正寿ちゃんが誘拐）
出　版	天と地と（海音寺潮五郎）、都市の論理（羽仁五郎）、赤頭巾ちゃん気をつけて（庄司薫）、知的生産の技術（梅棹忠夫）、大もの小もの（御木徳近）
映　画	心中天網島、私が棄てた女、少年、かげろう、橋のない川 〔洋〕ブリット、チキ・チキ・バン・バン、ウエスト・サイド物語
テレビ	ひみつのアッコちゃん、クイズ・タイムショック、鬼警部アイアンサイド、コント55号！裏番組をブッ飛ばせ!!、連想ゲーム、プレーガール、スター・トレック
流行歌	夜明けのスキャット、港町ブルース、ブルー・ライト・ヨコハマ、黒猫のタンゴ、白いブランコ、風、君は心の妻だから、長崎は今日も雨だった、時には母のない子のように、禁じられた恋、仁義、ミヨチャン、どしゃぶりの雨の中で、フランシーヌの場合、**いいじゃないの幸せならば**
スポーツ	西鉄の永易将之投手が球界初の永久追放選手に
流　行	ミディ、マキシ、シースルー、ブーツ流行
風　俗	若者向け深夜ラジオ全盛、ボウリングブーム、15年ぶりに連発式パチンコ復活
流行語	あっと驚くタメゴロー、エコノミック・アニマル、オーモーレツ！、シコシコ、それをいっちゃーおしまいよ、断絶の時代、ナンセンス、やったぜベイビー、ワルノリ
新商品	ホンダドリームCB750、カラー複写機、パンティストッキング、エリートS、ブルーレット、スキンレススキン、UCC缶コーヒー、ハイソフトキャラメル
物　価	豆腐（30円）、もりそば（80円）、国鉄旅客運賃（東京－大阪間2230円）
その他	NY州ウッドストック近郊で、ウッドストック・フェスティバル開催

◆NHK連続TV小説:信子とおばあちゃん（大谷直子、毛利菊江）
　NHK大河ドラマ:天と地と（石坂浩二、新珠三千代、高橋幸治）

| | 歳 | | 歳 | | 歳 |

◆①男はつらいよ（光本幸子）/②続・男はつらいよ（佐藤オリエ）

昭和 45 年（1970） 庚戌（かのえ・いぬ）

- 3・14 **日本万国博開幕**（77ヵ国参加）
- 3・31 日航「よど号」事件（赤軍派が日航機をハイジャック平壌へ）
- 4・8 大阪市天六の地下鉄工事現場でガス爆発事故（死者78人）
- 7・18 東京杉並で新公害"光化学スモッグ"発生
- 8・2 歩行者天国（銀座・新宿・池袋・浅草で歩行者天国が始まった）
- 9・7 厚生省キノホルムがスモン病の原因と製造販売中止を通達
- 11・14 東京で初のウーマン・リブ大会
- 11・25 **三島事件**（東京市ヶ谷の自衛隊駐屯地に乱入の三島由紀夫ら2人割腹自殺）

政　治	内閣総理大臣・佐藤栄作②（自由民主党）／佐藤栄作③（自由民主党）
ことば	人類の進歩と調和（日本万国博覧会EXPO'70のテーマ）
事　件	シージャック事件（広島港で観光船「ぷりんす丸」をライフル犯が強奪）
出　版	冠婚葬祭入門（塩月弥栄子）、誰のために愛するか（曽野綾子）、冬の旅〈上・下〉（立原正秋）、スパルタ教育（石原慎太郎）、創価学会を斬る（藤原弘達）
映　画	家族、戦争と人間、どですかでん、エロス＋虐殺、地の群れ〔洋〕続・猿の惑星、サウンド・オブ・ミュージック、クリスマス・ツリー
テレビ	細うで繁盛記、ステージ101、時間ですよ、あしたのジョー、ありがとう、ラブ・ラブ・ショー、日本史探訪、のど自慢
流行歌	白い蝶のサンバ、竹田の子守唄、あなたならどうする、長崎の夜はむらさき、圭子の夢は夜ひらく、希望、四つのお願い、経験、**今日でお別れ**、笑って許して、もう恋なのか、男と女のお話、手紙、走れコウタロー、秋でもないのに
スポーツ	第1回全日本女子ボウリング選手権大会、大場政夫世界フライ級王者に、第9回サッカーワールドカップ（開催：メキシコ、優勝：ブラジル③）
流　行	サファリジャケット、パンスト（パンティー・ストッキング）
風　俗	東京で「不幸の手紙」流行
流行語	ウーマン・リブ、三無主義、しらける、生活かかってる、全国的にアサー、オンドリャー
新商品	セリカ、トミカ、象印電子ジャーRH型、使い捨て100円ライター・マチュラー、メリット、ワンタッチぞうきんサッサ、ペロティーチョコレート
物　価	豆腐（35円）、もりそば（100円）、ビール（140円）、理髪料（560円）、大卒初任給（4万961円）
その他	ケンタッキー・フライドチキン1号店開店（名古屋）

◆ NHK連続TV小説：虹（南田洋子、中谷昇）
　NHK大河ドラマ：樅の木は残った（平幹二郎、田中絹代、吉永小百合）

| | 歳 | | 歳 | | 歳 |

◆ ③男はつらいよ・フーテンの寅（新珠三千代）/④新・男はつらいよ（栗原小巻）/⑤男はつらいよ・望郷篇（長山藍子）

昭和 46 年（1971） 辛亥（かのと・い）

1・1	元号「昭和」、「明治」を抜いて最長
2・22	**成田空港建設工事で第1回強制代執行**（9月に第2次代行執行）
6・5	東京新宿に地上47階の京王プラザホテル開業（新宿高層ビル時代へ）
6・5	ネズミ講「天下一家の会」に強制捜査
7・3	東亜国内航空YS-11「ばんだい号」墜落事故（乗客・乗員68人全員死亡）
7・30	岩手県雫石上空で全日空機と自衛隊機が衝突（全日空の162人全員死亡）
9・27	天皇・皇后ヨーロッパ7ヵ国親善訪問の旅へご出発
12・20	**ドルショック**（初の円切上げ実施1ドル308円に、円の変動相場制）
12・24	クリスマス・ツリー爆弾が爆発

政　治	内閣総理大臣・佐藤栄作③（自由民主党）
ことば	ディスカバー・ジャパン－美しい日本の私（国鉄のキャッチコピー）
事　件	大久保清事件（群馬県で連続女性殺人事件、8人の女性を殺害）
出　版	日本人とユダヤ人（イザヤ・ベンダサン）、二十歳の原点（高野悦子）、ラブ・ストーリィ（E・シガール・阪倉章）、戦争を知らない子供たち（北山修）、冠婚葬祭入門（塩月弥栄子）
映　画	儀式、沈黙、婉という女、戦争と人間（第二部・愛と悲しみの山河）、いのちぼうにふろう〔洋〕ある愛の詩、エルビス・オン・ステージ、栄光のル・マン
テレビ	大忠臣蔵、ごちそうさま、新婚さんいらっしゃい!、おれは男だ!、野性の王国、仮面ライダー、つくし誰の子、コートにかける青春、天才バカボン、スター誕生!
流行歌	空に太陽がある限り、花嫁、また逢う日まで、よこはま・たそがれ、あの素晴しい愛をもう一度、わたしの城下町、ついてくるかい、青春の詩、おふくろさん、琵琶湖周航歌、17才、長崎から船にのって、虹と雪のバラード、水色の恋
スポーツ	プロ野球オールスター戦で、江夏豊投手が9者連続奪三振
流　行	ホットパンツ
風　俗	ファーストフードが流行。自動販売機ブーム
流行語	アンノン族、脱サラ、ニアミス、ピース、ヘンシーン、ホットパンツ、フィーリング
新商品	カラオケ機器・エイトジューク、アメリカンクラッカー、アロンアルファー、マウスペット、カップヌードル、オールアルミ缶ビール、小枝チョコレート
物　価	あんパン（1個30円）、銭湯（40円）、理髪料（640円）、公団家賃（3万円）
その他	マクドナルド・ハンバーガー1号店が銀座に登場

◆ NHK連続TV小説:繭子ひとり（山口果林、石橋正次）
　NHK大河ドラマ:春の坂道（中村錦之助、小林千登勢）

| | 歳 | | 歳 | | 歳 |

◆ ⑥男はつらいよ・純情編(若尾文子)／⑦男はつらいよ・奮闘編(榊原るみ)／⑧男はつらいよ・寅次郎恋歌 (池内淳子)

昭和 47 年 (1972)　　壬子 (みずのえ・ね)

- 1・14　元日本兵の横井庄一グアム島のジャングルで発見 (2月2日帰国)
- 2・19　連合赤軍5人軽井沢の山荘に人質と籠城 (**浅間山荘事件**)
- 3・7　連合赤軍の妙義山中大量リンチ事件発覚 (12人の遺体を発掘)
- 3・15　山陽新幹線岡山まで開通 "ひかりは西へ"
- 3・26　奈良県の高松塚古墳発掘で極彩色の壁画を発見
- 5・13　大阪の千日デパートビル火災 (118人死亡)
- 5・15　**沖縄施政権返還、沖縄県発足**
- 9・29　**日中国交正常化** (中国からパンダ2頭を贈られパンダブーム)
- 11・6　北陸トンネル内列車火災事故 (死者30人、重軽傷719人)

政　治	内閣総理大臣・佐藤栄作③ (自由民主党) /田中角栄① (自由民主党) /田中角栄② (自由民主党)
ことば	総括 (連合赤軍が同志を次々にリンチ殺人した時、名目にした言葉)
事　件	コインロッカーに嬰児の遺体 (コインロッカーベビーと呼ばれた)
出　版	恍惚の人 (有吉佐和子)、日本列島改造論 (田中角栄)、坂の上の雲〈5・6〉(司馬遼太郎)、女の子の躾け方 (浜尾実)、放任主義 (羽仁進) ＊川端康成自殺
映　画	忍ぶ川、軍旗はためく下に、故郷、旅の重さ、約束〔洋〕ゴッドファーザー、007/ダイヤモンドは永遠に、屋根の上のバイオリン弾き
テレビ	木枯し紋次郎、飛び出せ!青春、お笑いオンステージ、中学生日記、セサミ・ストリート、太陽にほえろ!
流行歌	この広い野原いっぱい、結婚しようよ、岸壁の母、瀬戸の花嫁、女のみち、ひとりじゃないの、旅の宿、どうにもとまらない、学生街の喫茶店、せんせい、京都から博多まで、男の子女の子、喝采
スポーツ	第11回冬季オリンピック・札幌大会 (70m級ジャンプで金銀銅)、第20回オリンピック・ミュンヘン大会 (日本は金メダル13)
流　行	ホットパンツ、ビキニが一般化
風　俗	一条さゆり逮捕 (大阪吉野ミュージックに出演中に公然猥褻の現行犯で逮捕)
流行語	お客様は神様です、三角大福戦争、小異を残して大同につく、テレビカメラはどこか、ナウ、バイコロジー、恥ずかしながら、未婚の母、よく言うね
新商品	デジタル電子体温計、カシオミニ、オロナインH軟膏、オールレーズン
物　価	はがき (10円)、封書 (20円)、豆腐 (40円)、ビール (140円)、もりそば (120円)、理髪料 (830円)、大卒初任給 (5万4001円)、国立大授業料 (年額3万6000円)

◆NHK連続TV小説:藍より青く (真木洋子、大和田伸也)
　NHK大河ドラマ:新・平家物語 (仲代達矢、佐久間良子)

| | 歳 | | 歳 | | 歳 |

◆ ⑧男はつらいよ・柴又慕情（池内淳子）/ ⑨男はつらいよ・柴又慕情（吉永小百合）/ ⑩男はつらいよ・寅次郎夢枕（八千草薫）

昭和 48 年（1973） 癸丑（みずのと・うし）

- 1・27　パリでベトナム和平協定調印
- 3・13　上尾騒乱（国鉄上尾駅で、遵法闘争に怒った通勤客が暴動）
- 4・27　春闘史上初の交通ゼネスト
- 7・20　日航機ハイジャック（犯人はパレスチナ・ゲリラ5人、うち一人は日本人）
- 8・ 8　**金大中氏事件**（韓国の前大統領候補金大中が東京のホテルから白昼拉致される）
- 10・ 6　第4次中東戦争勃発
- 10・23　**江崎玲於奈ノーベル物理学賞受賞**
- 10・25　**オイルショック**（国際石油資本5社、約10％の原油供給削減を通告）
- 11・29　大洋デパート火災（熊本市の大洋デパートが全焼、死者104人、重軽傷109人）

政　治	内閣総理大臣・田中角栄②（自由民主党）
ことば	せまい日本、そんなにいそいでどこへ行く（交通安全標語）
事　件	滋賀銀行女子行員9億円詐取事件（愛人に貢ぐため9億2000万円を着服）
出　版	日本沈没〈上・下〉（小松左京）、ぐうたら人間学（遠藤周作）、にんにく健康法（渡辺正）、華麗なる一族〈上・中・下〉（山崎豊子）、国盗り物語〈前・後〉（司馬遼太郎）
映　画	津軽じょんがら節、仁義なき戦い、青幻記〜遠い日の母は美しく、股旅、恍惚の人〔洋〕ポセイドン・アドベンチャー、007/死ぬのは奴らだ、ゲッタウェイ
テレビ	出雲の阿国、ほんものは誰だ!、仮面ライダーV3、子連れ狼、ドラえもん、新八犬伝、ひらけ！ポンキッキ、非情のライセンス、なんでそうなるの、必殺仕置人、キューティ・ハニー、刑事コロンボ、金曜10時！うわさのチャンネル!!、天下堂々
流行歌	神田川、同棲時代、狙いうち、他人の関係、ジョニイへの伝言、心の旅、草原の輝き、わたしの彼は左きき、てんとう虫のサンバ、**夜空**、くちなしの花
スポーツ	巨人軍V9達成。第1回世界女子ゴルフ選手権大会樋口久子優勝
流　行	ニットブーム、ミニスカート下火
風　俗	日本人のキーセン（妓生）観光ブーム
流行語	うちのカミさんがね、キーセン・パーティー、省エネ、する（名詞＋する）、ちょっとだけよ、あんたも好きネ、これにて一件落着、じっとがまんの子であった
新商品	オセロゲーム、ごきぶりホイホイ、セイコークオーツ06LC、エアーポット「押すだけ」、くれ竹筆ぺん、シュガーカット
物　価	豆腐（50円）、牛乳（32円）、ビール（160円）、もりそば（150円）、理髪料（950円）、ワイシャツ洗濯代（100円）、大卒初任給（6万3499円）
その他	歩け歩け運動広がる（ユックリズム）

◆ NHK連続TV小説：北の家族（高橋洋子、下元勉）
　 NHK大河ドラマ：国盗り物語（平幹二郎、高橋英樹、松坂慶子）

◆ ⑪男はつらいよ・寅次郎忘れな草（浅丘ルリ子）/⑫男はつらいよ・私の寅さん（岸惠子）

昭和 49 年（1974） 甲寅（きのえ・とら）

3・10	ルバング島（フィリピン）で小野田寛郎元陸軍少尉を救出（12日帰国）
4・11	**春闘史上最大のゼネスト**（国鉄・私鉄空前のマヒ状態）
7・7	参院選でタレント議員大量進出"企業ぐるみ選挙"が問題に
8・15	文世光事件（ソウル朴大統領が狙撃され、夫人が死亡）
8・30	三菱重工ビル（東京・丸の内）爆破事件（死者8人、負傷385人）
9・13	ハーグ事件（オランダのフランス大使館に日本赤軍らが侵入立て籠もり）
10・8	**佐藤栄作前首相ノーベル平和賞受賞**
11・26	**田中首相金脈問題で辞意表明**

政　治	内閣総理大臣・田中角栄②（自由民主党）／三木武夫（自由民主党）
ことば	千載一遇のチャンス（石油危機で利益を上げよという石油会社の社内文書）
事　件	甲山事件（西宮市の知的障害児施設甲山学園で男女二人の園児の死体発見）
出　版	かもめのジョナサン（リチャード・バック・五木寛之訳）、ノストラダムスの大予言（五島勉）、やせる健康法（中村紘一）、どてらい男〈全6巻〉（花登筐）、アルキメデスは手を汚さない（小峰元）
映　画	サンダ館八番娼館・望郷、砂の器、華麗なる一族、青春の蹉跌、竜馬暗殺〔洋〕エクソシスト、燃えよドラゴン、パピヨン
テレビ	アルプスの少女ハイジ、寺内貫太郎一家、仮面ライダーＸ、やっちゃば育ち、青葉繁れる、レッツゴーヤング、世界の料理ショー、白い滑走路、われら青春、華麗なる一族、愛と誠、赤い迷路、傷だらけの天使、日本沈没、パンチDEデート
流行歌	うそ、赤ちょうちん、襟裳岬、二人でお酒を、私は泣いています、精霊流し、ひと夏の経験、結婚するって本当ですか、昭和枯れすすき、黒の舟歌、傷だらけのローラ
スポーツ	巨人軍長島茂雄引退。第10回サッカーワールドカップ（開催：西ドイツ、優勝：西ドイツ②）
流　行	ミニが消え1930年代調のファッション登場
風　俗	スプーン曲げの超能力ブーム、ゴルフとアスレチッククラブ隆盛
流行語	巨人軍は永久に不滅です、諸悪の根源、ストリーキング、晴天の霹靂、負けそう、カモメのみなさん、ユリゲラー
新商品	ポラロイド、電気もちつき機、3ドア冷凍冷蔵庫、蛍光ラインマーカー、紅茶きのこ、ペヤングソース焼そば、カップ焼そばバンバン、セシルチョコ
物　価	豆腐（60円）、もりそば（200円）、ビール（160円）、大卒初任給（8万2629円）
その他	北海道広尾線「愛国発幸福行」切符が大人気

◆ NHK連続TV小説：鳩子の海（藤田美保子、斉藤こずえ）
　NHK大河ドラマ：勝海舟（渡哲也、松方弘樹）

	歳		歳		歳

◆ ⑬男はつらいよ・寅次郎恋やつれ（吉永小百合）/ ⑭男はつらいよ・寅次郎子守歌（十朱幸代）

昭和 50 年（1975） 乙卯（きのと・う）

1・1	青木湖バス転落事故（長野県の青木湖にスキーバスが転落、死者24人）
3・10	新幹線博多まで開通
4・30	**ベトナム戦争終結**（北ベトナム軍サイゴンを制圧）
5・7	エリザベス英女王夫妻来日
5・16	日本女子登山隊女性として初のエベレスト登頂に成功
5・19	連続企業爆破事件の容疑者8人いっせい逮捕（1人自殺）
7・19	**沖縄海洋博覧会開幕**
8・4	日本赤軍がクアラルンプールのアメリカ・スウェーデン両大使館を占拠

政　治	内閣総理大臣・三木武夫（自由民主党）
ことば	わたし作る人ぼく食べる人（即席ラーメンCM、女性差別と抗議され中止）
事　件	沖縄訪問中の皇太子夫妻にひめゆりの塔の前で火炎ビン
出　版	播磨灘物語〈上・中・下〉（司馬遼太郎）、複合汚染〈上・下〉（有吉佐和子）、眼がどんどんよくなる（ハロルド）、欽ドン〈1・2〉（萩本欽一）、収容所列島（ソルジェニーツィン）
映　画	ある映画監督の生涯・溝口健二の記録、祭りの準備、金環蝕、化石、田園に死す〔洋〕タワーリング・インフェルノ、大地震、エマニエル夫人
テレビ	Gメン75、フランダースの犬、まんが日本昔ばなし、俺たちの勲章、カックラキン大放送!!、欽ちゃんのドンとやってみよう、秘密戦隊ゴレンジャー、仮面ライダーストロンガー、真田十勇士、ホントにホント？、パネルクイズアタック25、テレビ三面記事・ウィークエンダー、うちのホンカン
流行歌	さらばハイセイコー、年下の男の子、我が良き友よ、港のヨーコ・ヨコハマ・ヨコスカ、**シクラメンのかほり**、歩、中の島ブルース、いちご白書をもう一度、時の過ぎゆくままに、愚図、俺たちの旅、無縁坂、なごり雪、およげ！たいやきくん、北の宿から
スポーツ	「赤ヘル軍団」広島カープ初優勝
流　行	「ニュートラディショナル」大流行、浴衣復活
風　俗	観葉植物・盆栽ブーム、紅茶キノコ話題に
流行語	アンタあの娘のなんなのさ、おじゃまむし、オヨヨ、死刑!、中ピ連、乱塾
新商品	家庭用VTR（ベータ）、セキスイハイム、ピッカリコニカ、マルちゃんのきつねうどん、ブラック50、シーチキン、きのこの山、森永ハイチュー
物　価	都バス（70円）、豆腐（70円）、理髪料（1400円）、大卒初任給（9万1272円）
その他	離婚11万9000件と史上最高を記録

◆ NHK連続TV小説:水色の時（大竹しのぶ）／おはようさん（秋野暢子）
　NHK大河ドラマ:元禄太平記（石坂浩二、江守徹）。

| | 歳 | | 歳 | | 歳 |

◆ ⑮男はつらいよ・寅次郎相合い傘（浅丘ルリ子）/⑯ 男はつらいよ・葛飾立志篇（樫山文枝）

昭和51年(1976) 丙辰(ひのえ・たつ)

- 1・31　鹿児島で五ツ子誕生
- 2・4　米上院外交委の公聴会でロッキード事件の疑惑明るみに
- 7・27　**ロッキード事件、田中前首相逮捕**
- 9・6　ソ連のミグ25機函館空港に強行着陸、ベレンコ中尉米国へ亡命
- 10・22　京都地裁の鬼頭史郎判事補の「ニセ電話事件」が発覚
- 10・29　酒田大火(山形県酒田市で映画館から出火、1059棟が全焼、3300人が被災)

政　治	内閣総理大臣・三木武夫(自由民主党)／福田赳夫(自由民主党)
ことば	はしゃぎすぎ(椎名悦三郎、三木首相への苦言)
事　件	児玉誉士夫宅に軽飛行機突入(元俳優が児玉誉士夫宅に突入して死亡)
出　版	翔ぶが如く〈1〜7〉(司馬遼太郎)、限りなく透明に近いブルー(村上龍)、不毛地帯〈1・2〉(山崎豊子)、火宅の人(壇一雄)、深代惇郎の天声人語〈上・下〉
映　画	青春の殺人者、男はつらいよ、大地の子守歌、不毛地帯、犬神家の一族〔洋〕JAWS・ジョーズ、グレートハンティング、ミッドウェイ
テレビ	クイズ・ダービー、すばらしき仲間、となりの芝生、大都会、徹子の部屋、男たちの旅路、アルプスの少女ハイジ、プロ野球ニュース、事件刑事コルチャック、落日燃ゆ、欽ちゃんのどこまでやるの！、ドカベン、俺たちの朝、ドレミファドン
流行歌	昔の名前で出ています、春一番、ビューティフル・サンデー、おゆき、東京砂漠、北酒場、横須賀ストーリー、嫁にこないか、山口さんちのツトム君、**北の宿から**、四季の歌、青春時代、ペッパー警部、あばよ、S・O・S、失恋レストラン
スポーツ	第12回冬季オリンピック・インスブルック大会、第21回オリンピック・モントリオール大会、有馬記念1レース売上げ190億円の日本新記録、植村直巳世界最長1万2000キロの北極圏単独犬ゾリ横断を達成
流　行	ダウンベスト、女性ブーツ流行
風　俗	ジョギングブーム、オーディオ、学習塾
流行語	記憶にございません、灰色高官、フィクサー、ピーナッツ
新商品	キヤノンAE-1、家庭用VHSビデオ、ラジカセ、マイコンキットTK-80、明星ラーメン・めん吉、日清焼そばUFO、どん兵衛きつね、マザービスケット
物　価	はがき(10円→20円)、封書(20円→50円)、国鉄普通旅客運賃(上野−青森5300円、新橋−大阪4300円)、豆腐(80円)、もりそば(230円)、ビール(195円)、理髪料(1700円)、国立大学授業料(年額9万6000円)
その他	マイカーは1700万台(10年前の8倍)を突破

◆ NHK連続TV小説:雲のじゅうたん(浅茅陽子)／火の国に(鈴鹿景子)
　NHK大河ドラマ:風と雲と虹と(加藤剛、真野響子)

◆ ⑰男はつらいよ・寅次郎夕焼け小焼け（太地喜和子）/ ⑱ 男はつらいよ・寅次郎純情詩集（京マチ子）

昭和52年(1977) 丁巳(ひのと・み)

1・4 青酸コーラ事件(東京の品川駅付近に青酸入りコーラ放置、2人死亡)
2・20 青梅マラソンに参加者10万人(ついに死者も、マラソン過熱)
5・24 慶大商学部入試問題の漏洩事件発覚(関与の2教授解職)
6・15 有田市で集団コレラ発生汚染地域に(指定患者97人、1人死亡)
7・14 初の静止気象衛星「ひまわり」米ケープカナベラルから打上げ
8・7 有珠山が大噴火(住民1022世帯6400人が避難生活)
9・28 **日本赤軍日航機をハイジャック**(政府「超法規措置」で犯人側の要求を受諾)
10・24 高金利など悪質サラ金の被害者急増、大阪に被害者の会誕生
11・15 新潟市で女子中学生・横田めぐみさんが行方不明(後、北朝鮮の拉致と判明)

政　治	内閣総理大臣・福田赳夫(自由民主党)
ことば	天は我らを見放した(映画「八甲田山」のせりふ)
事　件	毒入りチョコ事件(東京・八重洲地下街で青酸ナトリウム入のチョコレート40箱)
出　版	間違いだらけの車選び〈正・続〉(徳大寺有恒)、ルーツ〈上・下〉(A・ヘイリー)、エーゲ海に捧ぐ(池田満寿夫)、天声人語〈上・下〉、八甲田山死の彷徨(新田次郎)
映　画	幸福の黄色いハンカチ、竹山ひとり旅、はなれ瞽女おりん、八甲田山、青春の門・自立篇〔洋〕キングコング、遠すぎた橋、カサンドラ・クロス
テレビ	あらいぐまラスカル、バイオニック・ジェミー、笛吹童子、岸辺のアルバム、アメリカ横断ウルトラクイズ、ルーツ、チャーリーズ・エンジェル、砂の器
流行歌	津軽海峡冬景色、カルメン'77、あずさ2号、北国の春、**勝手にしやがれ**、能登半島、渚のシンドバッド、暑中お見舞申し上げます、イミテーション・ゴールド、ウォンテッド、花街の母、あんたのバラード、UFO
スポーツ	全米女子プロゴルフ選手権で樋口久子が優勝、日本人初の世界タイトル。プロ野球、王貞治ホームラン世界記録(756本)
流　行	ポニーテイル復活、トレーニングウェア流行
風　俗	スナックやバーなどでカラオケ大流行、焼酎ブーム、ペットホテル盛況
流行語	カラオケ、たたりじゃー、ダメダこりゃ、翔んでる女、話がピーマン、普通の女の子に戻りたい、よっしゃよっしゃ、ワン・パターン
新商品	ふとん乾燥機・ほすべえ、Apple II、家庭用食器乾燥機、プリントゴッコ、ジャスピンコニカ、パンパース、ホカロン、ビックリマンチョコレート
物　価	白米10kg(3000円)、コーヒー(280円)、映画入場料(1300円)
その他	翌78年にかけ、各地で若い男女の行方不明事件頻発(後、北朝鮮の拉致と判明)

◆ NHK連続TV小説:一番星(高瀬春奈、五大路子)/風見鶏(新井春美)
　NHK大河ドラマ:花神(中村梅之助、加賀まり子)

◆ ⑲男はつらいよ・寅次郎と殿様（真野響子）／⑳男はつらいよ・寅次郎頑張れ！（藤村志保）

昭和53年（1978） 戊午（つちのえ・うま）

- 1・14 伊豆大島近海で地震（M7、死者25人）
- 5・20 **新東京国際空港（成田）開港**（4000メートルＡ滑走路1本のみで開港）
- 6・12 宮城県沖地震（M7・5、死者28人、負傷者1万1028人）
- 7・24 円急騰初の1ドル200円割れ（199円10銭）
- 8・12 日中平和友好条約調印（10月16日、国会で批准）
- 9・19 埼玉県稲荷山古墳出土の鉄剣から「雄略天皇」の名を解読
- 10・18 無限連鎖講（ネズミ講）防止法成立

政　治	内閣総理大臣・福田赳夫（自由民主党）／大平正芳①（自由民主党）
ことば	天の声にもたまには変な声がある（自民党総裁選の予備選挙で敗れた福田首相）
事　件	現職警官の殺人事件（巡回連絡を装った巡査が女子大生を部屋で暴行絞殺）
出　版	和宮様御留（有吉佐和子）、不確実性の時代（ガルブレイス）、不毛地帯（1～4）（山崎豊子）、海を感じる時（中沢けい）、頭のいい税金の本（野末陳平）
映　画	サード、曽根崎心中、愛の亡霊、事件、帰らざる日々 〔洋〕スター・ウォーズ、未知との遭遇、007／私を愛したスパイ
テレビ	吉宗評判記・暴れん坊将軍、ザ・ベストテン、こちらデスク、600こちら情報部、事件、歴史への招待、浮浪雲、紅孔雀、ウルトラアイ、白い巨塔、飢餓海峡、銀河鉄道999、熱中時代、西遊記、ゆうひが丘の総理大臣、密約、宇宙戦艦ヤマト2
流行歌	カナダからの手紙、沈丁花、微笑がえし、夢追い酒、与作、サウスポー、時間よ止まれ、狼なんか怖くない、飛んでイスタンブール、プレイバックPart2、青葉城恋歌、モンスター、**UFO**、勝手にシンドバッド、夏のお嬢さん
スポーツ	青木功ゴルフ世界マッチプレー選手権で日本男子初の優勝。江川問題起こる。王貞治選手が、通算800号ホームラン達成。第11回サッカーワールドカップ（開催：アルゼンチン、優勝：アルゼンチン①）
流　行	ダウンジャケット流行、タンクトップ
風　俗	ディスコブーム、東京・原宿に「竹の子族」登場
流行語	アーウー、口裂け女、嫌煙権、ナンチャッテおじさん、サラ金地獄、不確実性の時代、フィーバー、窓際族
新商品	日本語ワードプロセッサーJW-10、ミニコンポ、フロントホック・ブラジャー、クレアラシル、赤いきつねうどん、ボンカレー・ゴールド
物　価	はがき（20円）、封書（50円）、もりそば（250円）、理髪料（2000円）
その他	隅田川の花火大会が17年ぶりに復活。キャンディーズ解散

◆ NHK連続TV小説：おていちゃん（友里千賀子）／わたしは海（相原友子）
　NHK大河ドラマ：黄金の日日（市川染五郎、栗原小巻）

| | 歳 | | 歳 | | 歳 |

◆ ㉑男はつらいよ・寅次郎わが道をゆく（木の実ナナ）/㉒男はつらいよ・噂の寅次郎（大原麗子）

昭和 54 年 (1979)　　己未 (つちのと・ひつじ)

- 1・13　国公立大学初の共通一次試験
- 1・26　三菱銀行猟銃人質事件 (警官2人、行員2人を射殺、3人に重傷を負わせた)
- 2・11　ホメイニ師指導のイラン革命成立
- 3・28　米スリーマイル島で原子力発電所の事故
- 7・11　**東名高速日本坂トンネル事故** (死者7人、負傷者3人、焼失車両173台)
- 9・8　日本鉄建公団カラ出張で4億円のヤミ給与支払い発覚
- 11・28　南極観光のニュージーランド航空機墜落 (日本人24人など全員死亡)
- 12・4　政界に広がったKDD事件発覚
- 12・27　ソ連、アフガニスタンに侵攻

政　治	内閣総理大臣・大平正芳①(自由民主党) / 大平正芳②(自由民主党)
ことば	ウォークマン (ソニーの発売した携帯型ヘッドフォン・ステレオが爆発的にヒット)
事　件	江川投手ドラフト指名の阪神入団、即トレードで巨人へ(相手は小林繁投手)
出　版	算命占星学入門(和泉宗章)、天中殺入門(和泉宗章)、四季・奈津子〈上・下〉(五木寛之)、サザエさんうちあけ話(長谷川町子)、ジャパン・アズ・ナンバーワン(ヴォーゲル)、足寄より(松山千春)、もう頬づえはつかない(見延典子)
映　画	復讐するは我にあり、太陽を盗んだ男、Keiko、赫い髪の女、衝動殺人〔洋〕スーパーマン、ナイル殺人事件、グリース
テレビ	俺はあばれはっちゃく、クイズ100人に聞きました、ドラえもん、テレビファソラシド、機動戦士ガンダム、ルックルックこんにちは、ヒントでピント、探偵物語、人生ゲーム・ハイ＆ロー、3年B組金八先生、スターどっきり生放送
流行歌	おもいで酒、YOUNG MAN、サンタモニカの風、**魅せられて**、ひとり酒、いとしのエリー、燃えろいい女、舟歌、関白宣言、別れても好きな人、異邦人、贈る言葉
スポーツ	第1回東京国際女子マラソン、プロ野球日本シリーズで「江夏の21球」
流　行	省エネルック
風　俗	インベーダーゲーム大流行。じゃぱゆきさん
流行語	ウサギ小屋、エガワる、キャリア・ウーマン、公費天国、シカト、熟年、ダサイ、チープ・ガバメント、ナウい、ニャンニャン、新工業国群(NICS)、夕暮れ族
新商品	アルト、ウォークマンTPS-L2、パソコンPC-8001、カード電卓、超音波美顔器、キヤノンオートボーイ、ぶら下がり健康器、うまかっちゃん、王風麺、パイの実
物　価	国鉄初乗り運賃(80円→100円)、あんパン(90円)、もりそば(260円)
その他	主食に米を食べない人、朝29%、昼23%、夜5%(総理府調査)

◆ NHK連続TV小説：マー姉ちゃん(熊谷真美) / 鮎のうた(山咲千里)
　NHK大河ドラマ：草燃える(石坂浩二、岩下志麻)

◆ ㉓男はつらいよ・翔んでる寅次郎（桃井かおり）／㉔男はつらいよ・寅次郎春の夢（香川京子）

昭和 55 年（1980） 庚申（かのえ・さる）

4・25	東京・銀座で1億円の落し物。落し主現われず拾った運転手へ
5・25	**光州事件**（韓国で民主化を要求する反政府デモに戒厳軍突入）
7・3	「イエスの方舟」の集団失跡中の女性7人を保護（教祖に逮捕状）
8・16	静岡駅前地下街ガス爆発火災（死者15人、重軽傷233人）
8・19	**新宿バス放火事件**（中年男性が停車中のバスに放火、死者6人、重軽傷者13人）
9・3	レッドパージで地下潜航の元日共幹部伊藤律中国から帰国
9・22	イラン・イラク戦争勃発（停戦は1988年）
10・1	富士見産婦人科病院乱診事件（医院長逮捕）
11・20	川治温泉でホテル火災（宿泊客45人が焼死、24人が重軽傷）

政　治	内閣総理大臣・大平正芳②（自由民主党）／鈴木善幸（自由民主党）
ことば	赤信号、みんなで渡ればこわくない（ツービート）
事　件	金属バット殺人事件（川崎市で二浪中の次男が両親を撲殺）
出　版	シルクロード（日本放送出版協会）、項羽と劉邦〈上・中・下〉（司馬遼太郎）、ノストラダムスの大予言Ⅱ（五島勉）、蒼い時（山口百恵）、悪魔の選択〈上・下〉（F・フォーサイス）
映　画	ツィゴイネルワイゼン、影武者、ヒポクラテスたち、神様のくれた赤ん坊、遥かなる山の呼び声 〔洋〕スター・ウォーズ・帝国の逆襲、007/ムーンレイカー、地獄の黙示録
テレビ	あ・うん、池中玄太80キロ、ガン回廊の朝、裸の大将放浪記、ガラスのうさぎ、シルクロード、報道特集、仮面ライダースーパー1、御宿かわせみ、トゥナイト、ザ・商社
流行歌	ランナウェイ、Tokio、大阪しぐれ、ダンシング・オールナイト、ふたり酒、**雨の慕情**、帰ってこいよ、昴、哀愁でいと、恋人よ、みちのくひとり旅
スポーツ	第13回冬季オリンピック・レーク・プラシッド大会。第21回オリンピック・モスクワ大会（日本・米国・西独など不参加）
流　行	白黒のモノトーンファッション、巻きスカート、前ボタンスカート
風　俗	ルービック・キューブ爆発的人気。校内暴力・家庭内暴力が急増、社会問題に
流行語	カラスの勝手でしょ、それなりに、竹の子族、トカゲのしっぽ、とらばーゆ、ヘッドホン族、ぶりっ子、VSOP
新商品	チョロQ、ウォッシュレット、ソーラー電卓、緑のたぬき天そば、ポカリスエット
物　価	はがき（20円）、封書（50円）、ビール（240円）、セブンスター（150円→180円）
その他	山口百恵の婚約・引退・結婚で百恵フィーバー

◆ NHK連続TV小説：なっちゃんの写真館（星野知子）／虹を織る（紺野美沙子）
　NHK大河ドラマ：獅子の時代（菅原文太、加藤剛、大原麗子）

	歳		歳		歳

◆ ㉕男はつらいよ・寅次郎ハイビスカスの花(浅丘ルリ子) / ㉖男はつらいよ・寅次郎かもめ歌(伊藤蘭)
①ドラえもん・のび太の恐竜(大長編ドラえもん・第1作)

昭和56年（1981） 辛酉（かのと・とり）

- 2・23 ローマ法皇初来日（法王ヨハネ・パウロ2世が来日し、広島・長崎を訪問）
- 3・2 **中国残留日本人孤児初来日**（残留孤児47人初の正式来日、身元判明24人）
- 3・19 神戸ポートピア'81開会（会期中1610万人が入場、黒字96億円）
- 3・24 最高裁、日産自動車の定年差別（男55歳 女50歳）に無効の判決
- 6・15 パリ人肉事件（日本人留学生がオランダ人女性を殺害し、死体の一部を食べる）
- 9・5 三和銀行オンライン詐取事件（茨木支店の女子行員が1億3000万円詐取）
- 10・16 北炭夕張炭鉱ガス惨事（93人が死亡、39人が重軽傷）
- 10・19 **福井謙一ノーベル化学賞受賞**
- 12・8 芸大教授海野義雄楽器納入をめぐる収賄容疑で逮捕

政　治	内閣総理大臣・鈴木善幸（自由民主党）
ことば	ハチの一刺し（榎本三恵子、ロッキード事件公判で、新事実を証言）
事　件	深川通り魔殺人事件（犯人は覚醒剤常用の男、死者4人、負傷2人）
出　版	窓ぎわのトットちゃん（黒柳徹子）、なんとなく、クリスタル（田中康夫）、アクション・カメラ術〈1・2〉（馬場健治）、この愛いつまでも（加山雄三）、人間万事塞翁が丙午（青島幸男）、私家版日本語文法（井上ひさし）
映　画	泥の河、遠雷、陽炎座、駅〈STATION〉、鳴呼！おんなたち〔洋〕エレファント・マン、007/ユア・アイズ・オンリー、スーパーマン2冒険篇
テレビ	夢千代日記、結婚したい女、SHOGUN・将軍、今夜は最高、クイズ面白ゼミナール、Dr.スランプ・アラレちゃん、おれたちひょうきん族、マリコ、ロス警察25時、忍者ハットリくん、なるほど！ザ・ワールド、北の国から
流行歌	他人酒、**ルビーの指輪**、花咲く紅、街角トワイライト、長い夜、白いパラソル、ハイスクールララバイ、もしもピアノが弾けたなら、お嫁サンバ、ギンギラギンにさりげなく、風立ちぬ、悪女、奥飛騨慕情
スポーツ	大関貴ノ花、横綱輪島が引退。千代の富士が横綱に
流　行	マリンルック、レッグウォーマー、シェイプパンツ
風　俗	ノーパン喫茶ブーム。新宿に初のカプセルホテルが登場
流行語	えぐい、クリスタル族、粗大ゴミ、なめネコ、ノーパン喫茶、人寄せパンダ、ベンチがアホやから野球がでけへん、んちゃ
新商品	ソアラ、ホンダCITY、レーザーディスク・プレーヤー LD-1000、紙おむつムーニー
物　価	もりそば（300円）、豆腐（90円）、銭湯（220円）、大卒初任給（12万4822円）
その他	ピンクレディー解散

◆NHK連続TV小説：まんさくの花（中村明美）/ 本日も晴天なり（原日出子）
　NHK大河ドラマ：おんな太閤記（佐久間良子、西田敏行、夏目雅子）

| | 歳 | | 歳 | | 歳 |

◆ ㉗男はつらいよ・浪速の恋の寅次郎（松坂慶子）/ ㉘男はつらいよ・寅次郎紙風船（音無美紀子）
　②ドラえもん・のび太の宇宙開拓史

昭和 57 年（1982） 壬戌（みずのえ・いぬ）

2・8	ホテル・ニュージャパン（東京・永田町）火災（死者33人、重軽傷28人）
2・9	日航DC-8機が羽田で着陸に失敗（死者24人、重軽症者142人）
3・23	東京金市場オープン初日の出来高1026kgの大商い
3・—	中・高校卒業式で全国637校に警官立入り56年の2.8倍
4・2	フォークランド紛争（アルゼンチンにイギリスが宣戦布告）
6・22	日立製作所、三菱電機の社員ら6人産業スパイでFBIに逮捕
7・23	長崎に集中豪雨（死者295人、行方不明4人、負傷者166人）
10・29	岡田茂、前・三越社長を特別背任容疑で逮捕

政　治	内閣総理大臣・鈴木善幸（自由民主党）/中曽根康弘①（自由民主党）
ことば	「なぜだ！」（岡田茂・三越社長、取締役会で社長解任要求に対して）
事　件	大阪府警ゲーム機汚職（現職警官3人、OB2人、業者10人逮捕）
出　版	悪魔の飽食（森村誠一）、プロ野球を10倍楽しく見る方法（江本孟紀）、窓ぎわのトットちゃん（黒柳徹子）、吉里吉里人（井上ひさし）、気くばりのすすめ（鈴木健二）、峠の群像〈上・中・下〉（堺屋太一）、日本国憲法
映　画	蒲田行進曲、さらば愛しき大地、転校生、疑惑、ニッポン国古屋敷村〔洋〕E.T、ミラクル・ワールド・ブッシュマン、キャノンボール
テレビ	春が来た、竜馬が行く、けものみち、宇宙刑事ギャバン、陽あたり良好！、マルコ・ポーロシルクロードの冒険、三国志、久米宏のTVスクランブル、笑っていいとも！
流行歌	赤いスイートピー、**北酒場**、渚のバルコニー、聖母たちのララバイ、セーラ服と機関銃、ハイティーン・ブギ、待つわ、氷雨、3年目の浮気、めだかの兄妹
スポーツ	第12回サッカーワールドカップ（開催：スペイン、優勝：イタリア③）、米女子ゴルフツアーで岡本綾子初優勝、北の湖、史上1位の873勝達成
流　行	パンツルック、ミニスカート
風　俗	エアロビクス・ダンス、ゲートボールがブーム
流行語	逆噴射、三語族、心身症、森林浴、何をするんですか、機長やめてください、ネクラ、ほとんどビョーキ、ルンルン
新商品	75万円のワープロ、無印良品、CDプレーヤー CDP-101、カロリーメイト、おっとっと、たばこキャスター
物　価	はがき（40円）、封書（60円）、ビール（265円）、もりそば（300円）、ラーメン（350円）、理髪料（2500円）、大卒初任給（13万1498円）
その他	宅配便が郵便小包を抜き急成長

◆ NHK連続TV小説：ハイカラさん（手塚里美）/よーいドン（藤吉久美子）
　NHK大河ドラマ：峠の群像（緒方拳、丘みつ子）

◆㉙男はつらいよ・寅次郎あじさいの恋（いしだあゆみ）/㉚男はつらいよ・花も嵐も寅次郎（田中裕子）
③ドラえもん・のび太の大魔境

昭和 58 年（1983） 癸亥（みずのと・い）

- 2・21　蔵王観光ホテル火災（ホテル従業員ら5人とスキー客ら6人が焼死）
- 3・13　東北大医学部体外受精に成功（10月14日初の試験管ベィビー誕生）
- 4・15　**東京ディズニーランド開園**
- 4・28　サラ金規制2法案成立（業者の登録制取立て規制など実施）
- 5・26　日本海中部地震（M7.7、津波が襲い遠足の児童ら死者・不明104人）
- 8・13　金融機関の第2土曜日休日全国いっせいにスタート
- 9・1　**大韓航空機撃墜事件**（ソ連戦闘機攻撃で日本人28人を含む269人全員死亡）
- 11・11　町田市のCATVに許可第1号（ニューメディア元年）

政　治	内閣総理大臣・中曽根康弘①（自由民主党）／中曽根康弘②（自由民主党）
ことば	軽薄短小（新商品開発のトレンド。従来のものは重厚長大と言われた）
事　件	戸塚ヨットスクール校長逮捕（しごき教育で中学生ら3人死亡、2人行方不明）
出　版	気くばりのすすめ（鈴木健二）、積木くずし（穂積隆信）、探偵物語（赤川次郎）、ひとひらの雪〈上・下〉（渡辺淳一）、二つの祖国〈上・中・下〉（山崎豊子）
映　画	家族ゲーム、細雪、戦場のメリークリスマス、東京裁判、楢山節考〔洋〕E.T.、スター・ウォーズ・ジェダイの復讐、フラッシュダンス
テレビ	赤かぶ検事奮戦記、さよなら三角、夕暮れて、科学戦隊ダイナマン、金曜日の妻たちへ、積木くずし、宇宙刑事シャリバン、世界まるごとHOWマッチ、わくわく動物ランド、ふぞろいの林檎たち、蒲田行進曲、家政婦は見た!、キャッツ・アイ、スチュワーデス物語
流行歌	さざんかの宿、矢切の渡し、越冬つばめ、め組のひと、お久しぶりね、釜山港へ帰れ、ガラスの林檎／SWEET MEMORIES、さらば・夏、ギザギザハートの子守唄、ワインレッドの心、クリスマス・イブ
スポーツ	佐々木七恵が東京国際女子マラソンで日本人初の優勝
流　行	おしん巻き、"ボロボロ"ファッション、ベルトポーチ
風　俗	警視庁、東京・銀座の愛人バンク第1号「夕ぐれ族」を売春斡旋容疑で摘発
流行語	頭がウニになる、義理チョコ、ジャパゆきさん、ニャンニャンする、不沈空母、軽薄短小、いいとも!、おもしろまじめ、胸キュン
新商品	ファミリーコンピュータ、書院、どんびえ、ゴン、ラーメン紀行、六甲のおいしい水、パックンチョ、ホールズ
物　価	国鉄最低料金（120円）、ビール（280円）、もりそば（310円）
その他	パソコン・ワープロが急速に普及し、ファミコンブームが起きる

◆ NHK連続TV小説：おしん（小林綾子、田中裕子）
　NHK大河ドラマ：徳川家康（滝田栄、大竹しのぶ）

◆ ㉛男はつらいよ・旅と女と寅次郎（都はるみ）/ ㉜男はつらいよ・口笛を吹く寅次郎（竹下景子）
　④ドラえもん・のび太の海底鬼岩城

昭和 59 年（1984） 甲子（きのえ・ね）

- 1・18 三井三池鉱業・有明鉱で坑内火災（死者83人、重軽症16人）
- 3・18 **グリコ森永事件**（江崎グリコ社長が自宅から誘拐〈かい人21面相事件〉）
- 6・30 厚生省世界一長寿国宣言（平均年齢男74.2歳、女79.78歳）
- 9・14 長野県西部地震（死者29人）
- 9・25 「かい人21面相」森永製菓を脅迫（関西のスーパーに青酸入り製品）
- 11・1 1万円、5千円、千円新札発行
- 11・16 **東京世田谷で通信ケーブル火災、電話マヒ、銀行のオンライン不通**

政　治	内閣総理大臣・中曽根康弘②（自由民主党）
ことば	オシンドローム（おしんと横綱隆の里、徳川家康がセットの忍耐三羽烏）
事　件	からし蓮根中毒（熊本名産でボツリヌス菌中毒、11人死亡）
出　版	愛のごとく〈上・下〉（渡辺淳一）、天璋院篤姫〈上・下〉（宮尾登美子）、伝われ愛（中島みゆき）、三毛猫ホームズのびっくり箱（赤川次郎）、見栄講座
映　画	お葬式、Wの悲劇、瀬戸内少年野球団、麻雀放浪記、さらば箱舟〔洋〕インディ・ジョーンズ・魔宮の伝説、キャノンボール2、プロジェクトA
テレビ	仮面ライダーZX、超電子バイオマン、日本の面影、宮本武蔵、くれない族の反乱、不良少女と呼ばれて、うちの子にかぎって、いただきます、オレゴンから愛、スクールウォーズ、転校少女Y、大家族、マリリン/その愛と死、北斗の拳
流行歌	涙のリクエスト、娘よ、**長良川艶歌**、桃色吐息、雨音はショパンの調べ、ケジメなさい、ピンクのモーツァルト、浪花節だよ人生は、いっそセレナーデ、飾りじゃないのよ涙は、前略・道の上より、メイン・テーマ
スポーツ	第14回冬季オリンピック・サラエボ大会、第23回オリンピック・ロサンゼルス大会（ソ連・東欧圏不参加）
流　行	マリンルック、レースストッキング、DCブランド
風　俗	トルコ風呂の名称変更（ソープランドに）
流行語	**オシンドローム**、くれない族、ソープランド、パフォーマンス、普通のおばさん、まるきんまるび、ヤッピー、スキゾ・パラノ　＊流行語大賞始まる
新商品	ディスクマン、禁煙パイポ、ファイロファックス、ペンギンズバー、カラムーチョ、コアラのマーチ、ビッグバー、鈴木くん佐藤くん、使い捨てカイロ
物　価	国鉄最低料金（130円）、国鉄普通旅客運賃（上野－青森8700円、新橋－大阪7200円）、豆腐（90円）、もりそば（320円）、ビール（310円）、理髪料（2600円）
その他	エリマキトカゲ人気、都はるみ引退

◆ NHK連続TV小説：ロマンス（榎木孝明、辰巳琢郎）／心はいつもラムネ色（進藤栄作）
　NHK大河ドラマ：山河燃ゆ（松本幸四郎、西田敏行、多岐川裕美）

◆㉝男はつらいよ・夜霧にむせぶ寅次郎（中原理恵）/㉞男はつらいよ・寅次郎真実一路（大原麗子）
⑤ドラえもん・のび太の魔界大冒険

昭和60年(1985)　乙丑（きのと・うし）

3・16	**科学万博（つくば博）開幕**（会期中の入場者2033万人）
4・1	日本電信電話会社（NTT）、日本たばこ産業会社（JT）発足
6・18	金のペーパー商法で問題となった豊田商事会長永野一男刺殺される
6・19	「投資ジャーナル」の中江滋樹元会長ら幹部詐欺容疑で逮捕
7・24	毒入りワイン騒動（有毒物質入のワインが輸入販売されていることが判明）
8・12	**日航ジャンボ機墜落事故**（群馬県御巣鷹山に墜落520人死亡、4人奇跡の生存）
9・25	奈良県斑鳩町の藤ノ木古墳で朱塗りの家形石棺を発見
11・29	国鉄同時多発ゲリラ（国鉄分割・民営化反対ストを支援する中核派の犯行）

政　治	内閣総理大臣・中曽根康弘②（自由民主党）
ことば	新人類（60年以降生まれで、好き嫌いが明瞭で、忍耐心・感性に欠ける）
事　件	ロス疑惑（三浦和義と元女優矢沢美智子が殺人未遂容疑で逮捕）
出　版	女の器量はことばしだい（広瀬久美子）、豊臣秀吉〈上・下〉（堺屋太一）、アイアコッカわが闘魂の経営（アイアコッカ）、真田太平記〈1～18〉（池波正太郎）、首都消失〈上・下〉（小松左京）、演歌の虫（山口洋子）、洋子へ（長門裕之）
映　画	それから、乱、火まつり、台風クラブ、さびしんぼう 〔洋〕ゴーストバスターズ、グレムリン、ランボー・怒りの脱出
テレビ	毎度おさわがせします、スタア誕生、天才・たけしの元気が出るテレビ!!、花へんろ、真田太平記、白バイ野郎パンチ＆ボビー、アッコにおまかせ!、ニュースステーション、ポニーテールは振り向かない、夕やけニャンニャン、タッチ
流行歌	ミ・アモーレ、あの娘とスキャンダル、セーラー服を脱がさないで、恋におちて、望郷じょんがら、雨の西麻布、神様ヘルプ!、なんてったってアイドル、波止場しぐれ
スポーツ	阪神タイガース21年ぶりリーグ優勝、初の日本一に。東京・両国に新両国国技館完成
流　行	若者にリュック人気
風　俗	新風営法が施行（ラブホテルなどの届け出制、営業時間の午前0時など）
流行語	**分衆**、パフォーマンス、ダブルポケット、投げたらアカン、フォーカスされる、FFされる、やらせ、私はコレで会社をやめました
新商品	ショルダーホン、ハンディカム、ミノルタα-7000、ルポ、一太郎、スーパーマリオブラザーズ、ハーゲンダッツ、ピュアモルト7年、ビックリマンチョコ
物　価	国鉄最低料金（140円）都バス（160円）、豆腐（100円）、ビール（310円）、もりそば（330円）、理髪料（2700円）、大卒初任給（14万4541円）

◆NHK連続TV小説:澪つくし（沢口靖子）/いちばん太鼓（岡野進一郎）
　NHK大河ドラマ:春の波濤（松坂慶子、中村雅俊、風間杜夫）

| | 歳 | | 歳 | | 歳 |

◆ ㉟男はつらいよ・寅次郎恋愛塾(樋口可南子)/㊱男はつらいよ・柴又より愛をこめて(栗原小巻)
　⑥ドラえもん・のび太の宇宙小戦争(リトルスターウォーズ)

昭和 61 年（1986） 丙寅（ひのえ・とら）

1・28	米スペースシャトル「チャレンジャー」爆発
4・1	職場での男女平等を目指す「男女雇用機会均等法」施行
4・26	**チェルノブイリ原発事故**
5・8	イギリスのチャールズ皇太子とダイアナ妃が来日（ダイアナ妃ブームに）
6・1	上野動物園のパンダ・ホアンホアンに赤ちゃん誕生トントンと命名
9・6	社会党土井たか子委員長を選出（初の女性党首誕生）
11・15	**伊豆大島の三原山が209年ぶりに噴火**（全島民に避難命令）
11・25	現金輸送車3億3000万円強奪事件（三菱銀行有楽町支店前で3人組が強奪）

政　治	内閣総理大臣・中曽根康弘②（自由民主党）/中曽根康弘③（自由民主党）
ことば	「やるしかない」（土井たか子、社会党の委員長に選出された就任挨拶で）
事　件	マニラ支店長誘拐事件（三井物産の若王子マニラ支店長が誘拐された）
出　版	化身〈上・下〉（渡辺淳一）、自分を生かす相性殺す相性（細木数子）、知価革命（堺屋太一）、日本はこう変わる（長谷川慶太郎）、大前研一の新・国富論（大前研一）
映　画	海と毒薬、コミック雑誌なんかいらない、ウホッホ探検隊、人間の約束、火宅の人〔洋〕バック・トゥ・ザ・フューチャー、ロッキー4炎の友情、グーニーズ
テレビ	男女7人夏物語、加トちゃんケンちゃん・ごきげんテレビ、DRAGON BALL、OH!エルくらぶ、大黄河、トライ＆トライ、世界・ふしぎ発見!、風雲!たけし城、あぶない刑事、特捜刑事マイアミ・バイス、まんが道、シャツの店、聖闘士星矢
流行歌	雪国、**DESIRE**、北の漁場、時の流れに身をまかせ、愛燦燦、天城越え、男と女のラブゲーム、CHA-CHA-CHA、仮面舞踏会、My Revolution、ジプシー・クイーン
スポーツ	第13回サッカーワールドカップ（開催：メキシコ、優勝：アルゼンチン②）〈マラドーナが活躍〉、衣笠選手（広島）日本プロ野球史上初の2000試合出場
流　行	ボディコン、柄ものストッキング、金のアクセサリー人気
風　俗	テレクラ（テレホンクラブ）ブーム、地上げ屋横行
流行語	家庭内離婚、**究極**、激辛、定番、土地転がし、プッツン、DINKS、亭主元気で留守がいい、軽チャー
新商品	シャンプー・ドレッサー、写ルンです、とるとる、モルツ
物　価	はがき（40円）、封書（60円）、国鉄普通旅客運賃（上野－青森9700円、新橋－大阪8100円）、ピース（10本入・120円）、理髪料（2800円）
その他	ビートたけしFRIDAY編集部乱入事件（12人逮捕）、岡田有希子自殺

◆ NHK連続TV小説：はね駒（斉藤由貴）/都の風（加納みゆき）
　NHK大河ドラマ：いのち（三田佳子、役所広司、泉ピン子）

| | 歳 | | 歳 | | 歳 |

◆ ㊲男はつらいよ・幸福の青い鳥（志穂美悦子）
　⑦ドラえもん・のび太と鉄人兵団

昭和 62 年（1987） 丁卯（ひのと・う）

2・―	「先祖のたたり」と高価な壺や印鑑などを売りつける霊感商法問題化
4・1	国土庁発表の公示地価東京は前年比53.9％の急騰（全国平均1.5％）
4・1	**国鉄分割・民営化、JRスタート**（旅客6社・貨物1社など11法人に分割民営化）
4・30	東芝機械のココム規制違反（共産圏向けへの輸出違反）
5・3	朝日新聞阪神支局に覆面の散弾銃男が侵入し発砲（記者2人死傷）
9・4	新電々3社長距離電話サービス開始
9・22	天皇開腹手術病名は「慢性すい炎」と発表
10・12	**利根川進教授ノーベル生理学賞受賞**
10・20	東京株式市場平均株価3836円48銭の急落下（**暗黒の月曜日**）

政　治	内閣総理大臣・中曽根康弘③（自由民主党）／竹下登（自由民主党）
ことば	言語明瞭、意味不明（内容を曖昧にする竹下首相の話し方に対し）
事　件	日本で最初のエイズ患者認定（神戸在住の女性で、発病半年で死去）
出　版	サラダ記念日（俵万智）、ビジネスマンの父より息子への30通の手紙（ウォード）、塀の中の懲りない面々（安倍譲二）、MADE IN JAPAN（盛田昭夫）、ノルウェーの森〈上・下〉（村上春樹）、別れぬ理由（渡辺淳一）
映　画	マルサの女、ゆきゆきて神軍、千年刻みの日時計、永遠の1/2、映画女優〔洋〕トップガン、アンタッチャブル、プラトーン
テレビ	オシャレ30・30、銭形平次、イキのいい奴、光戦隊マスクマン、大都会25時、朝まで生テレビ、ダイナスティ、ねるとん紅鯨団、巨泉のこんなモノいらない!?、関口宏のサンデーモーニング、仮面ライダーBLACK、あきれた刑事、三匹が斬る!、パパはニュースキャスター、午後は○○おもいっきりテレビ
流行歌	命くれない、女の駅、TANGO NOIR、**愚か者**、百万本のバラ、STAR LIGHT、Show ME、無錫旅情
スポーツ	ボストンマラソンで瀬古利彦優勝、岡本綾子が全米女子ゴルフの賞金女王に
流　行	アームバンド、サスペンダー付きズボン、ロリータルック
風　俗	株ブーム、プールバーが流行
流行語	朝シャン、カウチポテト、ゴクミ、地上げ屋、**マルサ**、花キン、バブル、ボディコン、目が点、ホーナー現象、ジャパン・パッシング、懲りない○○
新商品	携帯電話、Be-1、自動パン焼き機、アタック、通勤快足、アサヒ・スーパードライ
物　価	豆腐（110円）、もりそば（350円）、理髪料（2900円）、大卒初任給（15万2630円）
その他	石原裕次郎死去

◆ NHK連続TV小説：チョッちゃん（古村比呂）／はっさい先生（若村麻由美）
　NHK大河ドラマ：独眼竜政宗（渡辺謙、北大路欣也、岩下志麻）

| | 歳 | | 歳 | | 歳 |

◆ ㊳男はつらいよ・知床慕情（竹下景子）/ ㊴男はつらいよ・寅次郎物語（秋吉久美子）
⑧ドラえもん・のび太と竜の騎士

昭和 63 年（1988） 戊辰（つちのえ・たつ）

3・13	世界最長の青函トンネル（54km）開通（青函連絡船80年の幕閉じる）
3・24	中国を修学旅行中の高知学芸高生ら列車事故で27人死亡
4・10	**瀬戸大橋が開通**（児島－坂出ルートが開業、4つの島結ばれる）
7・6	**リクルート疑惑**（非公開株の政治家譲渡で江副リクルート会長辞任）
7・8	東京目黒で中学2年の少年が両親と祖母を刺殺
7・23	**なだしお事故**（東京湾で遊漁船と潜水艦なだしおが衝突、乗客ら30人死亡）
9・19	天皇の病状悪化（見舞いの記帳が開始、全国に自粛ムード）
10・20	リクルートコスモス前社長室長松原弘贈賄容疑で逮捕

政　治	内閣総理大臣・竹下登（自由民主党）
ことば	自粛（天皇の病状悪化に伴い、各地で祭りの中止・縮小が相次いだ）
事　件	校庭に机で「9」の字を作る怪事件（東京・砧南中学の卒業生ら5人を逮捕）
出　版	こんなにヤセていいかしら（川津祐介）、ノルウェーの森〈上・下〉（村上春樹）、ゲームの達人〈上・下〉（シドニー・シェルダン）、私の人間学〈上・下〉（池田大作）、裕さん、抱きしめたい（石原まき子）、ダンス・ダンス・ダンス〈上・下〉（村上春樹）
映　画	となりのトトロ、TOMORROW・明日、異人たちとの夏、ロックよ静かに流れよ、郷愁　〔洋〕ラストエンペラー、ランボー3・怒りのアフガン、危険な情事
テレビ	シャーロック・ホームズの冒険、超獣戦隊ライブマン、花へんろ、クイズ百点満点、不思議の国のアリス、教師びんびん物語、ニュース・トゥデー、はぐれ刑事純情派、ジェシカおばさんの事件簿、クイズ世界はSHOW byショーバイ!!
流行歌	乾杯、**パラダイス銀河**、ふたり、酒よ、ガラスの十代、人生いろいろ
スポーツ	初の屋根付き球場「東京ドーム」登場、第15回冬季オリンピック・カルガリー大会、第24回オリンピック・ソウル大会
流　行	シャネル、グッチ、ヴィトンなどのインポートブランド、黒の皮ジャン、アスコットタイ若者に人気、渋カジ（渋谷カジュアル）が若者の間で流行
風　俗	高級車ブーム（シーマ現象）、ハナモクが盛況
流行語	**ペレストロイカ**、うるうる、お局さま、おたく族、カイワレ族、キープする、自粛、下血、渋カジ、チンする、ママドル、ジャパゆきさん、リゾート
新商品	シーマ、ドラゴン・クエストIII、リンプー、リゲイン、ファイブミニ、VIPチョコレート、とんがりコーン
物　価	外国郵便（書状80円、はがき60円）、電話（東京－大阪間3分・360円）
その他	東京圏の住宅地の地価上昇率は68.6％で史上最高（国土庁の地価公示）

◆ NHK連続TV小説：ノンちゃんの夢（藤田朋子）／純ちゃんの応援歌（山口智子）
　NHK大河ドラマ：武田信玄（中井貴一、平幹二郎、若尾文子）

◆ ㊵男はつらいよ・寅次郎サラダ記念日（三田佳子）
　⑨ドラえもん・のび太のパラレル西遊記

昭和64年〜平成元年（1989） 己巳（つちのと・み）

1・7	**昭和天皇崩御**（87歳）、皇太子明仁親王即位し、1・8から平成と改元
3・2	佐賀県の吉野ヶ里遺跡で、銅剣・ガラス製管玉など発掘
4・1	**一般消費税スタート**（税率3%）
4・11	竹藪で2億円（川崎市の竹藪で2億円余の札束発見、騒動に）
6・4	**中国天安門事件**（民主化要求運動に対して人民解放軍が無差別発砲）
8・10	幼女連続誘拐殺人の被疑者・宮崎勤を逮捕
11・9	**ベルリンの壁崩壊**（東西対立の象徴だった壁が28年ぶりに市民の手で崩壊）
11・15	坂本堤弁護士一家行方不明事件（オウム真理教との関係が取り上げられる）
11・21	**日本労働組合総連合会（連合）が発足**

政　治	内閣総理大臣・竹下登（自由民主党）/宇野宗佑（自由民主党）/海部俊樹①（自由民主党）
ことば	24時間タタカエマスカ（栄養ドリンクのCMコピー）
事　件	コンクリート詰め殺人（女子高生を監禁、暴行、殺害した少年2人を逮捕）
出　版	TUGUMI（吉本ばなな）、キッチン（吉本ばなな）、消費税こうやればいい（山本雄二郎）、時間の砂〈上・下〉（シドニー・シェルダン）、白河夜船（吉本ばなな）
映　画	黒い雨、どついたるねん、千利休・本覚坊遺文、ウンタマギルー、魔女の宅急便〔洋〕インディ・ジョーンズ・最後の聖戦、レインマン、カクテル
テレビ	大忠臣蔵、はいすくーる落書、高速戦隊ターボレンジャー、邦ちゃんのやまだかつてないテレビ、赤ひげ、教師びんびん物語Ⅱ、鬼平犯科帳、筑紫哲也のニュース23、ザ・スクープ、ギミア・ぶれいく、いかすバンド天国
流行歌	川の流れのように、Diamonds、**淋しい熱帯魚**、世界でいちばん熱い夏、とんぼ、大きな玉ねぎの下で、風の盆恋歌、黄砂に吹かれて
スポーツ	横綱千代の富士が史上最多の965勝を記録。横綱千代の富士に国民栄誉賞
流　行	渋カジ、バンダナハット、プリントシャツ、ソフトスーツ
風　俗	マスコミ・出版・ビデオで昭和ブーム起こる
流行語	**セクシャル・ハラスメント**、一杯のかけそば、テトリス、お局さま、けじめ、ツーショット、オバタリアン、Hanako、ほたる族、Xデー、ゲームボーイ、濡れ落葉
新商品	ゲームボーイ、ハンディカムTR-55、ハチミツレモン、焼きもろこし
物　価	はがき（41円）、封書（62円）、タクシー基本料金（東京都・130円）、もりそば（380円）、ビール（300円）、大卒初任給（16万5102円）
その他	美空ひばり死去、手塚治虫死去

◆ NHK連続TV小説：青春家族（清水美砂）/和っこの金メダル（渡辺梓）
　NHK大河ドラマ：春日局（大原麗子、佐久間良子、山下真司）

| | 歳 | | 歳 | | 歳 |

◆ ㊶男はつらいよ・寅次郎心の旅路（竹下景子）／㊷男はつらいよ・ぼくの伯父さん（後藤久美子）
　⑩ドラえもん・のび太の日本誕生

平成2年（1990） 庚午（かのえ・うま）

1・15	大学入学センター試験スタート
1・18	長崎市長が正気塾幹部によって銃撃され重体（「戦争責任発言」で）
1・22	道路陥没（東京・御徒町駅ガード下道路が、手抜き工事で陥没。10人負傷）
4・1	**大阪で「花の万博」開幕**（～9・30）
7・3	九州各地で集中豪雨（死者27人）
・19	国際興業事件（株の仕手集団「光進」の小谷代表逮捕）
8・2	イラク軍クウェート侵攻（湾岸戦争の危機高まる）
10・1	**バブル崩壊**（日経平均株価が2万円割れ、9ヶ月で半値に反落）
10・3	**統一ドイツ誕生**
11・12	平成天皇の即位の礼

政　治	内閣総理大臣・海部俊樹①（自由民主党）/海部俊樹②（自由民主党）
ことば	ボーダーレス（国家間のみならず様々な分野で境界が曖昧になってきた状態）
事　件	女子高生校門圧死事件（神戸で鉄製の門扉に女子高生が頭を挟まれて死亡）
出　版	愛される理由（二谷友理恵）、真夜中は別の顔〈上・下〉（シドニー・シェルダン）、「NO」と言える日本（盛田昭夫・石原慎太郎）、ドラゴンクエストⅣガイドブック、明日があるなら（シドニー・シェルダン）、文学部唯野教授（筒井康隆）
映　画	櫻の園、少年時代、死の棘、夢、バタアシ金魚〔洋〕バック・トゥ・ザ・フューチャー PART2、バック・トゥ・ザ・フューチャー PART3、ダイ・ハード2
テレビ	ちびまる子ちゃん、ホテル、いつもだれかに恋してるッ、EXテレビ、世にも奇妙な物語、外科医・有森冴子、渡る世間は鬼ばかり、世界まる見え！テレビ特捜部、やっぱり猫が好き、マジカル頭脳パワー!!勇者エクスカイザー
流行歌	恋唄綴り、おどるポンポコリン、さよなら人類、告白
スポーツ	近鉄の野茂投手が、新人の最多奪三振記録を更新、横綱千代の富士が史上初の1000勝。第14回サッカーワールドカップ（開催：イタリア、優勝：西ドイツ③）
流　行	ソフト・キュロット、ミニスカート定着、"リバカジ"ブーム
風　俗	深夜ラジオファンが生んだ幻のアイドル「芳賀ゆい」がブームに
流行語	アッシーくん、おやじギャル、成田離婚、バラドル、ダイヤルQ2、スーパーファミコン、BS、**ファジー**、ヒーリング、人面魚
新商品	スーパーファミコン、鉄骨飲料、キリン一番搾り、午後の紅茶キャンディ
物　価	電話（東京－大阪間3分280円）、ビール（320円）、清酒1級（1750円）
その他	TBS記者・秋山豊寛がソユーズTM11号で日本人初の宇宙飛行

◆ NHK連続TV小説：凛凛と（田中実）/京・ふたり（畠田理恵）
　NHK大河ドラマ：翔ぶが如く（西田敏行、鹿賀丈史、富司純子）。

◆㊸男はつらいよ・寅次郎の休日（後藤久美子）
　⑪ドラえもん・のび太のアニマル惑星（プラネット）

平成3年(1991) 辛未(かのと・ひつじ)

- 1・17 **湾岸戦争勃発**(クウェートからの撤退拒否のイラクを多国籍軍が攻撃)
- 2・9 **美浜原発事故**(福井県の美浜原発で緊急炉心冷却装置作動の重大事故)
- 3・14 広島市の新交通システム建設現場で落下事故(死者14人)
- 5・14 信楽鉄道で正面衝突事故(死者42人、負傷者478人)
- 6・3 雲仙・普賢岳で火砕流発生(死者34人、行方不明4人、負傷者15人)
- 6・20 4大証券が巨額の損失補填(大口顧客と暴力関係者への損失補填が発覚)
- 8・24 **ソ連崩壊**(ロシア革命以来の共産党支配に終止符)
- 9・27 台風19号で厳島神社が破損。青森りんごが被害(死者45人、行方不明6人)

政 治	内閣総理大臣・海部俊樹②(自由民主党)/宮沢喜一(自由民主党)
ことば	重大な決意(海部俊樹首相、政治改革法案時の発言、この発言がもとで辞任)
事 件	貨物コンテナ監禁致死事件(広島の少年少女厚生施設で、学園長を逮捕)
出 版	Santa Fe 宮沢りえ写真集(撮影・篠山紀信)、もものかんづめ(さくらももこ)、血族〈上・下〉(シドニー・シェルダン)、だから私は嫌われる(ビートたけし)、タモリ・ウッチャンナンチャンの世紀末クイズ、ホーキングの最新宇宙論(ホーキング) *絵本「ウォーリーをさがせ」が幼児から若者まで大人気
映 画	息子、大誘拐、八月の狂詩曲(ラプソディ)、無能の人、ふたり〔洋〕ターミネーター2、ホーム・アローン、プリティ・ウーマン
テレビ	東京ラブストーリー、101回目のプロポーズ、たけし・逸見の平成教育委員会、ダウンタウンのごっつうええ感じ、パパとなっちゃん
流行歌	**北の大地**、**SAY YES**、**愛は勝つ**、**Oh! Yeah!**/ラブ・ストーリーは突然に、はじまりはいつも雨、どんなときも、しゃぼん玉
スポーツ	田部井淳子が南極大陸の最高峰に登頂(女性初の6大陸最高峰制覇)、若貴ブーム、千代の富士引退、男子マラソンで谷口浩美が日本人史上初の金メダルを獲得。辰吉丈一郎WBC世界バンタム級王者に
流 行	夏に浴衣ブーム、紺ブレがポスト渋カジとして台頭
風 俗	東京・芝浦にジュリアナ東京オープン(都内最大のディスコ)
流行語	清潔シンドローム、損失補填、バツイチ、ヘアヌード、ヘア解禁、ひとめぼれ、火砕流、**じゃあ~りませんか**、地球にやさしい、川崎劇場
新商品	ムーバ、イオカード、ウインドウズ3.0、カルピス・ウォーター
物 価	牛乳(80円)、コロッケ(80円)
その他	湾岸戦争は初めてテレビ中継され、ハイテク・メディア戦争と呼ばれた

◆ NHK連続TV小説:君の名は(鈴木京香、倉田てつお)
　NHK大河ドラマ:太平記(真田広之、沢口靖子)

| | 歳 | | 歳 | | 歳 |

◆㊹男はつらいよ・寅次郎の告白（後藤久美子）
　⑫ドラえもん・のび太のドラビアンナイト

平成4年（1992） 壬申（みずのえ・さる）

1・13	共和汚職事件（阿部文男・元北海道開発庁長官が受託収賄罪で逮捕）
1・22	脳死臨調が「脳死容認」を答申
4・1	牛肉・オレンジ輸入自由化
6・2	関東鉄道の電車暴走事故（取手駅で死者1人、負傷者250人）
6・15	**PKO協力法成立**（自衛隊のPKO参加が可能になった）
9・12	日本人初の宇宙飛行士・毛利衛宇宙へ
10・14	**東京・佐川急便事件**（金丸自民党副総裁が議員辞職）
10・17	ハロウィン射殺事件（アメリカで日本人留学生がパーティー先を間違えて）

政 治	内閣総理大臣・宮沢喜一（自由民主党）
ことば	今まで生きてきた中で一番幸せです（岩崎恭子、優勝直後のインタビューで）
事 件	伊丹十三監督襲撃事件（映画「ミンボーの女」の公開直後に）
出 版	それいけ×ココロジー〈1・2・3〉、人間革命11（池田大作）、さるのこしかけ（さくらももこ）、明け方の夢〈上・下〉（シドニー・シェルダン）、世紀末クイズ〈1・2・3〉、真夜中は別の顔〈上・下〉（シドニー・シェルダン）
映 画	シコふんじゃった、青春デンデケデケデケ、阿賀に生きる、紅の豚、死んでもいい〔洋〕フック、エイリアン3、氷の微笑
テレビ	ずっとあなたが好きだった、タモリのボキャブラ天国、生きもの地球紀行、新・こちらブルームーン探偵社、新・スタートレック、ツインピークス、伝説の勇者ダ・ガーン、恐竜戦隊ジュウレンジャー、クレヨンしんちゃん、美少女戦士セーラームーン
流行歌	君がいるだけで、**白い海峡**、こころ酒、晴れたらいいね、悲しみは雪のように、BLOWIN'/TIME、涙のキッス、ガラガラヘビがやってくる
スポーツ	第16回冬季オリンピック・アルベールビル大会、第25回オリンピック・バルセロナ大会
流 行	"だぼだぼルック"が人気、スリップ・ドレスなどセクシーファッション
風 俗	暴力団対策法施行（住吉会と稲川会が指定暴力団に）
流行語	**きんさん・ぎんさん**、こけちゃいました、就職氷河期、複合不況、カード破産、リストラ、セックスレス、どたキャン、ほめ殺し、分煙、もつ鍋、ナタ・デ・ココ
新商品	ミニディスクウォークマン、液晶ビューカム、エアジョーダンVII、Gショック
物 価	都バス（180円）、コーヒー（450円）、大卒初任給（19万1266円）
その他	尾崎豊さん急死

◆ NHK連続TV小説：おんなは度胸（桜井幸子）/ひらり（石田ひかり）
　NHK大河ドラマ：信長（緒方直人、仲村トオル、菊池桃子）

◆㊺男はつらいよ・寅次郎の青春（後藤久美子）
⑬ドラえもん・のび太と雲の王国

平成5年(1993)　　　　　　　　　　　　癸酉(みずのと・とり)

1・15	北海道釧路沖地震（M7.8、死者2人、家屋倒壊53戸）
4・8	国連ボランティアの中田厚仁がカンボジア中部で銃撃されて死亡
5・4	**文民警官襲撃**（カンボジアで岡山県警の警部補が死亡、4人が重軽傷）
6・9	皇太子さま、雅子さん結婚の儀
7・12	北海道南西沖地震（M7.8、奥尻島に津波、死者・行方不明239人家屋倒壊601戸）
7・23	ゼネコン汚職で竹内藤男茨城県知事逮捕
8・9	細川連立内閣成立（55年体制崩壊）
8・10	甲府信用金庫の職員が雑誌記者を装った男に誘拐された
8・23	新幹線で殺人（のぞみ車中で覚醒剤使用の男が乗客をナイフで殺害）

政　治	内閣総理大臣・宮沢喜一（自由民主党）/細川護熙（社会、新生、さきがけ、公明、民社、日本新、社民連、民改連の8会派連立）
ことば	リストラ（リストラクチャリング〈事業の再編成〉が、解雇の代名詞になった）
事　件	マット窒息死事件（新庄市の中学校で男子が級友にマットに巻かれ死亡）
出　版	人間革命12（池田大作）、磯野家の謎（東京サザエさん学会編）、マディソン郡の橋（R・Jウォラー）、たいのおかしら（さくらももこ）、私は別人〈上・下〉（シドニー・シェルダン）、清貧の思想（中野孝次）、日本改造計画（小沢一郎）
映　画	月はどっちに出ているか、お引っ越し、病院で死ぬということ、ソナチネ、僕らはみんな生きている〔洋〕ジュラシック・パーク、ボディガード、アラジン、ホーム・アローン2
テレビ	高校教師、白鳥麗子でございます!、家裁の人、並木家の人々、あすなろ白書、電光超人グリッドマン、忍たま乱太郎、ダブルキッチン、クイズ日本人の質問、ひとつ屋根の下、料理の鉄人、どうぶつ奇想天外!
流行歌	**無言坂**、島唄、ロマンスの神様、YAH YAH YAH/夢の番人、愛のままにわがままに僕は君だけを傷つけない、ロード、エロティカ・セブン、負けないで
スポーツ	Jリーグ（日本プロサッカーリーグ）誕生。ドーハの悲劇
流　行	形状記憶ワイシャツ、三つボタンスーツ、スポーツカジュアル
風　俗	ブルセラ・ショップが話題となる
流行語	**Jリーグ**、FA、聞いてないよォ、不良債権、平成大不況、雇用調整、消費不況
新商品	カーナビゲーション、ウインドウズ3.1、電動自転車、形状記憶ワイシャツ
物　価	豆腐（120円）、もりそば（450円）、公衆電話（90秒ごとに10円、東京－大阪間3分180円）、理髪料（3200円）、大卒初任給（19万5463円）

◆ NHK連続TV小説：ええにょぼ（戸田菜穂）/かりん（細川直美）
　NHK大河ドラマ：琉球の風（東山紀之、沢田研二）/炎立つ（渡辺謙、古手川祐子）

| | 歳 | | 歳 | | 歳 |

◆ ㊻男はつらいよ・寅次郎の縁談（松坂慶子）
⑭ドラえもん・のび太とブリキの迷宮

平成6年（1994） 甲戌（きのえ・いぬ）

3・8	ゼネコン汚職（前建設相前建設相の中村喜四郎衆院議員が逮捕）
4・26	中華航空機が名古屋で着陸失敗（乗員・乗客271人のうち264人が死亡）
6・27	**松本サリン事件**（死者7人、重軽傷者580人）、警察の誤認捜査とマスコミの誤報
6・30	**村山連立内閣成立**
7・16	青森県三内丸山遺跡から縄文中期の大型堀立柱建物跡が出土
9・4	関西国際空港開港
10・13	**大江健三郎ノーベル文学賞 受賞**
12・28	三陸はるか沖地震（M7.5、死者3人、全壊家屋72戸）

政　治	内閣総理大臣・細川護熙（非自民8会派連立）／羽田孜（統一会派「改新」）／村山富市（自由民主党・日本社会党・新党さきがけ連立）
ことば	また、みんなといっしょに幸せにくらしたいです。しくしく。（いじめ苦で自殺した西尾市の中2生の遺書）
事　件	愛犬家連続失踪事件（大阪府八尾市の自称「犬の訓練士」を逮捕、5人殺害）
出　版	日本をダメにした九人の政治家（浜田幸一）、大往生（永六輔）、マディソン郡の橋（R・J・ウォラー）、遺書（松本人志）、FBI心理分析官（レスラー／シャットマン）、ワイルド・スワン（ユン・チアン）、日本一短い「母」への手紙（丸岡市）
映　画	全身小説家、忠臣蔵四谷怪談、居酒屋ゆうれい、棒の哀しみ、夏の庭 The Friends 〔洋〕クリフハンガー、トゥルーライズ、シンドラーのリスト
テレビ	家なき子、警部補・古畑任三郎、人間・失格、29歳のクリスマス、おしゃれカンケイ、南くんの恋人、夏子の酒、ブルースワット、花の乱、進め！電波少年、ためしてガッテン、チューボーですよ、忍者戦隊カクレンジャー、機動武闘伝Gガンダム
流行歌	innocent world、ロマンスの神様、恋しさとせつなさと心強さと、空と君の間に、Hello, my friend、Don't Leave Me
スポーツ	第17回冬季オリンピック・リレハンメル大会、第15回サッカーワールドカップ（開催：アメリカ、優勝：ブラジル④）、イチローが年間200安打を達成
流　行	夏に透けない白い水着、高機能スーツ
風　俗	「いじめ自殺」が深刻化
流行語	すったもんだがありました、イチロー効果、同情するなら金をくれ、ヤンママ
新商品	チェロキー、プレイステーション、クイックルワイパー、エビアン、ホップス、すりおろしリンゴ、ドンタコス・メキシカンチリ
物　価	はがき（50円）、封書（80円）、ビール（330円）、銭湯（350円）

◆ NHK連続TV小説：ぴあの（純名理沙）／春よ来い（安田成美、中田喜子）
　NHK大河ドラマ：花の乱（三田佳子、市川團十郎）

◆ ㊼男はつらいよ・拝啓車寅次郎様（かたせ梨乃）
　⑮ドラえもん・のび太と夢幻三剣士

平成7年(1995)　　乙亥(きのと・い)

1・17	**阪神淡路大震災**(M7.2、死者6432人、約51万棟の住宅が全半壊、一部損壊)
2・28	**目黒公証役場事務長の拉致事件**(後に一連のオウム事件に発展)
3・20	**地下鉄サリン事件**(霞ヶ関駅付近でサリンがまかれ、死者10人、負傷者5000人)
3・30	**警察庁長官狙撃事件**(国松孝治長官が自宅マンション前で狙撃され重傷)
4・23	東京・南青山のオウム東京総本部前で、教団幹部村井秀夫刺され死亡
5・16	**オウム真理教教祖・麻原彰晃こと松本智津夫逮捕**
6・21	全日空機ハイジャック(羽田発函館行きの全日空機がハイジャック)
9・4	沖縄県で米兵3人による少女暴行事件
12・6	二信組乱脈融資事件(東京協和、安全の2信組背任容疑で山口代議士が逮捕)
12・8	高速増殖炉「もんじゅ」(福井県)でナトリウム漏れ事故発生

政　治	内閣総理大臣・村山富市(自由民主党・日本社会党・新党さきがけ連立)
ことば	ああ言えば上祐(テレビで、詭弁、強弁を武器に無実を主張しまくったオウム真理教の広報担当者・上祐史浩の名前をもじって、盛んに使われた)
事　件	東京八王子スーパー殺人事件(従業員とアルバイト女子高生ら3人が銃殺)
出　版	遺書(松本人志)、松本(松本人志)、ソフィーの世界(ヨースタイン)、フォレスト・ガンプ(W・グルーム)、幸福の科学興国論(大川隆法)
映　画	午後の遺言状、東京兄弟、Love Letter、幻の光、写楽 〔洋〕ダイ・ハード3、スピード、フォレスト・ガンプ一期一会
テレビ	FOR YOU、王様のレストラン、愛していると言ってくれ、未成年、星の金貨、味いちもんめ、ためしてガッテン、クイズ赤恥・青恥、世界ウルルン滞在記、大地の子、新世紀エヴァンゲリオン、超力戦隊オーレンジャー、新機動戦士ガンダムW
流行歌	Overnight Sensation、LOVE LOVE LOVE／嵐が来る、WOW WAR TONIGHT、HELLO、Tomorrow neverknows、シーソーゲーム、HELLO Again
スポーツ	野茂英雄(ドジャース)、大リーグで新人王に
流　行	へそ出しルック、アニマル柄、ロングブーツ
風　俗	ウインドウズ95フィーバー、パチンコブーム、スノーボードブーム
流行語	**無党派**、がんばろうKOBE、マインドコントロール、ハルマゲドン、ベル友、ポアする、小室哲治、抗菌グッズ、ナンバーズ、NOMO、キムタク
新商品	オデッセイ、ウインドウズ95、デジタルカメラQV-10、PHS、アバガード
物　価	都バス(200円)、営団地下鉄(160円)、理髪料(3600円)
その他	青島都知事が世界都市博の中止を決断

◆ NHK連続TV小説:走らんか!(三国一夫、菅野美穂)
　NHK大河ドラマ:八代将軍吉宗(西田敏行、小林稔侍)

| | 歳 | | 歳 | | 歳 |

◆ ㊽男はつらいよ・寅次郎紅の花(浅丘ルリ子・後藤久美子)
　⑯ドラえもん・のび太の創世日記

平成8年（1996） 丙子（ひのえ・ね）

2・10	北海道の国道豊浜トンネルで岩盤が崩落（死者20人）
3・5	北海道・駒ケ岳噴火
3・14	薬害エイズ訴訟で、製薬会社の「ミドリ十字」が加害責任を認めて謝罪
5・10	住宅金融専門会社（住専）処理に6850億円が決定
6・13	福岡空港でガルーダ・インドネシア航空機が離陸失敗（死者3人、負傷者113人）
7・―	**病原性大腸菌「O-157」による集団食中毒**（患者は9000人を超え、死者は11人）
12・6	長野県小谷村で大規模な土石流が発生、作業員14人が犠牲に
12・17	**ペルー日本大使公邸人質事件**

政　治	内閣総理大臣・村山富市（自由民主党・日本社会党・新党さきがけ）／橋本龍太郎①（自由民主党・日本社会党・新党さきがけ）／橋本龍太郎②（同3党連立）
ことば	初めて自分で自分をほめたいと思います（有森裕子、銅メダルを獲得して）
事　件	オウム真理教幹部・林泰男逮捕（逃亡先の沖縄県石垣島で）
出　版	脳内革命（春山茂雄）、「超」勉強法（野口悠紀雄）、神々の指紋〈上・下〉（グラハム・ハンコック）、脳内革命2（春山茂雄）、弟（石原慎太郎）、猿岩石日記Part1
映　画	Shall we ダンス？、キッズ・リターン、眠る男、（ハル）、絵の中のぼくの村〔洋〕ミッション・インポッシブル、セブン、ツイスター
テレビ	白線流し、真昼の月、ロング・バケーション、古畑任三郎、ナースのお仕事、世界遺産、発掘！あるある大辞典、タモリの超ボキャブラ天国、SMAP×SMAP、名探偵コナン、機動新世紀ガンダムX、ウルトラマンティガ
流行歌	名もなき詩、バンザイ〜好きでよかった、そばかす、I'm proud、**Don't wanna cry**、あなたに逢いたくて〜Missing You〜、いいわけ、熱くなれ、田園、BE LOVED、愛の言霊、Another Orion、恋心、これが私の生きる道
スポーツ	第26回オリンピック・アトランタ大会、米大リーグの野茂英雄投手が、ノーヒット・ノーランを達成
流　行	ルーズソックス、だらしな系、アムラー現象（茶髪、細マユ、ミニスカ）
風　俗	援助交際（携帯電話やポケベルを使って行われる女子中高生の売春が公然化）
流行語	援助交際、オヤジ狩り、固まる、ジベタリアン、ストーカー、チョベリバ、プリクラ、メークドラマ、友愛、**自分で自分をほめたい**、ロンバケ、ガンと闘うな
新商品	NINTENDO64、たまごっち、MDプレーヤー、プリント倶楽部
物　価	電話（東京－大阪間3分140円）、パチンコ（1個4円）、発泡酒（145〜150円）
その他	羽生善治が王将を獲得し、史上初の七冠に。渥美清死去

◆NHK連続TV小説：ひまわり（松嶋菜々子）／ふたりっ子（菊池麻衣子、岩崎ひろみ）
　NHK大河ドラマ：秀吉（竹中直人、沢口靖子）

◆ ⑰ドラえもん・のび太と銀河超特急

平成9年（1997） 丁丑（ひのと・うし）

1・2	ロシアのタンカー・ナホトカ号、日本海で重油流出事故
1・29	オレンジ共済組合の巨額詐欺事件で、友部達夫議員逮捕
3・11	茨城県東海村の動燃工場で爆発事故
4・1	**消費税5％に引き上げスタート**
4・22	ペルーの日本大使公邸人質事件、武力で人質71人救出
6・28	**酒鬼薔薇聖斗事件**（神戸で小6生殺害事件で中3生の男子を逮捕）
7・11	出水市で大雨による土石流（18棟が全半壊した。21人が死亡）
7・12	青森県・八甲田山の田代高原で、訓練中の自衛官3人がガス中毒死
11・8	朝鮮民主主義人民共和国（北朝鮮）の日本人妻15人が一時帰国
12・−	**地球温暖化防止京都会議**（温室効果ガスの削減目標を盛り込んだ議定書を採択）

政　治	内閣総理大臣・橋本龍太郎②（自由民主党・社会民主党・・新党さきがけ連立）
ことば	「私らが悪いんです。社員は悪くございません」（山一證券・野沢正平社長）
事　件	ホステス殺人犯時効寸前逮捕（指名手配中の福田和子容疑者が福井市で逮捕）
出　版	失楽園〈上・下〉（渡辺淳一）、少年H〈上・下〉（妹尾河童）、ビストロスマップ完全レシピ、鉄道員（浅田次郎）、永遠の法（大川隆法）、母の詩（池田大作）
映　画	うなぎ、もののけ姫、ラジオの時間、東京夜曲、鬼火〔洋〕インデペンデンス・デイ、ロスト・ワールドジュラシック・パーク、スピード2
テレビ	踊る大捜査線、青い鳥、ひとつ屋根の下2、それが答えだ！、最後の恋、ビーチボーイズ、ラブジェネレーション、不機嫌な果実、どっちの料理ショー、伊東家の食卓、金田一少年の事件簿、ポケットモンスター、勇者王ガオガイガー
流行歌	**CAN YOU CELEBRATE?**、硝子の少年、ひだまりの詩、FACE、eady、Pride、You Are The One、Everything (It's You)、However、White Love Departure
スポーツ	伊良部、ヤンキースと契約、日本人6人目の大リーガーに。オリックスのイチローが連続打席無三振216を記録
流　行	肩出しファッション、ババシャツ、ストレッチブーツ、ハイソックス
風　俗	ガーデニングがブームとなる
流行語	**失楽園**、チャイドル、ビジュアル系、たまごっち、モバイルパソコン、マイブーム
新商品	ハイブリッドカー・プリウス、小顔グッズ、体脂肪計、キシリトールガム
物　価	電話（東京−大阪間3分・110円）、JR東日本初乗り（130円）、もりそば（460円）、理髪料（3800円）、大卒初任給（20万61円）
その他	ダイアナ英元皇太子妃がパリで交通事故死

◆ NHK連続TV小説：あぐり（田中美里）／甘辛しゃん（佐藤夕美子）
　NHK大河ドラマ：毛利元就（中村橋之助、冨田靖子）

◆⑱ドラえもん・のび太のねじ巻き都市冒険記

平成10年(1998)　戊寅(つちのえ・とら)

1・28	黒磯市で中学教諭が生徒に刺され死亡
3・5	キトラ古墳の石室に、四神図と星宿図を発見。星宿図世界最古級
4・5	**明石海峡大橋開通**(世界最長3911m)
5・11	インドが地下核実験(5・28パキスタンも地下核実験)
6・6	長野県で妻以外の卵子で体外受精し出産
7・25	**和歌山カレー毒物混入事件**(4人死亡、67人が中毒)
8・31	北朝鮮のミサイル・テポドンが三陸沖に着弾
10・23	日本長銀が経営破綻、国家管理へ

政　治	内閣総理大臣・橋本龍太郎②(自由民主党・社会民主党・新党さきがけ連立)／小渕恵三(自由民主党・自由党連立)
ことば	「凡人、軍人、変人」(田中真紀子、自民党総裁選の候補者を評して)
事　件	インターネットで毒物を販売(購入女性が自殺、販売者も自殺)
出　版	新・人間革命1・2・3(池田大作)、幸福の革命(大川隆法)、ビストロ・スマップKANTANレシピ、大河の一滴(五木寛之)、小さいことにくよくよするな！(R・カールソン)、他人をほめる人、けなす人(F・アルベローニ)
映　画	HANA・BI、愛を乞う人、がんばっていきまっしょい、カンゾー先生、CUREキュア〔洋〕タイタニック、ディープ・インパクト、メン・イン・ブラック
テレビ	聖者の行進、ショムニ、神様もう少しだけ愛を、眠れる森、世界で一番パパが好き、ニュースの女、GTO、ソムリエ、アキハバラ電脳組、愛の貧乏脱出作戦、ハッピーマニア、じんべえ、星獣戦隊ギンガマン、テツワン探偵ロボタック、
流行歌	**Wanna Be A Dreammaker**、誘惑、夜空ノムコウ、my graduation、タイミング、SOUL LOVE、長い間、HONEY、愛されるより愛したい、全部だきしめて
スポーツ	第16回サッカーワールドカップ(開催：フランス、優勝：フランス)、第18回冬季オリンピック・長野大会、横浜ベイスターズ38年ぶりの日本一
流　行	厚底靴、キャミソールファッション、プリーツスカート、白いコート
風　俗	美白ブームで、肌を白くする効果のある化粧品の人気が若者にも広がる
流行語	環境ホルモン、キレる、冷めたピザ、だっちゅーの、MOF担、**ハマの大魔人**、ビビビときました、ボキャ貧、貸し渋り、老人力、モラルハザード
新商品	キューブ、iMAC、バイオノート505、ウインドウズ98、桃の天然水
物　価	電話(東京－大阪間3分・90円)、たばこマイルドセブン(250円)
その他	元XJAPANのhide事故死

◆NHK連続TV小説：天うらら(須藤理彩)／やんちゃくれ(小西美帆)
　NHK大河ドラマ：徳川慶喜(本木雅弘、大原麗子)

◆ ⑲ドラえもん・のび太の南海大冒険

平成11年（1999） 己卯（つちのと・う）

3・1	初の脳死判定による心臓・肝臓移植（高知赤十字病院）
3・23	海上自衛隊、初の海上警備行動（北朝鮮の不審船に自衛艦が警告射撃）
7・1	**NTT分割**（3地域通信会社が発足）
7・23	全日空機乗っ取り、機長刺され死亡
8・9	国旗・国歌法が成立（8・12通信傍受法、改正住民基本台帳法成立）
9・8	池袋で通り魔事件（2人が死亡、6人が重軽傷）
9・24	台風18号（熊本県不知火町で高潮で12人が水死）
9・29	下関で通り魔（JR下関構内に乗用車が突っ込み、3人が死亡12人が重軽傷）
9・30	**東海村の核燃料工場で国内初の臨界事故**（現場の作業員ら49人が被爆）

政　治	内閣総理大臣・小渕恵三（自由民主党・自由党・公明党連立）
ことば	Y2K問題（2000年を機にコンピュータ・システムが誤作動を起こす問題）
事　件	お受験殺人事件（東京都文京区で女児が殺害、犯人は近所に住む主婦）
出　版	五体不満足（乙武洋匡）、日本語練習帳（大野晋）、本当は恐ろしいグリム童話（桐生操）、繁栄の法（大川隆法）、続・人間革命4（池田大作）
映　画	あ、春、金融腐敗列島〈呪縛〉、刑法第三十九条、鉄道員ぽっぽや、M/OTHER　〔洋〕アルマゲドン、スター・ウォーズエピソード1・ファントム・メナス、マトリックス
テレビ	ケイゾク、魔女の条件、彼女たちの時代、危険な関係、美しい人、燃えろ！ロボコン、おジャ魔女どれみ、救急戦隊ゴーゴーファイブ、∀ガンダム、歌うボキャブラ天国、笑ウせぇるすまん、
流行歌	だんご3兄弟、**Winter, again**、monochorome、energy flow、Automatic、BE WITH YOU、HEAVEN'S DRIVE、フラワー、Boys&Girls、ラストチャンス、First Love、LOVEマシーン
スポーツ	福岡ダイエーホークス、球団創設11年目で初の日本一に
流　行	厚底靴、顔黒（ガングロ）、フォークロア・ファッション
風　俗	経口避妊薬（ピル）が承認される
流行語	カリスマ、雑草魂、**ブッチホン**、ヤマンバ、リベンジ、学校（級）崩壊、iモード
新商品	犬型ロボット・アイボ、ファービー人形、リアップ、cdmaOne、iBOOK、スズキKei、チョコエッグ、森の薫りあらびきウインナー
物　価	豆腐（150円）、缶チューハイ（140円）
その他	思い出横丁で火事（JR新宿駅西口飲食店街から出火、28店舗焼失）

◆ NHK連続TV小説：すずらん（遠野凪子）／あすか（竹内結子）
　NHK大河ドラマ：元禄繚乱（中村勘九郎、石坂浩二）

◆ ⑳ドラえもん・のび太の宇宙漂流記

平成12年（2000） 庚辰（かのえ・たつ）

- 1・28　新潟で9年間監禁されていた少女を保護
- 2・6　大阪で全国初の女性知事誕生
- 3・31　有珠山が噴火（住民約1万2千人が避難）
- 4・1　**介護保険制度スタート**
- 5・3　九州で西鉄バス乗っ取り事件（犯人は17歳の少年で一人殺害）
- 6・13　南北朝鮮首脳が平壌で初の会談
- 7・12　大手百貨店そごうが倒産
- 10・6　鳥取県西部地震（震度6強、負傷者110人、家屋損壊2000棟）
- 10・10　**白川英樹ノーベル化学賞受賞**
- 11・5　旧石器発掘のねつ造が発覚
- 11・8　重信房子・日本赤軍最高幹部を逮捕

政　治	内閣総理大臣・小渕恵三（自由民主党・自由党連立）／森喜朗①（自由民主党・公明党・保守党連立）／森喜朗②（自由民主党・公明党・保守党連立）
ことば	天皇を中心とする神の国（相次いだ森首相の失言の一つ）
事　件	世田ヶ谷一家惨殺事件（東京都世田谷区の会社員宅で、一家四人を殺害）
出　版	だから、あなたも生きぬいて（大平光代）、話を聞かない男、地図が読めない女（A&B・ピーズ）、ハリー・ポッターと秘密の部屋（J・K・ローリング）、「捨てる！」技術（辰巳渚）、プラトニック・セックス（飯島愛）
映　画	顔、ナビィの恋、御法度、十五才学校?、バトル・ロワイアル〔洋〕M:I-2、シックス・センス、グリーンマイル
テレビ	ビューティフルライフ、池袋ウエストゲートパーク、SUMMER SNOW、オヤジぃ、太陽は沈まない、やまとなでしこ、伝説の教師、永遠の仔
流行歌	TSUNAMI、らいおんハート、桜坂、箱根八里の半次郎、Love、Day After tommorow
スポーツ	オリックスのイチローがシアトル・マリナーズ入り（日本人野手として初の大リーグ入り）、第27回オリンピック・シドニー大会
流　行	ミュール、網タイツ、柄タイツ、カラータイツ、ニュートラ、パシュミナ・ストール
風　俗	癒し系サービス、低価格満足サービス
流行語	おっはー、「最高でも金、最低でも金」、ジコチュー、ミレニアム、「めっちゃ悔しい！」、Qちゃん、パラパラ、IT革命、ドットコム、「官」対「民」
新商品	ブルーバード・シルフィ、給湯エアコン白くまくん、プラズマ・イオン大清快
物　価	訪問介護・身体介護（4020円）、家事援助（1530円）、銭湯（400円）

◆NHK連続TV小説:私の青空（田畑智子）／オードリー（岡本綾）
　NHK大河ドラマ:葵徳川三代（津川雅彦、西田敏行、尾上辰之助）

◆㉑ドラえもん・のび太の太陽王伝説

平成 13 年（2001） 辛巳（かのと・み）

1・26	JR山手線新大久保駅で、男性を助けようとした韓国人留学生ら3人が死亡
2・9	**えひめ丸事故**（ハワイ沖で漁業実習船に米原潜が衝突、9人死亡）
5・8	武富士強盗殺人放火事件（武富士弘前支店で男がガソリン放火5人が焼死）
6・8	**大阪教育大学付属池田小学校に男が乱入**（児童8人が死亡、15人が負傷）
7・21	明石市の歩道橋上で花火見物客が将棋倒し事故（死者11人、重軽傷90人以上）
9・1	歌舞伎ビル火災（新宿歌舞伎町の雑居ビルで火災、44人が死亡）
9・10	国内初の狂牛病認定（千葉県内の酪農場の乳牛1頭を狂牛病と確認）
9・11	**NY世界貿易センタービルに旅客機が激突**（死者、約3000人）
10・10	**野依良治教授ノーベル化学賞受賞**
12・22	東シナ海で不審船沈没（巡視船の乗組員2人が負傷、不審船は全員行方不明）

政　治	内閣総理大臣・森喜朗②（自由民主党・公明党・保守党連立）/小泉純一郎①（自由民主党・公明党・保守党連立）
ことば	自民党をぶっ潰す（小泉純一郎、自由民主党の総裁選挙で）
事　件	女子短大生刺殺（ぬいぐるみのついた帽子男が、路上で女子短大生殺害）
出　版	チーズはどこへ消えた？（S・ジョンソン）、ハリー・ポッターシリーズ3部作（J・K・ローリング）、金持ち父さん 貧乏父さん（R・キヨサキ、S・レクター）、話を聞かない男、地図が読めない女（A&B・ピーズ）
映　画	GO、ハッシュ！、千と千尋の神隠し、EUREKA（ユリイカ）、風花〔洋〕A.I.、パール・ハーバー、ジュラシック・パーク
テレビ	HERO、救命病棟24時、LOVE STORY、アンティーク、できちゃった結婚、明日があるさ、SMAP×SMAP、ガチンコ！、プロジェクトX
流行歌	M、PIECES OF A DREAM、波乗りジョニー、アゲハ蝶、**Dearest**、Can You Keep A Secret?、恋愛レボリューション21、ultra soul、Stand Up
スポーツ	シアトル・マリナーズのイチローが首位打者、盗塁王、新人王、MVP（最優秀選手）を獲得。巨人の長嶋茂雄監督が引退
流　行	ミュール、ローライズ・ジーンズ、ロングマフラー、キャスケット
風　俗	狂牛病パニックで、肉離れ加速（焼肉店から客足が遠退く）
流行語	聖域なき改革、**米百俵**、**骨太の方針**、**改革の痛み**、抵抗勢力、塩爺、明日があるさ、狂牛病、ファイナルアンサー、伏魔殿、ジハード、肉骨粉、感動した！
新商品	電話のマイライン、ウィンドウズXP、洗剤ゼロの洗濯機、ノンフロン冷蔵庫
物　価	マクドナルドのハンバーガー（65円・平日半額）、吉野家牛丼（280円）

◆ NHK連続TV小説：ちゅらさん（国仲涼子）/ほんまもん（池脇千鶴）
　NHK大河ドラマ：北条時宗（和泉元彌、浅野温子）

	歳		歳		歳

◆テレビ小説「ちゅらさん」が好評。キャラクター「ゴーヤーマン」は人気となり、沖縄料理もはやった

平成14年（2002） 壬午（みずのえ・うま）

1・23	**牛肉偽装事件**（雪印食品が狂牛病対策の国際牛買い取り制度を悪用）
1・25	東村山市の路上生活者が暴行されて死亡（犯人は中学2年の男子3人）
5・8	中国・瀋陽市の日本総領事館で、中国武装警官が北朝鮮の男女5人を拘束連行
7・12	中国製のダイエット薬で女性が死亡。被害は全国に拡大
9・17	**日朝首脳会談**（小泉首相が日本の首相として初めて北朝鮮を訪問）
10・1	長崎市の三菱重工業長崎造船所で建設中の豪華客船で火災
10・8	**小柴昌俊、田中耕一ノーベル賞受賞**（同じ年に日本人2人の受賞は初めて）
10・15	**拉致被害者5人が24年ぶりに帰国**
11・14	日経平均株価、バブル後最安値に（終値8303円39銭）
12・16	海上自衛隊のイージス艦がインド洋へ出航

政　治	内閣総理大臣・小泉純一郎①（自由民主党・公明党・保守党連立）
ことば	このような作業服姿で申し訳ありません（ノーベル賞受賞の田中耕一さん）
事　件	ムネオ・キヨミ騒動（鈴木宗議員逮捕と辻本清美議員の辞職）
出　版	ハリー・ポッターと賢者の石〈他3部〉（J・K・ローリング）、ビッグ・ファット・キャットの世界一簡単な英語の本（向山淳子ほか）、生き方上手（日野原重明）、声に出して読みたい日本語（齋藤孝）、世界がもし100人の村だったら
映　画	たそがれ清兵衛、刑務所の中、KT、OUT、AIKI〔洋〕ハリー・ポッターと賢者の石、モンスターズ・インク、スター・ウォーズ・エピソード2ロード・トゥ・パーテーション、ノー・マンズ・ランズ、鬼が来た！
テレビ	人にやさしく、空から降る一億の星、ランチの女王、真夜中の雨、真珠夫人
流行歌	independent、traveling、ワダツミの木、Life goes on、Way of Difference、SAKURAドロップス、大きな古時計、愛のうた、**Voyage**、光
スポーツ	第19回冬季オリンピック・ソルトレークシティー大会、第17回サッカーワールドカップ（開催：日本・韓国、優勝：ブラジル⑤）、松井秀喜選手、ニューヨーク・ヤンキースへ
流　行	ダブルボトムスタイル、ボヘミアンファッション
風　俗	サッカーW杯でベッカム選手の髪型・ソフトモヒカンが流行
流行語	タマちゃん、W杯（中津江村）、貸し剥がし、ダブル受賞、内部告発、ベッカム様、ムネオハウス、拉致、びみょー、プチ整形、イケメン、マイナスイオン、ワン切り
新商品	IP電話、大画面プラズマテレビ、電動スクーター、バウリンガル、健康エコナ
物　価	電動スクーター（26万円）、讃岐うどん（100円）

◆ NHK連続TV小説：さくら（高野志穂）／まんてん（宮地真緒）
　NHK大河ドラマ：利家とまつ（唐沢寿明、松嶋菜々子）

| | 歳 | | 歳 | | 歳 |

◆「人々の心、山、川、谷、みな温かく美しく見えます」(曽我ひとみさん)

平成 15 年（2003） 癸未（みずのと・ひつじ）

2・1	米スペースシャトル空中分解（全員死亡）
3・19	**米英軍がイラク攻撃開始**
4・1	ヨルダンのアンマン国際空港で、手荷物の爆弾が爆発（毎日新聞記者を拘束）
5・―	SARS感染した台湾の医師が関西や四国を観光旅行
6・20	福岡一家4人強盗殺人事件（犯人は中国人の元留学生3人）
7・1	長崎市で幼稚園児連れ去り殺人事件（犯人は中学1年の男子生徒）
7・17	東京・渋谷で小6少女4人が4日間監禁（容疑者は自殺）
7・20	九州の集中豪雨で23人死亡
7・26	宮城地震（震度6強、675人が負傷、住宅など4945棟が全半壊）
9・26	十勝沖地震（震度6弱、400人以上が負傷）
11・29	**日本人外交官殺害**（イラク北部で日本の外交官2名が襲撃、殺害された）

政 治	内閣総理大臣・小泉純一郎①（自由民主党・公明党・保守党連立）/小泉純一郎②（自由民主党・公明党連立）
ことば	「撃つな。私はサダム・フセイン、イラクの大統領だ」（フセイン元大統領）
事 件	謎の白装束集団（カルト集団が岐阜県の山村から撤去命令で迷走）
出 版	バカの壁（養老孟司）、世界の中心で、愛をさけぶ（片山恭一）、トリビアの泉・へぇ〜の本〈1〜4〉、ベラベラブック2、開放区（木村拓哉）
映 画	美しい夏キリシマ、赤目四十八瀧心中未遂、ヴァイブレータ、ジョゼと虎と魚たち、阿修羅のごとく 〔洋〕ハリー・ポッターと秘密の部屋、マトリックス・リローデッド、ターミネーター3
テレビ	僕の生きる道、ブラックジャックによろしく、Drコトー診療所、マンハッタンラブストリー、GOOD LUCK!!、ヤンキー母校に帰る、トリビアの泉
流行歌	世界に一つだけの花、虹（虹/ひまわり/それがすべてさ）、**No way to say**、COLORS、さくら（独唱）、月のしずく、明日への扉
スポーツ	プロ野球で阪神18年ぶりの優勝（星野フィーバー）
流 行	ヌーブラ、アシンメトリースカート、ニーハイブーツ、レッグウォーマー
風 俗	女子中高生の間で、「なんちゃって制服」がブーム
流行語	**毒まんじゅう**、なんでだろう〜、マニフェスト、コメ泥棒、SARS、年収300万円、へぇ〜、スローライフ、セレブ、おれおれ詐欺、ユビキタス
新商品	ドラム式洗濯乾燥機、新型プリウス、ヘルシア緑茶、デジタル一眼レフカメラ
物 価	デジタル一眼レフカメラ（約12万円）

◆ NHK連続TV小説：こころ（中越典子）/てるてる家族（石原さとみ）
　NHK大河ドラマ：武蔵（市川新之助、米倉涼子）

| | 歳 | | 歳 | | 歳 |

◆中高年のアイドル綾小路きみまろがブレイク

平成16年(2004) 甲申(きのえ・さる)

1・12	鳥インフルエンザ感染が発覚（山口県の採卵養鶏場）
2・3	**イラクへ陸上自衛隊派遣**（本体第1陣約90人が復興支援のため出発）
5・22	北朝鮮・平壌で金総書記と小泉首相が会談（**拉致被害者の家族5人が帰国**）
5・27	イラクで日本人フリー記者2人が襲撃され死亡
6・2	道路公団民営化法が成立（2005年秋に民営化）
6・28	イラク連合国暫定当局（CPA）がイラク暫定政権に主権移譲
8・13	沖縄国際大に米軍ヘリ墜落（米兵3人が負傷）
10・23	**新潟中越地震**（M6.8、死者36人、重軽傷者2404人）
11・1	新紙幣発行（千円、五千円、一万円札が20年ぶりに一新）
11・6	米大統領選挙でブッシュ大統領が再選
12・26	**インド洋大津波**（スマトラ島沖地震から発生、死者・行方不明者は約28万人）

政　治	内閣総理大臣・小泉純一郎②（自由民主党・公明党連立）
ことば	人生イロイロ、会社もイロイロ（小泉首相、年金未納問題を質問されて）
事　件	小6女児カッター殺人事件（佐世保の小学校で、小学6年女児が同級生にカッターで切られ死亡）
出　版	ハリーポッターと不死鳥の騎士団（J・K・ローリング）、世界の中心で愛をさけぶ（片山恭一）、蹴りたい背中（綿矢りさ）、蛇にピアス（金原ひとみ）、13歳のハローワーク（村上龍）、負け犬の遠吠え（酒井順子）、いま、会いにゆきます（市川拓司）
映　画	誰も知らない、血と骨、下妻物語、父と暮らせば、隠し剣鬼の爪　[洋]ラストサムライ、ハリー・ポッターとアズバガンの囚人、ファインディング・ニモ
テレビ	砂の器、プライド、白い巨塔、冬のソナタ、オレンジデイズ、愛し君へ、ワンダフルライフ、電池が切れるまで、ホームドラマ、仔犬のワルツ、東京湾景、人間の証明、世界の中心で愛をさけぶ、黒革の手帖、大奥、仮面ライダー剣
流行歌	Carry On、あなたがいれば、愛よ愛よ、氷見の雪、QUINCY、**Sign**、釧路湿原、Jupiter、桜、マツケンサンバ
スポーツ	第28回オリンピック・アテネ大会、米大リーグでイチロー外野手が年間262本の最多安打の新記録樹立。日本プロ野球選手会が初のストライキ。近鉄・オリックスが合併、新球団・楽天が発足、ソフトバンクがホークス買収
風　俗	韓流ブームで、韓国の映画スターに主婦が夢中
流行語	チョー気持ちいい、気合いだ!!、新規参入、ヨン様、ハルウララ、負け犬、セカチュー
新商品	骨伝導携帯電話、オキシライド乾電池、1台3役のDVDレコーダー、i pod mini

◆ NHK連続TV小説：天花（藤澤恵麻）／わかば（原田夏希）
　NHK大河ドラマ：新撰組（香取慎吾、山本耕史、オダギリ・ジョー）

◆ 温泉のニセ表示疑惑広がる（白骨温泉で温泉に着色していたことが発覚）

平成 17 年（2005） 乙酉（きのと・とり）

- 2・8 ライブドアがニッポン放送株の35％を取得（フジサンケイグループに事業提携申し入れ）
- 2・10 東武鉄道伊勢崎線・竹ノ塚駅付近の踏み切りで遮断機の誤操作事故（4人死傷）
- 3・15 福岡西部沖地震（M 7.0、死者1人、重軽傷者約747人）
- 3・25 **愛知万博（愛・地球博）開幕**（～9・25）
- 4・9 北京などで大規模な反日デモ、日本大使館などに投石
- 4・25 JR福知山線の上り快速が兵庫県尼崎市で脱線事故（死者は100人超）
- 7・7 ロンドン中心部で大規模多発テロ（死者50人超える）
- 8・25 ハリケーン・カトリーナが米ニューオーリンズを直撃（市街の7割浸水・死者数千名）
- 9・11 郵政民営化の是非を問う総選挙で与党大勝（衆議院の3分の2議席を獲得）
- 10・1 道路公団（4団体）民営化
- 11・15 天皇家の長女、紀宮清子と黒田慶樹が結婚
- 11・17 マンションの耐震強度偽装が発覚（大問題に）

政　治	内閣総理大臣・小泉純一郎②（自由民主党・公明党連立）/小泉純一郎③（自由民主党・公明党連立）
ことば	小泉劇場（マドンナ刺客・くの一・落下傘・造反組）
事　件	東京地検特捜部が証券取引法違反容疑でコクドの堤義明前会長を逮捕
出　版	頭がいい人、悪い人の話し方（樋口裕一）、さおだけ屋はなぜ潰れないのか？（山田真哉）、ダ・ヴィンチ・コード（ダン・ブラウン）、電車男、生協の白石さん
映　画	パッチギ！、ALWAYS三丁目の夕日、いつか読書する日、メゾン・ド・ヒミコ、運命じゃない人　[洋]スター・ウォーズ・エピソード3、宇宙戦争
テレビ	救命病棟24時、特命係長・只野仁、ごくせん、エンジン、タイガー＆ドラゴン、いま、会いにゆきます、海猿、がんばっていきまっしょい、電車男、熟年離婚
流行歌	Butterfly、AAA、四次元 Four Dimensions、TEPPEN、D-tecnoLife、Dreamland、初恋列車、五能線、ココロツタエ、さくら、青春アミーゴ、＊～アスタリスク～
スポーツ	プロ野球に新球団「東北楽天イーグルス」誕生、プロ野球セパ交流戦開始、女子ゴルフの国・地域別対抗戦、第1回W杯で宮里藍・北田瑠衣組が優勝
流　行	クールビズ・ウォームビズ、モリゾー＆キッコロ
風　俗	富裕層向けサービス、LOHAS（健康と環境に配慮した生活スタイル）
流行語	ホリエモン、**想定内**、愛・地球博、郵政民営化、反日デモ、常任理事国、もったいない
新商品	生鮮100円コンビニ、超立体マスク、中部国際空港開港、Xbox 360
物　価	国民年金の月額保険料の280円値上げ開始（2017年まで毎年値上げ）

◆NHK連続TV小説：ファイト（本仮屋ユイカ）/風のハルカ（村川絵梨）
　NHK大河ドラマ：義経（滝沢秀明、松平健、石原さとみ）

| | 歳 | | 歳 | | 歳 |

◆阪神淡路大震災10周年/太平洋戦争終戦60周年（各地で周年イベントが行われる）、青色発光ダイオードの発明対価訴訟で和解（中村修二教授に総額8億4000万円）

平成 18 年(2006)　　丙戌(ひのえ・いぬ)

1・6	ライブドア・ショック（IT関連株暴落、23日堀江貴文、証取法違反で逮捕）
3・9	日本銀行、量的緩和策解除（約5年ぶり）
3・31	民主党ニセメール事件（前原誠司代表以下執行部総退陣、永田寿康議員辞職）
4・26	耐震構造データ偽造事件で姉歯秀次1級建築士ら逮捕
6・5	北朝鮮がミサイル発射（15日国連安保理、北朝鮮決議案を全会一致で採択）
7・5	村上ファンド代表・村上世彰が証取法違反で逮捕（投資名簿に福井日銀総裁）
7・17	イラク復興支援のため駐留中の陸上自衛隊が全面撤収（2004年2月以来）
7・21	ドミニカ移民訴訟和解（小泉首相が50年前の移民政策を謝罪）
9・6	天皇家に悠仁親王誕生（秋篠宮妃が男子出産、男子皇族の誕生は41年ぶり）
10・9	**北朝鮮、地下核実験を実施**（安倍総理、中国・韓国歴訪中）
10・26	北海道を本拠地とするプロ野球団（北海道日本ハムファイターズ）が初の日本一に

政　治	内閣総理大臣・小泉純一郎③（自由民主党・公明党連立）/安倍晋三①（自由民主党・公明党連立）
ことば	モノ言う株主（ニッポン放送株取得のインサイダー取引で逮捕された村上世彰）
事　件	秋田鬼母事件（秋田県藤里町で娘と隣家の男児を殺害した容疑で母親が逮捕
出　版	ハリーポッターと謎のプリンス（J・Kローリング）、国家の品格（藤原正彦）、東京タワー（リリー・フランキー）、人は見た目が9割（竹内一郎）、下流社会（三浦展）
映　画	嫌われ松子の一生、ゲド戦記、ハチミツとクローバー、あおげば尊し ［洋］ダ・ヴィンチ・コード、ナイロビの蜂、ホテル・ルワンダ、ミュンヘン
テレビ	輪舞曲(RONDO)、喰いタン、西遊記、ブスの瞳に恋してる、アンフェア、トップキャスター、マイ★ボスマイ★ヒーロー、結婚できない男、宮廷女官チャングムの誓い
流行歌	抱いてセニョリータ、アゲ♂アゲ♂EVERY☆騎士、純恋歌、SIGNAL、DIR OLD MAN、再会、雪港、乱れ雪
スポーツ	第20回冬季オリンピック・トリノ大会、第1回ワールドベースボールクラシック（優勝・日本）、第18回サッカーワールドカップ（開催：ドイツ、優勝：イタリア④）
風　俗	幼児殺害・親子殺害事件が相次ぐ、悪質飲酒運転事故多発（取り締まり強化）
流　行	脳を鍛えるゲーム、サムライブルー（W杯）、モーツァルト（生誕250周年）
流行語	耐震構造、皇室典範、格差社会、下流、亀田三兄弟、イナバウアー、カー娘、ハンカチ王子、美しい国、ディープインパクト、ワンセグ、KAT-TUN、つま恋
新商品	キッズケータイ、携帯クレジット、ヒートポンプ家電、ナンバー・ポータビリティ
物　価	原油価格高騰（80ドル超/1バレル）、ガソリン（145円/レギュラー1リットル）

◆NHK連続TV小説：純情きらり（宮崎あおい）/芋たこなんきん（藤山直美）
　NHK大河ドラマ：功名が辻（上川隆也、仲間由紀恵）

(注) 2006 年の年表は、2006 年 10 月末現在のものです。

平成 19 年 (2007) 丁亥 (ひのと・い)

政　治

ことば

事　件

出　版

映　画

テレビ

流行歌

スポーツ

流　行

風　俗

流行語

新商品

物　価

その他

◆NHK連続TV小説：どんと晴れ（比嘉愛未）
　NHK大河ドラマ：風林火山（内野聖陽、柴本幸）

	歳		歳		歳

平成20年（2008） 戊子（つちのえ・ね）

政　治

ことば

事　件

出　版

映　画

テレビ

流行歌

スポーツ

流　行

風　俗

流行語

新商品

物　価

その他

	歳		歳		歳

平成21年(2009) 己丑(つちのと・うし)

政 治

ことば

事 件

出 版

映 画

テレビ

流行歌

スポーツ

流 行

風 俗

流行語

新商品

物 価

その他

| | 歳 | | 歳 | | 歳 |

平成22年(2010) 庚寅(かのえ・とら)

政　治

ことば

事　件

出　版

映　画

テレビ

流行歌

スポーツ

流　行

風　俗

流行語

新商品

物　価

その他

家系図（直系）

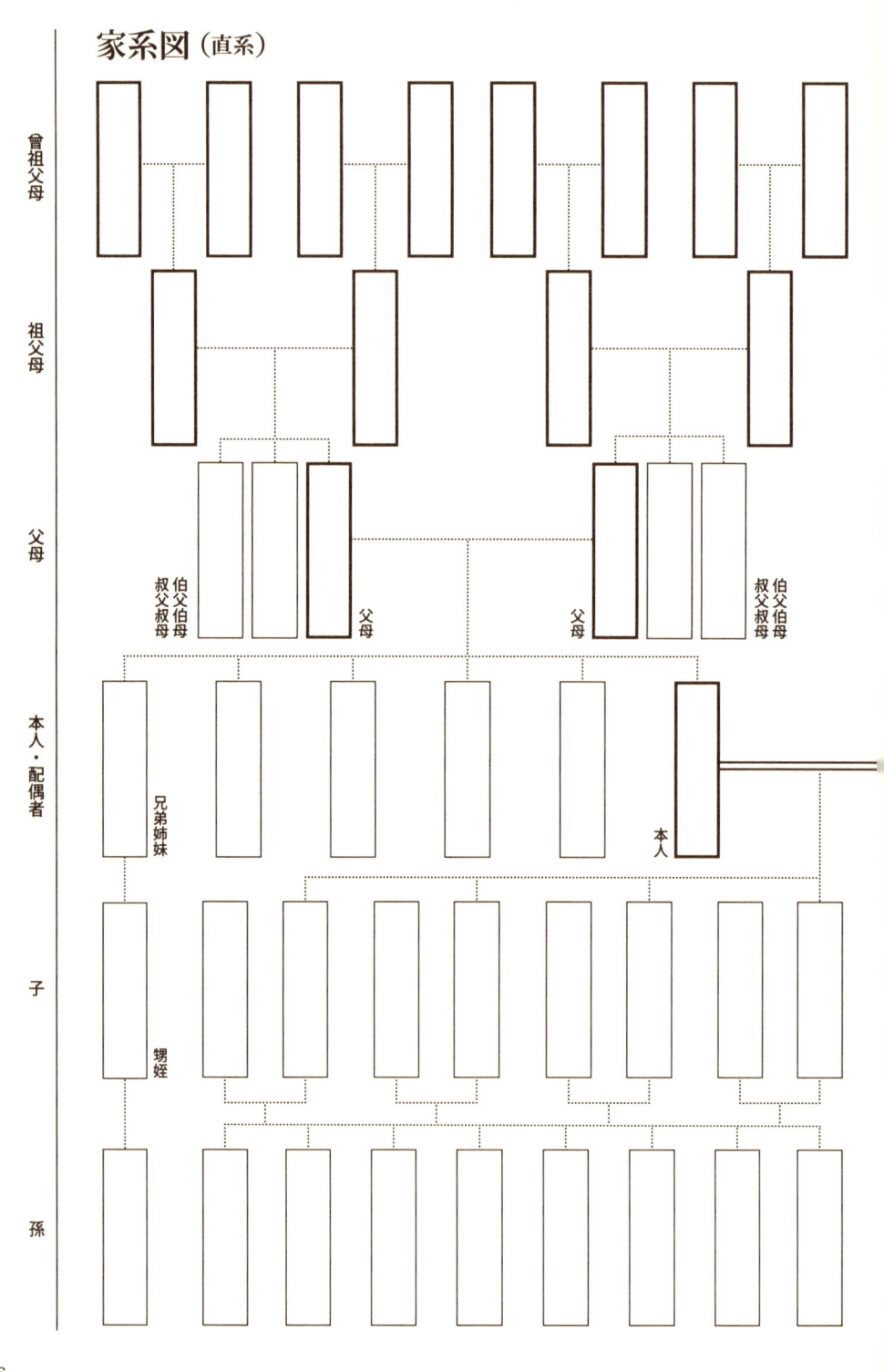

曾祖父母

祖父母

父母

伯父伯母・叔父叔母 / 父母 / 父母 / 伯父伯母・叔父叔母

本人・配偶者

兄弟姉妹 / 本人

子

甥姪

孫

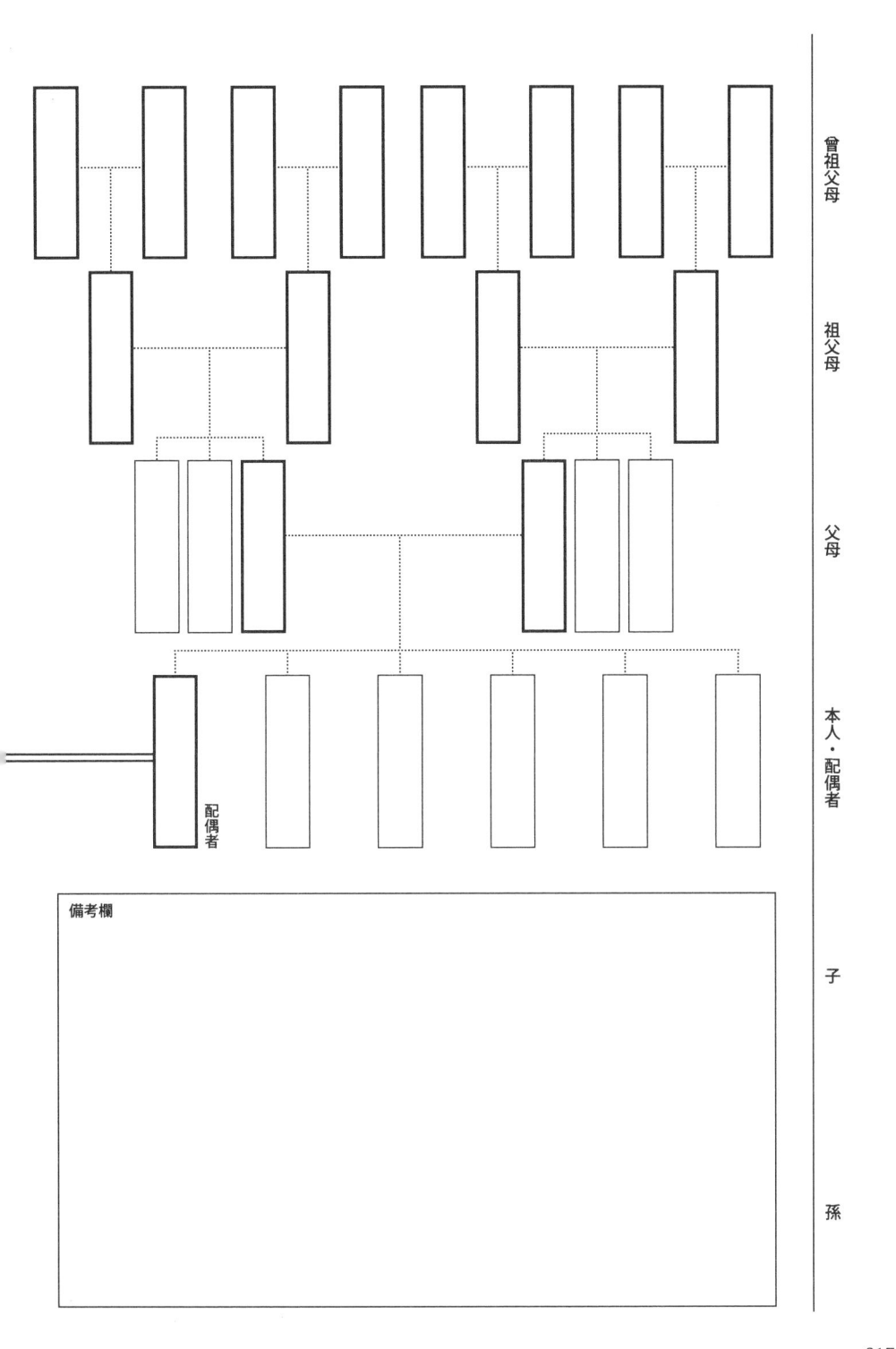

	曾祖父母
	祖父母
	父母
	本人・配偶者
配偶者	
備考欄	子
	孫

備忘録（家族・親族の記録）

氏名	続柄	生年月日等

氏名	続柄	生年月日等

DMD
出窓社は、未知なる世界へ張り出し
視野を広げ、生活に潤いと充足感を
もたらす好奇心の中継地をめざします。

藤田敬治（ふじた・けいじ）

昭和6（1931）年、福岡市に生まれる。早稲田大第一文学部卒業。主婦の友社にて約30年にわたって雑誌「主婦の友」の編集に携わる。うち10年は編集長として活躍。主婦の友取締役・編集本部長を経て、現在、NHK文化センターや各地の高齢者センターで「自分史」講座の講師を務めている。著書に『「自分史」を書く喜び』（出窓社）がある。

◎参考文献
昭和史全記録（毎日新聞社）、20世紀全記録（講談社）、江戸東京年表（小学館）、日本史年表（東京堂出版）、読める年表日本史（自由国民社）、値段史年表（週刊朝日編）、明治ものの流行事典（柏書房）、明治・大正・昭和の新語・流行語事典（三省堂）、文明開化事物起源（日本放送出版協会）

◎ホームページ
キネマ旬報、ザ・20世紀、20世紀へタイムスリップ、懐かしい昭和の思い出、聚史苑、広告景気年表、ウィキペディア

◆装丁　辻　聡
◆カバー・扉写真
「郵便配達夫」（佐伯祐三、1928年・油彩・カンヴァス）
大阪市立近代美術館建設準備室・所蔵

私と出会うための 三代紀年表

2006年11月17日初版印刷
2006年11月28日第1刷発行

監修者	藤田　敬治
発行者	矢熊　晃
発行所	株式会社 出窓社

東京都武蔵野市吉祥寺南町1-18-7-303
TEL 0422-72-8752　Fax 0422-72-8754
http://www.demadosha.co.jp
振　替　00110-6-16880

印刷・製本　　株式会社 シナノ

©Demadosha 2006 Printed in Japan
ISBN4-931178-59-6
乱丁・落丁本はお取り替えいたします。
定価はカバーに表示してあります。